L'Italia delle Città
城之意大利
Italy of the Cities

The Second FIGURE.

The Manner of drawing a Square in Perspective.

Fɪɢ. II.

L'Italia delle Città
城之意大利
Italy of the Cities

SKIRA

Per sei mesi, durante la World Expo 2010 di Shanghai, tutti i trentamila visitatori giornalieri del Padiglione italiano si sono trovati ad attraversare uno spazio magicamente disegnato da una sinfonia di immagini e di suoni: con un inedito esperimento di "cinema architettonico" creato da Peter Greenaway, il pubblico cinese è stato catapultato in una giostra visiva e sonora che offriva – in pochi minuti e in modo sorprendente ed emozionale – un viaggio nelle mille piazze delle mille città italiane, dalle bi-millenarie architetture di Pompei fino alla Roma del dopoguerra.

Al centro di questa installazione multimediale faceva da perno ora il modello in bronzo del *Perseo* di Cellini, ora il corpo atletico del danzatore Roberto Bolle, a monito della necessaria misura umana dell'architettura e della città, mentre il paesaggio sonoro passava dagli ottoni della musica veneziana dei due Gabrieli, attraverso le note di Verdi, fino alle atmosfere di Nino Rota per il cinema di Fellini.

Questo catalogo è stato disegnato per riproporre nelle sue pagine la struttura composita di questa installazione: al termine della Expo, invece che semplicemente raccontarla, questo volume – con i suoi differenti strati di testi, colori e immagini – ripropone l'idea elaborata originariamente da Uberto Siola e dai suoi collaboratori, le immagini dell'installazione prodotta da Change Performing Arts vista attraverso l'obiettivo del fotografo Luciano Romano e soprattutto una trasposizione della visione creativa di Peter Greenaway: un vero film su carta attraverso 92 tavole/fotogrammi, composti solo di immagini e disegni, colori e citazioni architettoniche che si intersecano con le altre 92 pagine in cui regna la parola. Ognuna delle 92 pagine pittoriche di Greenaway reca un cartiglio tratto dalla *Perspectiva Pictorum et Architectorum* di Andrea Pozzo pubblicato per la prima volta a Roma nel 1693 e i suoi disegni costituiscono il sostrato su cui si innestano i tasselli del nostro mosaico che vuole racchiudere in un unico racconto duemila anni di storia della città italiana.

Il lettore è invitato a compiere un viaggio di piacere tra le pagine di questo libro, tra i segni ed i colori, le parole e le immagini, lasciandosi sedurre dalla curiosità e dal piacere degli occhi e non solo dalla raffinata narrazione della parola.

Inseguendo le suggestioni della linea di un arco o di un capitello, di una colonna o una cupola, di grandi facciate o angoli segreti, scalinate e pilastri, ombre e luci, il lettore/*viaggiatore* potrà sfogliare il nostro film di carta come un *flip book* apprezzando lo sviluppo cronologico dei 92 fotogrammi, oppure godere di un fermo immagine, nella speranza che trovi cibo per il piacere degli occhi e non solo della mente.

Franco Laera
Change Performing Arts

2010上海世博会六个月的展期间，每天有三万观众得以在意大利馆穿梭并经历一场由影像和声音交织构成的奇异体验。这是由 Peter Greenaway 创造的"建筑剧院"，邀请观众在几分钟的旅途里在光影声效中深深陶醉，不知其所在是否真的是意大利无数城镇中无数的广场，两千年前的庞贝古城，亦或是战后的罗马。

多媒体装置的核心在于交替出现的来自意大利艺术家切利尼 (Cellini) 的雕塑珀尔修斯，以及意大利当代"芭蕾王子" Roberto Bolle 运动员一般健美的身体，时时提醒我们建筑与城市中人的尺度是为最根本的。同时声景从威尼斯加布里埃利叔侄二人的铜管乐渐进至威尔第的歌剧，又转入 Nino Rota 为费里尼电影所作的曲子。

本作品册力求在书中重建装置作品的结构，而非作为对世博会的纪念，简单的复述作品。书中多层次的文本、色彩和图像阐述了来自 Uberto Siola 及其合作者的原始想法，制作方 Change Performing Arts 和摄影师 Luciano Romano 的意国影像，以及导演 Peter Greenaway 的独特设计。它亦是一个名副其实的纸上影院——92页完全由影像和草图构成画面，另外92页文字为主，间有色块与建筑参考图。在 Peter Greenaway 92 页的影像部份里，每一页都翻印有意大利艺术家朴蜀 (Andrea Pozzo) 《建筑绘画透视》(Perspectiva Pictorum et Architectorum) 中的图式，呈现于精美的图廊花边里。这些1693年出版于罗马的图式形成本书更深层的叙事，即两千年来意大利城市的演变。

请加入我们，在书中漫步——在符号与图像、词语与色块的视觉盛宴中，任由好奇心引领，探索其中的精妙的叙事。

拱门，柱顶，圆柱，穿顶，壮美的立面，隐蔽的角落，梯级，壁柱，光影，读者审阅种种，已然变成旅行者。既可以观看手翻书影片般的92帧序列，亦可以驻足于某一幅画面，由它触及眼睛与心灵，回味长久。

Franco Laera
乾捷艺术展现公司

For six months during the World Expo 2010 in Shanghai all of the thirty thousand visitors per day at the Italian pavilion walked through a space magically designed by a symphony of images and sounds. Thanks to an innovative experiment in "architectural cinema" created by Peter Greenaway, the Chinese audience was carried away by an audio and visual celebration which in a few amazing and exciting minutes presented a journey through the countless piazzas of Italy's countless towns, from the bimillenary architectures of Pompeii up to postwar Rome.

At the core of this multimedia installation, the bronze model of Cellini's *Perseus* and the athletic body of the dancer Roberto Bolle occurred in turn as a reminder of the importance of architecture and cities on a human scale, while the soundscape moved from the brass wind instruments of the two Gabrieli's Venetian music, to Verdi's notes, and on to Nino Rota's atmospheres for Fellini's films.

This catalogue has been designed to recreate in its pages the installation's composite structure. Instead of simply retelling it once the Expo is over, through the various strata of its texts, colors and images, this volume recaptures the idea originally conceived by Uberto Siola and his collaborators, the images of the installation produced by Change Performing Arts as seen through the lenses of photographer Luciano Romano and the creative vision of Peter Greenaway especially: a veritable film on paper through 92 plates/frames comprising solely images and drawings, colors and architectural references interspersed with the other 92 pages where words rule. Each of Greenaway's 92 pictorial pages bears a cartouche from the *Perspectiva Pictorum et Architectorum* by Andrea Pozzo first published in Rome in 1693 while its drawings form the substrata of our mosaic that endeavors to capture two thousand years of the history of Italian cities in a unique narration.

The reader is encouraged to take part in this pleasure trip along the book's pages, amongst signs and colors, words and images, yielding in to curiosity and a visual feast as well as to a refined narration.

Pursuing the fascination of the shape of an arch or a capital, a column or a dome, grand facades or secluded spots, flights of stairs and pilasters, shadows and lights, the reader/*traveler* will be able to browse our film on paper as a *flip book*, appreciating the chronological sequence of the 92 frames, or enjoy a still image, hoping he will discover a treat for his eyes as well as for his mind.

Franco Laera
Change Performing Arts

L'Italia delle Città
城之意大利
Italy of the Cities

Silvio Berlusconi
Presidente del Consiglio dei Ministri della Repubblica Italiana

Ci tenevamo a partecipare all'Expo di Shanghai. Si tratta di un'occasione unica, che coincide con l'apertura della Cina al mondo. Ci siamo presentati all'appuntamento con un Padiglione "con i fiocchi", che ha affascinato per la sua eleganza e sorpreso per le soluzioni tecniche offerte dal cemento trasparente.

Il tema proposto dagli amici cinesi – Better city-Better life – ci è piaciuto molto perché è un argomento su cui l'Italia ha parecchio da dire. Ci siamo quindi prodigati per svilupparlo a dovere. Abbiamo affidato il progetto all'architetto Uberto Siola con la direzione artistica di Peter Greenaway.

Il visitatore vedrà Pompei, gli archi di trionfo di epoca romana, la poesia del Medioevo, i palazzi del Cinquecento e le più belle piazze d'Italia, con i loro scorci mozzafiato punteggiati da cupole e monumenti. Tutto questo immerso in una musica intensamente evocativa. La natura dell'Italia è bella, ma straordinari sono l'ingegno e l'arte dell'uomo.

Abbiamo voluto condensare in *L'Italia delle Città* una storia ar-

意大利共和国总理

我们热切期望参加本届上海世博会。这是一次非常难得的机遇，中国以完全开放的姿态面向世界。我们以"非同一般"的国家馆优雅亮相，通过"透明水泥"的高科技解决方案惊艳世人。

中国朋友们确定的世博会主题"城市，让生活更美好"，我们是非常喜欢的，因为对此话题意大利颇有发言权。我们全力以赴参加此次盛会，并将该项目委托给建筑师Siola及艺术指导Peter Greenaway。

参观者在意大利馆中将会看到庞贝古城、古罗马时代的凯旋门、中世纪的诗歌、十六世纪的宫殿以及意大利最美的广场，雄伟的穹顶和纪念碑密布，形成了壮丽的景象。所有这一切都沉浸在无比动人的音乐之中。意大利的自然风光纵然绮丽，但人类的智慧与艺术更加非凡。

我们努力把两千多年以来的建筑和城市历史浓缩到"城之意大利"当中。其中也蕴含着人类第三个千年的城市发展

President of the Council of Ministers of the Italian Republic

We were especially keen to participate in the Shanghai Expo. It is a unique opportunity that coincides with China's opening to the world. We made our appearance with a Pavilion that had "all the trimmings," charmed with its elegance and astonished with the technical ingenuity of the transparent cement.

We liked the theme proposed by our Chinese friends—Better city-Better life—is a subject about which Italy has much to say. We thus dedicated ourselves to developing it as it deserved. We entrusted the project design to the architect Uberto Siola and the artistic coordination to Peter Greenaway.

The visitor will see Pompeii, the arches of triumph of the Roman age, the poetry of Mediaeval architecture, Renaissance palaces and the most beautiful piazzas of Italy with their breathtaking views punctuated with domes and monuments. All of this set to an intensely evocative music. Italian nature is beautiful but the art and work of men are truly extraordinary.

chitettonica e urbanistica di oltre duemila anni. Ne è emerso un modello di sviluppo per le città del terzo millennio, capace di traghettare nel futuro uno stile di vita che tutti ci invidiano, che è intimamente legato alle nostre città.

Non è stato facile trovare una formula che fosse al tempo stesso accattivante ed efficace. Per noi italiani il legame tra qualità della vita e contesto urbano è intuitivo: siamo educati fin da bambini a uno stile di vita che da adulti possiamo apprezzare in tutti i suoi risvolti. Si tratta di un apprendimento quotidiano, per osmosi con l'ambiente che ci circonda, con le piazze che attraversiamo, con i luoghi d'incontro in cui ci intratteniamo, con le persone che ogni giorno incontriamo per strada. Più difficile, invece, rendere esplicita questa intuizione per offrirla ai visitatori di oggi e alle generazioni future.

Crediamo però di esserci avvicinati molto all'obiettivo che ci eravamo prefissati: avanzare una proposta progettuale in sintonia con il nostro passato.

L'Italia delle Città suggerisce una proposta per la città di domani e al tempo stesso consente a tutti di vivere, anche se in un tempo breve, la formidabile magia di un viaggio in Italia.

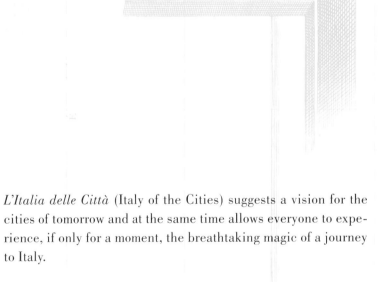

的一种模式，能够将我们人人都艳羡的，并且与我们的城市密切相关的生活方式传承到未来。

找到一种引人注目并行之有效的方式并不是一件易事。对于我们意大利人来说，生活品质与城市环境有着直观的关联：我们从孩童时代就耳濡目染，长大之后便能够从各个方面来欣赏这种生活方式。这像是融入日常生活的学习，渗透在我们周遭的环境中，比如我们每天经过的广场，我们聚会娱乐的场所，我们每天在大街上遇见的人。然而，清楚地向今天的参观者或后代人阐明这种直觉实非易事。

但我们相信，距离预先设定的目标已经很近了：推进一个与我们的过去相符的设计方案。

"城之意大利"为未来的城市提供了建议，同时让每一个人都能够，即便只是在很短的时间内，体验富有强大魔力的意大利之旅。

We wanted to condense in *L'Italia delle Città* (Italy of the Cities) an urban and architectural history of more than two thousand years. A model of development for the cities of the 3rd millennium emerged that might transmit to future generations the lifestyle closely tied to our cities and envied by all.

It was not easy to find a method that was at once effective and intriguing. For us Italians the link between quality of life and an urban context is intuitive: we are raised from childhood with a lifestyle that as adults we can appreciate in all its aspects. It consists of a daily learning through osmosis with the surrounding environment, with the piazzas we cross, with the social and recreational places and with the people we meet everyday in the street. It is more difficult, however, to put this intuition into words for today's visitors and for future generations.

We believe, though, that we have largely succeeded in achieving our objective and goal: that is, to put forward a project consistent with our past.

L'Italia delle Città (Italy of the Cities) suggests a vision for the cities of tomorrow and at the same time allows everyone to experience, if only for a moment, the breathtaking magic of a journey to Italy.

7

Umberto Vattani
Presidente dell'ICE - Istituto nazionale per il Commercio Estero

意大利对外贸易委员会主席

President of the ICE - Italian Trade Commission

Come ha osservato il «China Daily», pochi sono i Paesi che allestendo il loro padiglione si sono attenuti al tema dell'Expo. Ciò è comprensibile perché se da un lato è intuitivo immaginare cosa sia una *better life*, difficile è spiegare come renderla possibile nelle città moderne. Valga per dimostrare quanto l'impresa sia ardua il semplice accenno ai problemi di congestione che le metropoli di mezzo mondo devono affrontare: traffico, inquinamento, smaltimento rifiuti. Sotto questo profilo diversa è l'aria che si respira da noi e a detta degli stessi visitatori stranieri si vive in modo rilassato e a dimensione d'uomo. Le nostre città, famose per il patrimonio culturale che custodiscono, consentono tutt'oggi una vita sociale ricca di scambi tanto tra le persone che con l'ambiente che le circonda: numerosi sono i luoghi d'incontro e gli spazi verdi tra edifici e strade.

Noi dell'ICE, su invito del Ministero dello Sviluppo Economico, abbiamo voluto cogliere la straordinaria occasione di Shanghai per spiegare perché sotto questo profilo le città italiane sono uniche.

正如中国日报观察所得，很少有国家在装饰其世博场馆的同时，也遵循此次世博会的主题。这也可以理解，因为一方面需要想象何为更美好的生活，而另一方面又很难解释如何使其在现代化城市中成为可能。然而，这份事业是注定是非常艰巨的，只消想到半个世界的大都市都必须面对的一个简单的拥挤问题：交通，污染，垃圾排污处理。但在意大利，我们与来访的外国游客们呼吸着不同的空气，在这适合人居的环境中享受悠闲的的生活。我们的城市，以其所保留的文化遗产而著称，直到今日都允许着人与其所处的环境之间丰富交流的社会生活：在建筑和街道之间许多的聚会场所和绿化空间。

我们意大利对外贸易委员会 ICE 想要抓住上海这个不寻常的机遇来解释为何在这个大环境下意大利的城市是独一无二的。为了能够保证一种更好的生活质量，我们试图通过一种扎根于罗马这个古老的城市规划设计来展示城市让生

As the *China Daily* observed, only a few countries have kept to the theme of the Expo in their pavilions. Which is understandable, for while it is easy to imagine what a "better life" could be, it is difficult to explain how it could be made possible in modern cities. The mere mention of the problems of congestion faced by metropolitan cities around the world—traffic, pollution, waste disposal—is enough to show how daunting a task it is. In this regard, the air we breathe in Italy is quite different and, as foreign visitors often comment, we live in a more relaxed and humane way. Our cities, celebrated for their cultural heritage, still afford a rich social life allowing an exchange between people and their environment: buildings and streets are interspersed with many meeting places—*piazze*—and green areas.

We at ICE, upon invitation of the Ministry of Economic Development, gladly took the extraordinary opportunity the Shanghai Expo offered us to explain why Italian cities are still unique in this regard. In addressing the theme Better city-Better life we have tried

Rimanendo aderenti al binomio Better city-Better life abbiamo cercato di dimostrare perché esse assicurino una migliore qualità della vita grazie a un disegno urbanistico che ha le sue radici nell'Urbe romana e che si è poi evoluto in un'esperienza architettonica tutta italiana.

La Roma di oltre duemila anni fa prevedeva accanto ai luoghi del fare quelli della distensione: la città garantiva un interessante equilibrio tra il dovere e il piacere. Se da un lato l'assetto urbanistico individuava chiaramente i centri del potere e degli affari, dall'altro offriva spazi per il divertimento e la cura del corpo. Al Palatino il potere esecutivo, con le grandi dimore e le ville imperiali; nei Fori i magistrati; nei templi come il Pantheon le attività legate al culto; e poi il Senato, organo consultivo che si riuniva in luoghi consacrati. C'erano quindi i mercati, già allora suddivisi per settori merceologici, come quelli traianei, famosi per l'argento e le pietre preziose. Ai centri dedicati all'attività politica ed economica facevano da contrappeso quelli destinati allo svago, com-

ponente ugualmente fondamentale nella vita del cittadino. Oltre ai più grandi anfiteatri quali il Colosseo, si moltiplicavano i teatri. Senza contare le terme che erano al tempo stesso luoghi di incontro, di attività fisica e di igiene. Questo paradigma rispondeva a molte delle esigenze che consideriamo ancora oggi essenziali: salute, cultura, alimentazione e benessere.

Il modello romano non solo si è tramandato nei secoli, ma ha anche esercitato un'influenza determinante in Europa e nel Mediterraneo. Solo in Italia però ha dato vita a strutture urbane particolarmente felici che nell'epoca dei Comuni si sono ulteriormente sviluppate: sono apparse nuove piazze in corrispondenza delle chiese, anche se i campanili sono stati presto superati dalle torri come quella del Mangia a Siena o di Arnolfo a Firenze, che davano un'identità alle città talvolta più marcata delle cattedrali stesse.

Con il Rinascimento si registrò una singolare evoluzione ispirata alla città ideale teorizzata dagli architetti dell'epoca.

Con il passare dei secoli, l'avvento delle macchine, dei nuovi mezzi

活更美好的这一主题，并随后演变成为一种全意大利的建筑经验。

2000多年前的罗马就已经考虑到了：城市保证了一种义务和喜好之间有趣的平衡。如果说城市布局一方面清楚地呈现出了权力和商业中心，那么，另一方面这个城市具备了娱乐休闲和健康治疗的空间。在皇宫中通过大型住宅和皇家别墅展现出的执行权，在法庭中展示出的执法权，和一些神庙例如万神殿中同祭祀相关的活动，还包括元老院，在祭祀场所中集结的协商机构。随后是市场，从那时起已经按照商品类型来划分，例如图拉真市场就曾以银饰和宝石著称。而致力于政治和经济业务的中心，则通过一些娱乐休闲场所进行平衡，而休闲娱乐这一元素对于公民生活来说也是同样基本的。除了一些大型场馆如古罗马斗兽场以外，另外还设有一些剧院，以及一些公共温泉浴场，这也曾经一度是聚会、运动和健康活动的场所。这个模式很

多方面都满足了直到今天都被我们认为是必不可少的一些基本需求：健康、文化、饮食和舒适。

几个世纪以来罗马模式不仅仅传承了下来，还对欧洲和地中海地区产生了决定性的影响。仅在意大利就由此而产生了一些特别成功的城市规划结构，同时在城邦时期得到了进一步地发展：在教堂的周围出现了一些新的广场，同时钟楼也被一些塔楼所超越，例如锡耶纳的曼吉亚塔和佛罗伦萨的阿诺尔福塔，并赋予了城市比宗教身份更明显的另一种身份。

文艺复兴时期，源自于当时建筑师的理想城市的理论，进行了又一次重要的变革。

又过了几个世纪，通过机器、新的交通和生产工具的发明，确定了包含工厂、火车站和仓库的工业中心的诞生。当时，这并没有以一种无可弥补的方式去改变城市的平衡，因此，在二十世纪，未来主义能够以美学的品味印

to demonstrate in which ways our cities provide a better quality of life through an urban layout that has its roots in the *urbe romana*, and which has afterwards evolved into the quintessentially Italian architectural experience.

Rome as it was over two thousand years ago offered areas both for work and leisure: the city provided an interesting balance between duty and pleasure. While clearly defining the business and administrative centres, it also provided spaces for entertainment and exercise. The Palatino hill was home to the executive branch, with its great mansions and imperial villas; the courts were in the Forum; the practice of religion in temples like the Pantheon; and then the Senate, the advisory body which met in its own specially appointed venues. The markets were even at that time subdivided according to the nature of the merchandise traded, such as Trajan's markets, famous for silver and precious stones. The spaces for political and economic activities were complemented by spaces for leisure, an equally essential part of a citizen's life. Along with the great sta-

diums like the Colosseum, theatres were on the rise, not to mention public baths, which were both meeting places and areas for physical activity and personal hygiene. This paradigm responded to needs which even today we view as essential: health, culture, nutrition and wellness.

The Roman model has not only been passed down through the centuries, it has also been a tremendous influence throughout Europe and the Mediterranean area. But only in Italy did it give birth to particularly successful urban structures that developed even further during the age of the Comuni: new squares appeared in front of the churches, while bell towers were soon overtaken by the secular towers such as the Mangia's Tower in Siena or the Arnolfo's in Florence, which at times gave their cities a more pronounced character than the cathedrals themselves.

The Renaissance brought a unique evolution inspired by the "ideal city" theorised by the architects of the time.

As the centuries went by, the advent of machines, of new means of

di trasporto e di produzione determinò la nascita di poli industriali con le fabbriche, le stazioni ferroviarie e i magazzini. Ma ciò non modificò in maniera irreparabile l'equilibrio delle nostre città tanto che nel Novecento il futurismo tracciò le linee della moderna metropoli, nel segno di un gusto estetico che portava la firma di artisti come Boccioni e De Chirico. A Roma il quartiere dell'EUR è tutt'oggi simbolo di una società moderna e in fermento.

Alla soglia del terzo millennio, il modello italiano che ha radici così lontane è tuttora valido anche se occorre adattarlo alle accresciute dimensioni dei centri urbani, al rispetto dell'ambiente e allo sviluppo sostenibile.

Come illustrare un'evoluzione così straordinaria e come spiegare a quanti visitano il Padiglione Italia all'Expo queste caratteristiche delle città italiane che si attagliano al binomio Better city-Better life molto meglio di quanto non accade per le metropoli nel mondo? Il modo migliore per farlo ci è sembrato quello di ricorrere alle immagini. Ci siamo rivolti a Uberto Siola, architetto, e a

un grande regista, Peter Greenaway, che insieme hanno tradotto in poesia quello che sarebbe stato impossibile raccontare in prosa. Ne è scaturito un "filmato architettonico" che illustra in meno di dieci minuti oltre duemila anni di storia e genera nello spettatore sorpresa, stupore, emozione. Riteniamo di aver così presentato la magnificenza delle nostre città facendo vivere al visitatore l'esperienza unica di un viaggio in Italia senza uscire dal proprio Paese. Entrando nello spazio assegnato all'ICE, al primo piano del padiglione, egli scopre inaspettatamente scorci, impressionanti per intensità e forza, la stessa che sprigiona il *Perseo* di Benvenuto Cellini, il cui bozzetto in bronzo troneggia al centro del percorso. Con *L'Italia delle Città* riteniamo di essere riusciti nel nostro intento: accendere una luce sul passato per illuminare il futuro.

Lo stesso Greenaway ha ammesso di essere rimasto colpito dal risultato e ha voluto rendere omaggio al modello italiano ponendolo quale termine di riferimento per costruttori di domani nell'iscrizione autografa che accoglie i visitatori all'ingresso della mostra:

记去描绘现代化大都市的线条，并烙印上了如博丘尼和德·吉里克等艺术大师的名字。在罗马，EUR地区到现在仍是一个活跃的现代社会的标志。

在第三个千年的伊始，拥有如此深远历史的意大利模式仍然有效，即使是需要根据环境和可持续发展的需求进行改变使其更为适应日益扩大的城市中心规模。

如何来表现这个如此与众不同的变革，又如何向所有参观世博会意大利馆的游客解释这些意大利城市的特点，而这些不同于世界大都市的特点却能够更好的符合城市让生活更美好的主题？对我们来说，展示这些内容的最佳方式就是通过影像来表现。我们寻找到了建筑历史学家乌贝托·西奥拉先生和伟大的彼得·格林纳威导演，他们一同将这些无法用文字叙述出的事物用想象诠释了出来。这是一段"建筑短片"，在短短的十分钟内展示出了整整2000多年的历史，并足以令观众惊奇、惊讶和激动。如

此，我们认为已经展示出了意大利城市的美好之处，使得参观者能不出国门就可以领略到独一无二的意大利之旅。进入意大利馆二楼的ICE展示区域，即刻映入游客眼帘的就是切利尼的按比例缩小版珀尔修斯青铜雕像，让人无比震撼的强度和力量，而雕像本身则坐落于古老的历史中心。通过城之意大利，我们认为已经反映出了一种意图：打开过去之灯来照亮未来。

格林纳威先生也承认被这个结果所震撼，他也想向这种意大利模式致敬，通过入口的题词迎接各位展览的参观者，并为未来的建造者设定了这样的一个参考标准："到2050年，将会有三分之二的人居住在城市中。城市设计是一种成功生活方式的关键。2050多年来，意大利都展示了如何在建造城市的同时提供一种成功的生活方式。这个记录对于未来的城市来说也构建了一个希望的蓝图。"

transport and production gave rise to the birth of industrial centres with their factories, railway stations and warehouses. Nevertheless, this did not irreparably upset the harmony of our cities; indeed, in the 20th century the Futurism movement outlined an image of the modern city according to the aesthetics defined by artists such as Boccioni and De Chirico. The EUR in Rome is still in our day a symbol of that modern lively society.

At the beginning of the 3rd millennium, the Italian paradigm with its ancient roots stays valid, though it must be adapted to the larger size of urban centres, respect for the environment and sustainable development.

How can we describe such an extraordinary evolution and explain to those visiting the Italian Pavilion at the Expo these features of Italian cities, that fit the theme Better city-Better life so much better than the world's metropolitan cities? It seemed to us that the best way to do so was to resort to images. We turned to Uberto Siola, an architect, and to a great film director, Peter Greenaway,

who together translated into poetry what would have been impossible to tell in prose. The outcome was an "architectural film" which conveys in less than ten minutes some two thousand years of history and evokes surprise, wonder and emotion in the viewer. We are thus confident that we have presented the magnificence of our cities by giving visitors the unique experience of travelling to Italy without leaving home. Upon entering the space assigned to ICE on the first floor of the pavilion, the visitor catches unexpected glimpses of images having impressive intensity and force, the same to be found in Benvenuto Cellini's *Perseus*, a bronze model of which stands majestically at the centre of the hall. With *L'Italia delle Città* (Italy of the Cities) we believe we have achieved our goal: to shed light on the past and thus illuminate the future.

Greenaway himself admitted that he was impressed by the result, and he wished to pay tribute to the Italian urban model by citing it as a reference point for the builders of tomorrow in the inscription that meets the visitor at the entrance to the exhibition: «By 2050

«Entro il 2050 due terzi della popolazione del pianeta vivrà nelle città. Il design della città è la chiave di volta per un brillante stile di vita. Per oltre 2050 anni l'Italia ha mostrato come costruire città che assicurino uno stile di vita vincente. Tale passato è una base promettente per le linee guida delle città del futuro».

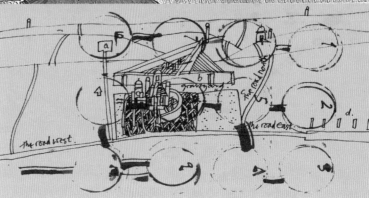

two thirds of the people of the world will live in cities. The design of cities is the key to a successful life-style. For over 2050 years Italy has shown what it is to build cities that provide a successful life-style. Such a record is a promising blueprint for the cities of the future.»

Beniamino Quintieri
Commissario Generale del Governo italiano per l'Expo di
Shanghai 2010

Fin dai tempi dell'Urbe romana, passando per i grandi viaggi degli intellettuali europei durante il Medioevo e ancora fino ai nostri giorni, l'Italia è stata sempre, nell'immaginario collettivo e soprattutto all'estero, identificata con la bellezza e l'importanza delle sue città. Un'identificazione che rispecchia effettivamente la storia e la reale natura del nostro Paese. La città, infatti, intesa come insieme di individui che, nello stesso luogo circoscritto, operano, vivono, lavorano e soprattutto interagiscono tra loro, è un prodotto tipicamente italiano, che ha inciso sulla cultura e sullo sviluppo dell'economia del nostro Paese. Come le tessere di un grande mosaico, le città italiane sono ancora, e ognuna con le sue caratteristiche, le protagoniste del Paese, dove le diversità sono parte integrante dell'identità storica.

Oggi l'Italia continua a essere frammentata pur nella sua interezza, in un insieme sistematico di realtà, ognuna con la propria specificità, riconducibile a un comune denominatore dato dall'appartenenza a un determinato contesto urbano. In questo contesto,

上海2010年世博会意大利政府总代表

从罗马时期，从欧洲大师在中世纪的伟大旅行时代到今天我们所在的时代，意大利一直留给人们，特别是给国外的一个整体印象就是城市的美丽和城市的重要意义。城市是一个真实反映历史和我们国家的本性的证明。城市就好象是许多个人的集合，在同一个地点，工作、生活、尤其是相互影响，它是意大利的典型产物，影响了我们这个国家的文化和经济发展。就好象一大块马赛克上的碎片，意大利的城市，每一座城市都有自己的特色，都是整个国家的主角，多样性是历史特性中的组成部份。

今天的意大利，在它的完整性中仍然保持着碎片性，在完整的现实体系中，每一个碎片都有自己的特性，可以追溯到由特有的城市环境导致的共同特性。在这种情况下，研究与技术创新成为了它们实现和发展的地区中的构成部份，就好象工业区的例子，成为了地区向外界展示的特点。

一段艺术时期、一座广场、或者一个艺术作品象征着整个

Commissioner General of Italy for Shanghai World Expo 2010

Ever since the time of the Roman *urbs*, passing through the time of the great travels of European intellectuals from the Middle Ages up to our time, in the collective imagery and most of all abroad, the very notion of Italy coincides with that of the beauty and value of its cities; city as identifying feature that thoroughly embodies the history and the actual natural attitude of our country. The city meant as a collectivity of individuals living, working, operating, and interacting together in a circumscribed area is a peculiarly Italian product, a reality still deeply affecting the cultural and economic evolution of our country. As the pieces of a huge puzzle Italian cities stand, each with its own individuality, as leading characters in the country performance and their different attitudes are essential part of the identity of the Country through history.

However unified Italy still consists of parcels, a system of individual specific realities sharing the condition of belonging to certain unique urban contexts. To those unique contexts technological research and innovation are deeply related, so are their development

la ricerca e le innovazioni tecnologiche diventano parte integrante dei territori in cui sono state ideate e sviluppate, come nel caso dei distretti industriali, e arrivano a caratterizzare quel territorio all'esterno.

Un periodo artistico, una piazza, o un'opera d'arte simboleggiano un'intera comunità. Le imprese si identificano prima di tutto con il territorio dove sono state create e poi con il Paese intero. Basta pensare all'automobile per riferirsi a Torino, alla moda e alla finanza per Milano, alla storia dell'arte per Firenze. Anche da un punto di vista più strettamente economico, il fenomeno tutto italiano dei distretti industriali, nato dalle corporazioni degli artigiani che si riunivano lavorando uno accanto all'altro tra le mura delle città, è studiato e imitato in tutto il mondo come uno dei pochi sistemi industriali capaci di sopravvivere alla globalizzazione.

Oggi che quelle mura sono sparite, dopo che per anni sono state simbolo di chiusura e di protezione dall'esterno ma anche di raccoglimento intorno al bene comune, la sapienza dei maestri

artigiani si è diffusa fino a industrializzarsi in processi produttivi di successo. Le città italiane sono sempre state laboratori di eccellenza, in cui i migliori talenti hanno condiviso, a favore della comunità, esperienza e lavoro, sperimentando nuove tecniche per migliorare l'ambiente circostante. I distretti industriali e i network di piccole e medie imprese specializzate in produzioni uniche e di alta qualità, che ancora oggi sono la struttura portante del Made in Italy, sono il frutto di questa ricerca costante che ha caratterizzato la storia dell'Italia e degli italiani.

La parcellizzazione delle realtà produttive nel nostro caso non ha frustrato lo sviluppo tecnologico. La specializzazione ha infatti fatto in modo che ogni territorio migliorasse le proprie eccellenze mettendole a disposizione e condividendole col resto del Paese prima, col mondo poi. Proprio per questo motivo il tema scelto per l'Expo di Shanghai 2010, Better city-Better life, sembra cucito addosso alla realtà delle tante città italiane che sono la dimostrazione di come non si possa prescindere dal miglioramento del sistema

社会。企业首先和它们创立的地点融为一体，然后与整个国家成为一体。只要想一想都灵的汽车工业，米兰的时尚和经济，佛罗伦萨的历史和艺术，就是最好的例子。或者从更严格的经济观点来看，所有意大利工业区的现象，是由手工业者打破城市之间的城墙，相互合作而产生的，作为一种在全球化过程中能够生存下去的少数的工业体系之一被全世界学习和效仿。

今日，那些城墙的消失了，那么多年以来，它们作为一种对外界的封闭和保护的象征，一种集合内部利益的象征，工匠们的智慧一直传递到产品成功诞生的那一刻。意大利的城市一直以来就是优秀者的实验室，最杰出的人为了社会，分享经验与工作，体验着可以改善周遭环境的新技术。工业区以及专长于独门制造及高品质生产的中小企业网络，直至今日还是意大利制造的支柱，这就是对意大利的历史和意大利人的特性不断研究的成果。

我们国家制造现状的区域性并没有打击我们的技术发展。每个地区术业有专攻，将自身最优秀的部份改善，然后与其他城市，最后与整个世界一起分享成果。正是因此，2010年上海世博会的主题"更好的城市，更好的生活"，就好象是为许多的意大利城市的现状量身打造的，显示了对于城市体系改善，对城市居民生活的改善。在这个良性循环中，人民就是改善自身日常生活和生活环境的创始者和主人公。

意大利希望向上海展示自己最优秀的工业、艺术、音乐、时尚和工艺能力，结合在一个统一的概念中，向全中国展示意大利的项目、理念和才华是如何改善城市人民的生活水平的，并且留给后人一个更好的城市，一个更好的国家和一个更好的世界。

意大利馆就好像一座独特的大城市，用真实的、有形的、具体的手法，把所有这些呈现在中国和世界的眼前。"城

and their very existence; such is the case of industrial districts becoming inherent character of certain territories.

An artistic period, a piazza, a work of art thoroughly symbolize a community. Industry and enterprises are regarded in the first place as inherent characters of the territory they were created in, and secondly as belonging to the country. To think about the automotive industry in Italy directly implies the city of Turin, so naming fashion industry or finance evokes Milan, and art history definitely refers to Florence. When it comes to economy one can observe that the peculiar Italian phenomenon of industrial districts—descending from the Mediaeval guilds or craftsmanship corporations that used to bring together individuals and enterprises working side by side within the enclosure of the city walls—has been studied and regarded in the whole world as one of the few industrial systems capable of surviving the globalization process.

Today in a time when those walls that used to be a symbol of isolation and self protection—but also of unity around the common

good—are no longer there, the knowhow of the masters craftsmen has spread out and evolved into successful industrial production process. Italian cities are workshops of excellences, where the best talents have been sharing expertise and work in favour of the good of the community, experimenting innovative techniques minding, respecting and enhancing the environment. The industrial districts and networks of small and medium-sized specialized factories devoted to the production of high quality and unique goods are the backbone of the Made in Italy trademark, and the outcome of that constant research informing the history of Italy and of its people.

The splitting up of the Italian production system has not in the least inhibited technological innovation. A highly specialized attitude has enabled each territory to enhance its excellences, and to bring them to the rest of the Country and to the rest of the world. That's why the theme of the Shanghai World Expo 2010 Better city-Better life seems to perfectly fit many Italian cities and local realities, proving that there's no possible improvement of the qual-

urbano, per migliorare la vita dei cittadini. Un circolo virtuoso in cui il cittadino è artefice e protagonista del miglioramento della propria vita quotidiana e del proprio ambiente di vita.

L'Italia ha voluto mostrare a Shanghai la migliore industria, l'arte, la musica, la moda e la capacità tecnologica, assemblate in un unico *concept*, per mostrare alla Cina i progetti, le idee e i talenti tutti italiani che contribuiscono al miglioramento delle condizioni di vita urbana e a lasciare alle nuove generazioni una città, un paese e un mondo migliore.

Così il Padiglione italiano, come se fosse un'unica grande città, mostra tutto questo agli occhi della Cina e del mondo, in maniera reale, tangibile, concreta. La splendida installazione *L'Italia delle Città*, voluta dall'ICE e realizzata dall'architetto Uberto Siola e dal regista cinematografico Peter Greenaway, mostra invece il lato emozionale, in cui arte, musica, architettura e tecnologia e anche la sapienza scenografica, si fondono in un susseguirsi di immagini mozzafiato, armonizzate dalla grazia dei movimenti di Roberto Bol-

le. Questa installazione contribuisce alla realizzazione del grande progetto dell'Italia a Shanghai, delineando il modello di "città del futuro" che, come vuole il tema del Padiglione italiano, non potrà non essere la "Città dell'Uomo".

市组成的意大利"的令人赞叹的装置艺术是由意大利对外贸易委员会提议的，由建筑师 Uberto Siola, 以及电影导演 Peter Greenaway 合作完成的，这一作品向人们展示了感性的一面，包括艺术、音乐、建筑和技术，以及舞美才能，它由一系列让人赞叹的图像组成，由芭蕾大师 Roberto Bolle 优雅的肢体活动和谐地联接起来。这一装置作品有助于在上海的意大利大型项目，勾勒出一个"未来之城"的模型，就好象意大利馆的主题为"人之城"一样。

ity of life not implying the improvement of the quality of the urban system. There is a powerful feed back in which individuals are directly responsible for the improvement of the quality of their everyday lives and of the quality of their environment as well.

Italy brought to Shanghai the very best of its industry, of its music, art, fashion, and of its technology, assembling them together in one organic concept, to show to China how the projects, the ideas and the talent of Italy are meant to help improve the urban condition and quality of life and leave behind a better Country and a better world for future generations.

So the Italian Pavilion—as one city containing all the cities—is meant to represent all of this in a tangible manner in front of China and in front of the whole world. The beautiful installation *L'Italia delle Città* (Italy of the Cities) realized by Uberto Siola and by the film director Peter Greenaway on behalf of the ICE, is on the other hand the emotional representation of it all, where art, music, architecture, technology and even scenographic skill meet to cre-

ate a breathtaking suite of images harmonized by the grace of the movements of the dancer Roberto Bolle. The installation is a significant part of the project Italy meant to accomplish in Shanghai demonstrating that the only possible paradigm of the "city of the future" would be nothing but the "City of Man."

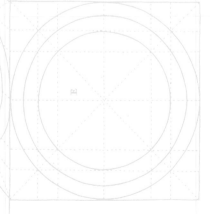

L'Italia delle Città
城之意大利
Italy of the Cities

FIG. XVI.

Figura Decimasexta

Del tutto simile all FRESCO

16

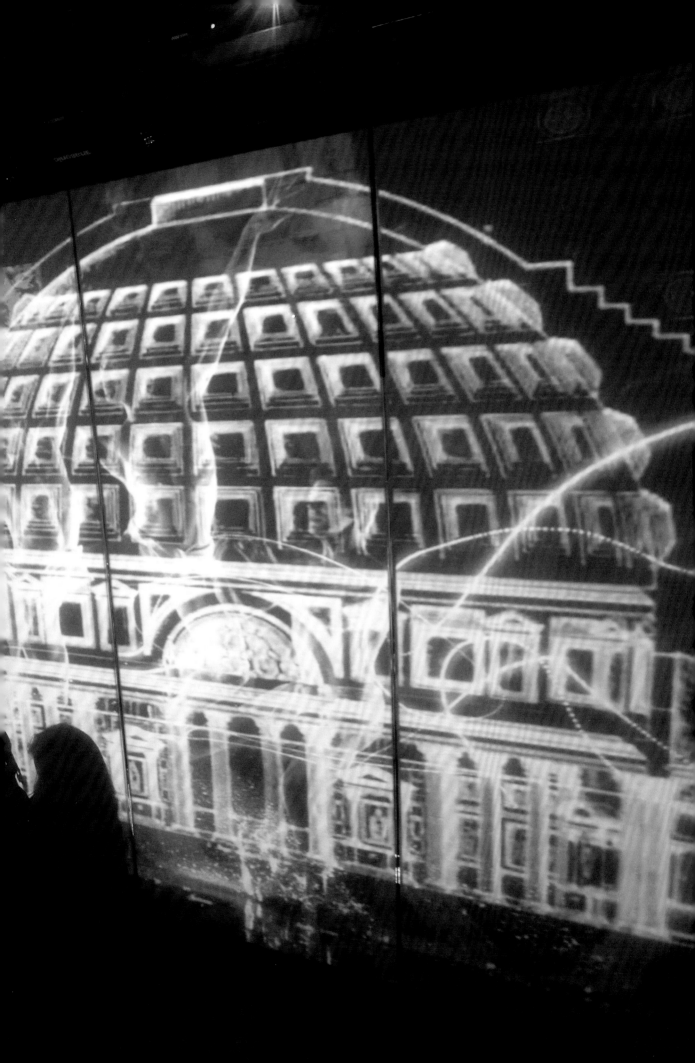

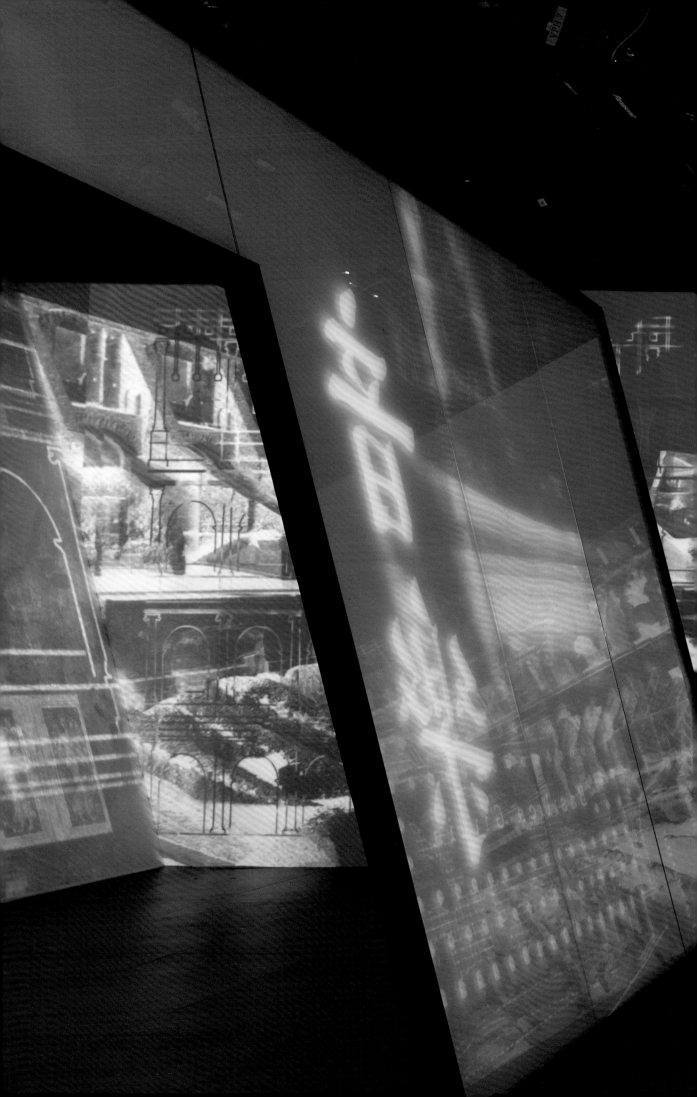

CELLINI
Perseus with the head of Medusa
1545

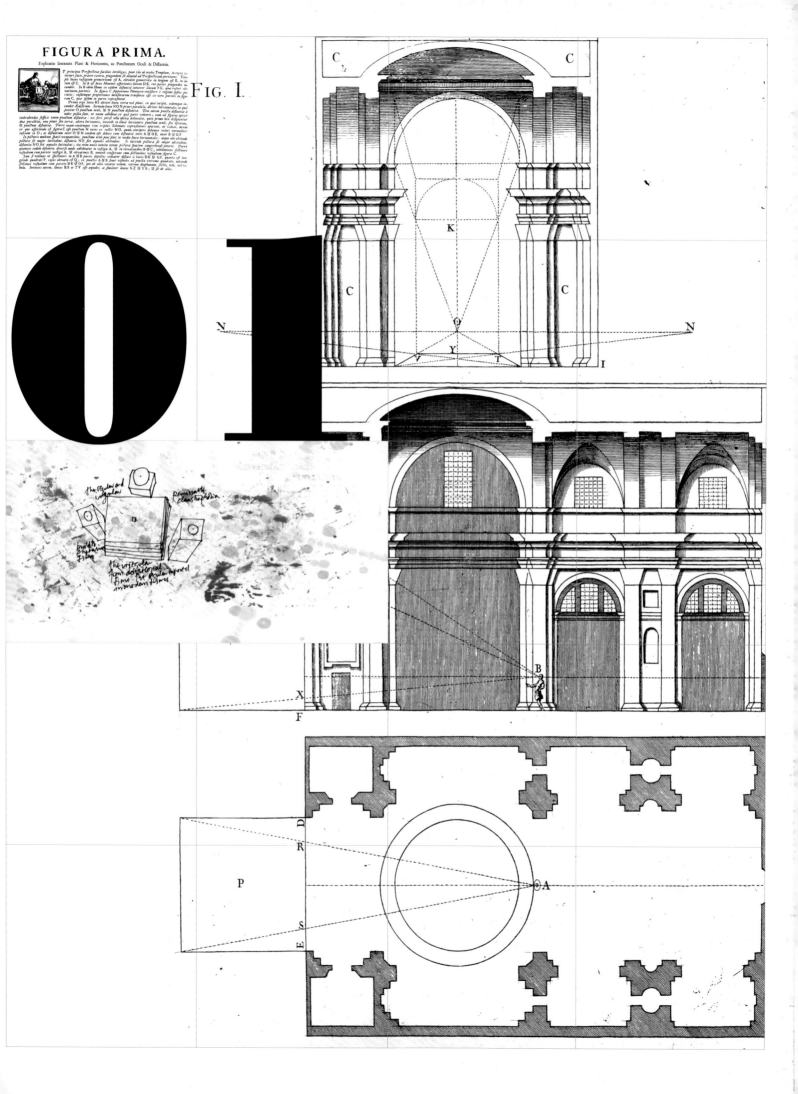

FIGURA PRIMA.

Explicatio linearum Plani & Horizontis, ac Punctorum Oculi & Distantiæ.

FIG. I.

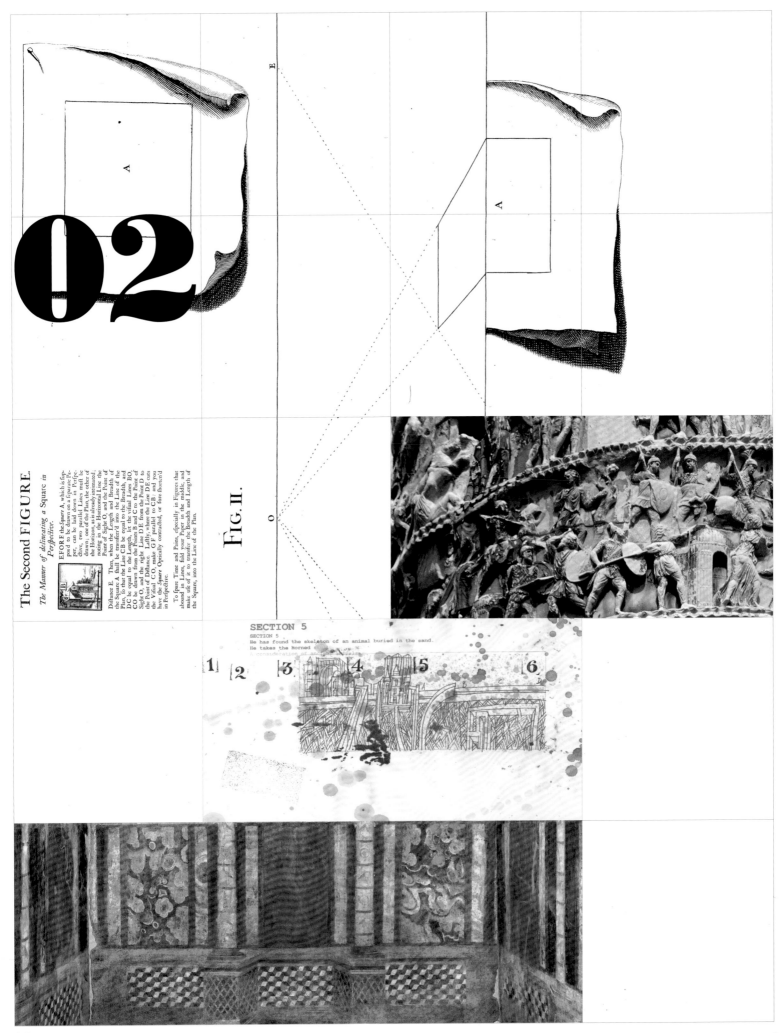

02

The Second FIGURE.

The Manner of delineating a Square in Perspective.

FIG. II.

SECTION 5

He has found the skeleton of an animal buried in the sand.

1 2 3 4 5 6

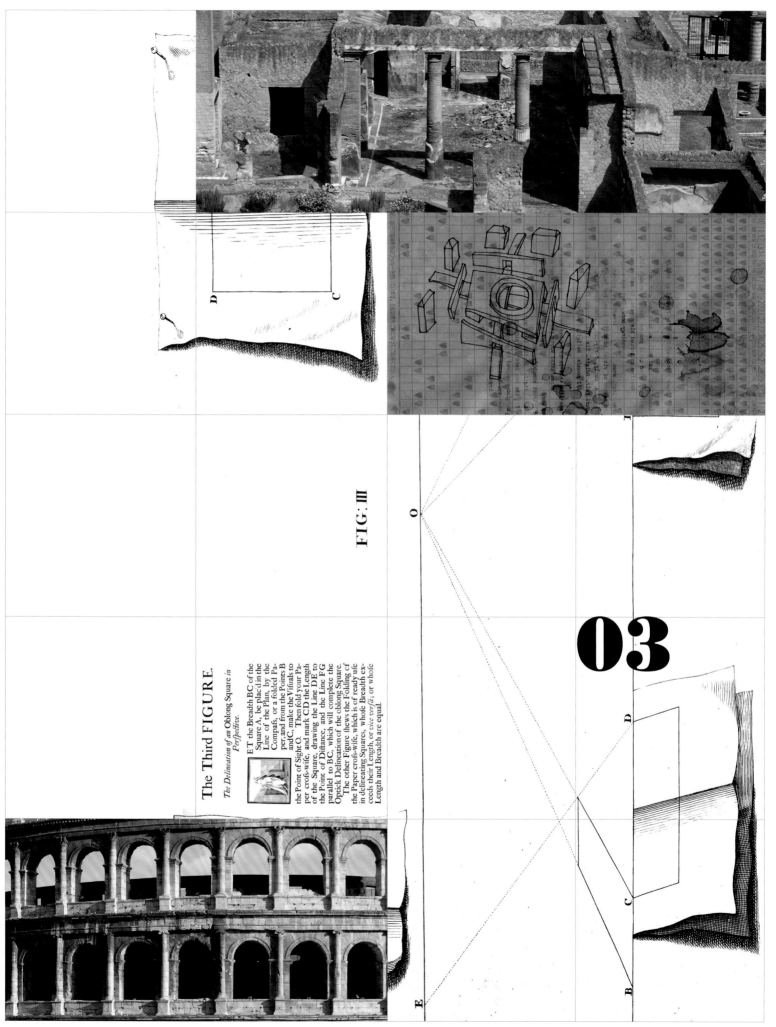

The Third FIGURE.

The Delineation of an Oblong Square in Perspective.

LET the Breadth BC of the Square A, be plac'd in the Line of the Plan, by the Compaſs, or a folded Paper, and from the Points B and C, make the Viſuals to the Point of Sight O. Then fold your Paper croſs-wiſe, and mark CD the Length of the Square, drawing the Line DE to the Point of Diſtance, and the Line FG parallel to BC, which will complete the Optick Delineation of the oblong Square. The other Figure ſhews the Folding of the Paper croſs-wiſe, which is of ready uſe in delineating Squares, whoſe Breadth exceeds their Length, or *vice verſâ*; or whoſe Length and Breadth are equal.

FIG: III

03

27

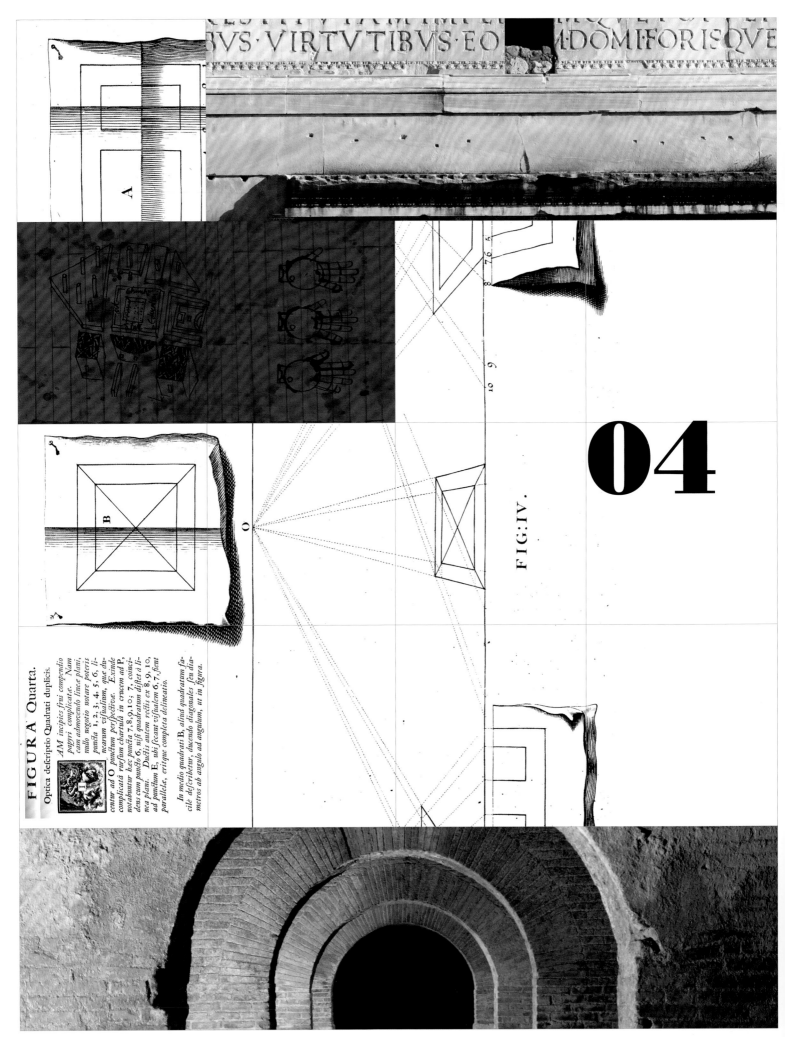

04

FIG:IV.

FIGURA Quarta.

Optica defcriptio Quadrati duplicis.

AM incipies feu compendio papyri complicatae. Nam cam admocendo lineæ plani, nullo negotio notare poteris puncta 1, 2, 3, 4, 5, 6, linearum vifualium, quæ ducentur ad O punctum perfpectivæ. Exinde complicatâ rurfum chartulâ in crucem ad P, notabuntur hæc puncta 7, 8, 9, 10; 7, concidens cum puncto 6, nifi quadratum diftet à lineâ plani: Ductis autem rectis ex 8, 9, 10, ad punctum E, ubi fccant vifualem 6, 7, fient parallelæ, eritque completa delineatio.

In medio quadrati B, aliud quadratum facile defcribetur, ducendo diagonales feu diametros ab angulo ad angulum, ut in figura.

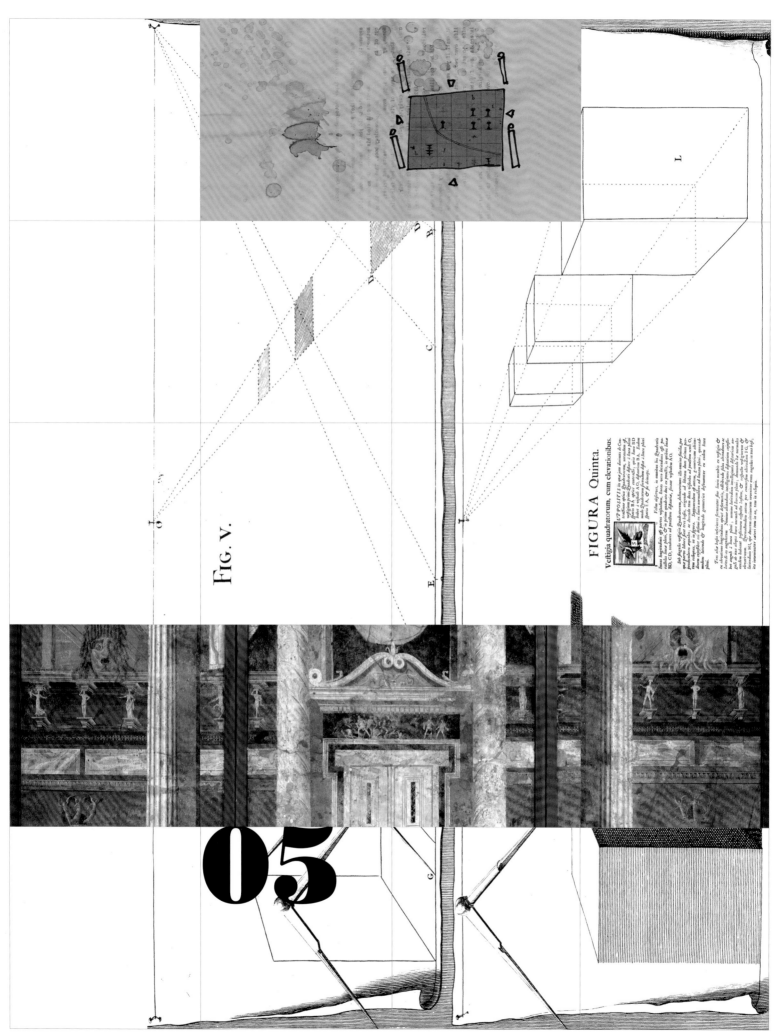

FIG. V.

FIGURA Quinta.

Vestigia quadratorum, cum elevationibus.

05

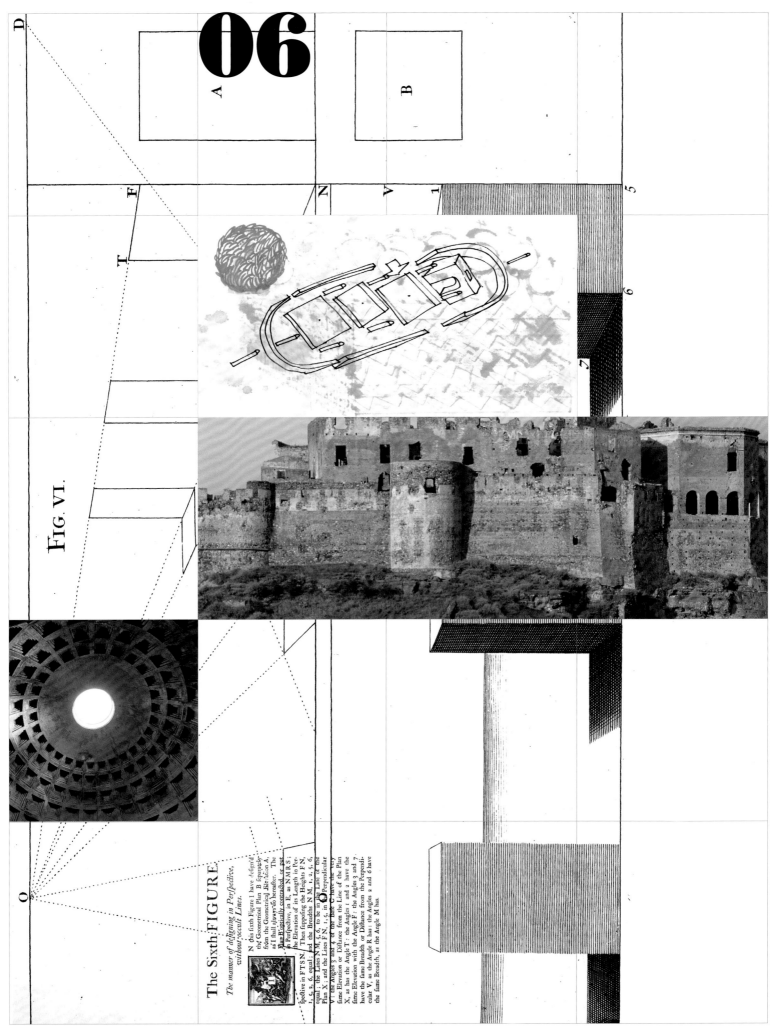

06

A

B

D

F

T

N

V

5

6

7

FIG. VI.

O

The Sixth FIGURE.

The manner of designing in Perspective, without occult Lines.

IN this sixth Figure I have designed the Geometrical Plan B separately from the Geometrical Elevation A, as I shall always do hereafter. The Plan B optically contracted, or put in Perspective, in E, as N M R S; the Elevation of its Length in Perspective in F T S N. Then supposing the Heights F N, 1, 5, 2, 6, equal; and the Breadths N M, 1, 2, 5, 6, equal; the Lines N M, 5, 6, to be in the Line of the Plan X; and the Lines F N, 1, 5, in Perpendicular V: the Angles 3 and 4 of the Base C have the very same Elevation or Distance from the Line of the Plan X, as has the Angle T: the Angles 1 and 2 have the same Elevation with the Angle F: the Angles 3 and 7 have the same Breadth or Distance from the Perpendicular V, as the Angle R has: the Angles 2 and 6 have the same Breadth, as the Angle M has.

The seventh FIGURE.

Another Example of a Geometrical Plan and Upright, put in Perspective.

FOR drawing in Perspective a Pedestal, or Base, divided into four Parts, make the Plan A, with its Divisions of Length ED, and of Breadth CD; and the same Divisions of Breadth E F, in the Elevation B, prolong'd to X. Then make the Perspective-Plan, by transferring the Breadth and Length into the Ground-line, by means of your Paper folded cross-wise: From which Plan the Perspective Upright is very easily made, as may be plainly seen in the Figure. How the Base below, without occult Lines, is made from the Perspective-Plan and Upright, is manifest from what has been said before. I could with you would be very diligent in the Practice of this Method by the Compass; because the Dispatch of Perspective Delineations chiefly depends thereon.

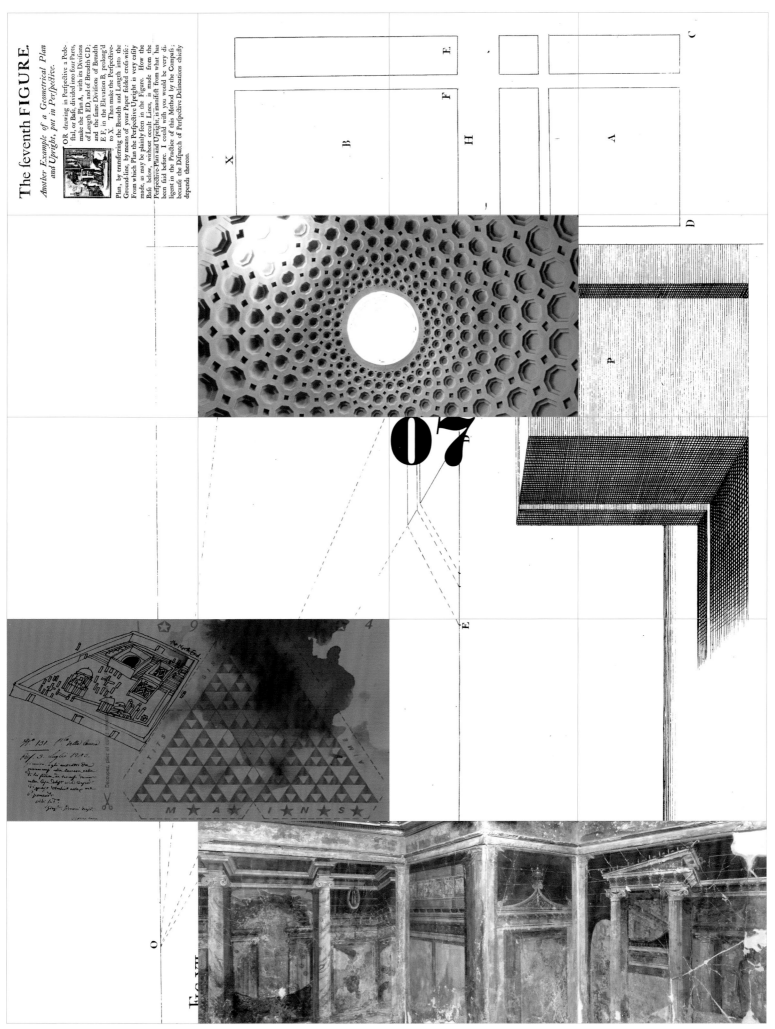

31

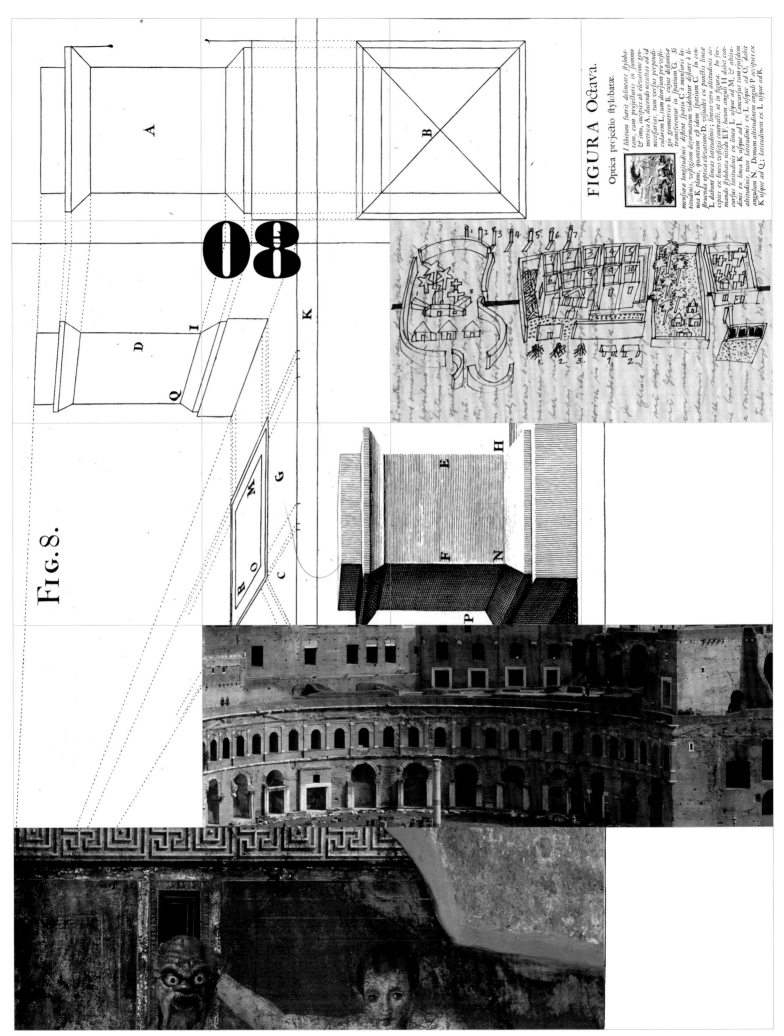

FIG. 8.

FIGURA Octava.

Optica projectio stylobatæ.

L'Italia delle Città
Uberto Siola

17

城之意大利
翁白尔托.西奥拉 Uberto Siola

La città è oggi ritornata a essere al centro del pensiero moderno, contro una tendenza che, negli ultimi anni, per una malintesa sensibilità ambientalistica e naturalistica, ha portato a distinguere e quasi contrapporre i termini dell'ambiente naturale con quelli dell'ambiente costruito. Il conflitto fra *natura naturans* e *natura naturata* è scoppiato in tutta evidenza portando a guasti difficilmente riparabili, se si pensa che certamente ha contribuito alla rinuncia a qualsiasi forma di politica della città e per la città. Oggi si torna a parlare di città, invece, sia per le implicazioni sulla qualità del vivere quotidiano, sia per la riscoperta di una delle grandi questioni del pensiero moderno, quale appunto è la città in termini generali.

Rispetto a questa problematica il tema generale dell'Expo di Shanghai 2010 – Better city-Better life – ripropone finalmente, e dopo molti anni, l'accostamento fra la qualità della vita e la condizione urbana. *L'Italia delle Città*, dal punto di vista del nostro Paese, documenta che la città italiana è un'opera riuscita e condivisa

今天，城市重新成为了现代理念关注的核心，不过，这与近年来对环境与自然的一种误解截然不同。这种误解一度将自然环境与人文环境区分甚至对立起来。纯天然的自然与人造自然之间的冲突明显爆发，带来了难以弥补的创伤——我们只需要想想：这种冲突毋庸置疑地导致放弃任何城市政策或针对城市的政策的趋向。然而，今天人们又重新开始谈论城市，既谈论如何提高日常生活品质，也谈论如何面对当今现代理念最需解决的问题之一：宏观的城市观。

面对这一问题，终于在多年之后，2010年上海世博会的主题"城市让生活更美好"重新将生活品质与城市条件放在了同一个思考框架中。从我们国家的角度来看，Italy of the

Italy of the Cities
Uberto Siola

That city is today once again a central issue in modern thought, against a tendency that in recent years, through a misunderstood concern about nature and sustainability, has led people to regard natural and built environment as distinct and even conflicting realities. The conflict between natura *naturans* and *natura naturata* has blown up in full view causing permanent damages, if we are led to think that it had a part in discouraging any form of political concern about and for the city. Nevertheless today we are again discussing about the city both because of how much it implies in terms of quality of everyday life and because of the rehabilitation

dalla cultura di tutto il mondo, una grande opera d'arte collettiva. Ma oltre a ciò, *L'Italia delle Città* vuole anche rappresentare una critica al "semplicismo" del fenomeno della globalizzazione dei modelli insediativi oggi imperante e, sul fronte opposto, la capacità tutta italiana di applicare il modello della città compatta e condivisa su un territorio nazionale fortemente differenziato, realizzando quindi il moderno principio di una corretta regionalizzazione dell'insediamento umano. Oltre a ciò, il successo della città italiana non sta solo nella sua particolare capacità di esprimere situazioni e culture appartenenti a regioni, climi, culture diversi, ma anche

nella straordinaria valenza delle sue singole architetture, che rendono possibile ancora oggi un uso spregiudicato delle stesse. È un po' il ricordo della pittura di Canaletto dove la Venezia rappresentata è più un'invenzione che una rappresentazione, è più quello che avrebbe potuto essere che quello che veramente era, è più la composizione di parti e segni prodotti altrove e lì ricomposti che un'invenzione legata al momento e alla sua situazione. In poche parole la città italiana offre materiale utile a una costruzione che potremmo definire analoga, di cose che non ci sono così come le vediamo, ma esistono nella realtà di situazioni urbane completamente diverse da quelle di cui ci occupiamo. L'uso di questo procedimento – che definiremo analogico – prende ancor più corpo e significato davanti alla evidente crisi della cultura e della politica delle nostre città.

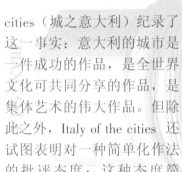

cities（城之意大利）纪录了这一事实：意大利的城市是一件成功的作品，是全世界文化可共同分享的作品，是集体艺术的伟大作品。但除此之外，Italy of the cities 还试图表明对一种简单化作法的批评态度：这种态度简

单地将今天占统治地位的居住格局全球化的现象与意大利城市规模小、分布广泛且差异化的现象对立起来。因此，

of one of the great issues of modern thought, that is the city in general terms.

That's why finally, after a great many years, the Shanghai World Expo 2010—Better city-Better life—brings back under discussion the relation between quality of life and the urban condition. *L'Italia delle Città* (Italy of the Cities) is meant to attest—from the point of view of our Country—that the Italian city is a collective work of art and a great and shared achievement in the context of the culture of the whole world; it is also meant implicitly as a criticism to the simplifying globalization process of urban types and

paradigms; on the contrary it represents the ability of the Italian city to actualize the type of the compact and shared city over a highly differentiated national territory, thus effectively enacting the modern principle of a right and efficient "regionalization" of human settlements. The reasons of the success and value of the Italian city are not all in its ability to adapt to and express different physical climatic and cultural contexts, but also in the extraordinary intrinsic value of its individual architectural objects enabling us to a free and unprejudiced use of them; something like what Canaletto used to do in his paintings of Venice, portrayals of a city that were more of an invention than a representation, more what the city could have been like than what it actually was like, in the end a composition of signs and parts produced elsewhere and put together then and there to shape an invented city. That is to say the Italian city supplies material for what we would call an "analogue construction" made up of things that are not yet there where we see them, but exist in the reality of urban contexts far apart and

L'Italia delle Città vuole dimostrare che i materiali offerti dalla città italiana nel tempo sono e possono essere anche parte dei materiali dell'oggi: forme e organismi in grado di rispondere sul piano dell'estetica e della funzionalità alle esigenze del tempo. Si vuole qui, di passaggio, affermare che l'accostamento alla questione estetica della valenza utilitaristica per l'architettura della città non va considerato come un cedimento a un funzionalismo ingenuo o come una rinuncia a un formalismo quanto mai opportuno, quanto una giusta distinzione che l'architettura merita e richiede rispetto alle altre arti.

Il raccordo che si propone fra le soluzioni del passato e le esigenze della contemporaneità si giustifica soprattutto, da questo punto di vista, con l'adeguamento dell'organismo urbano alle varie esigenze del

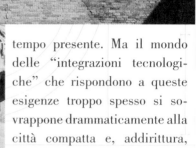

Uberto Siola

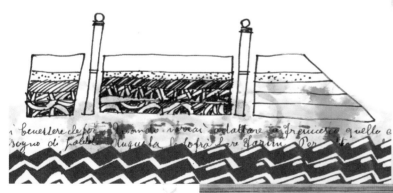

tempo presente. Ma il mondo delle "integrazioni tecnologiche" che rispondono a queste esigenze troppo spesso si sovrappone drammaticamente alla città compatta e, addirittura,

Italy of the cities 最终希望能够建立起人类居住地域化的正确的现代原则。另外，意大利城市的成功不仅仅在于其诠释不同地域、不同气候条件下形态各异的文化的能力，还在于其建筑无与伦比的价值：这些价值即便今天也得到了所有毫无偏见的人的承认。这就好象我们记忆中的(Canaletto) 的画作，其表现的威尼斯与其说是一种展示，不如说是一种创造；与其说是真实存在于历史中的威尼斯，不如说是人们理想中的威尼斯；与其说是根据彼时彼刻特定情形进行的创作，不如说是来自别处的片段与元素的组合，以及在威尼斯特定场景下的再组合。简单说来，

意大利城市为我们提供了最适当、最具效用的工具，让我们得以构建超越我们所见的、同时亦在与我们所居住的城市现实完全不同的其它城市中隐含着的城市的灵魂。面对我们城市的文化与政策面临的深重危机，对这一类似流程的应用便更加现实并彰显其重要意义。Italy of the cities 意味着：意大利城市提供的工具——随着时间的流逝——会、并将会变成今天工具的重要部分：城市的形态与机体能够在美学和功能的层面上很好地回应时间的需求。另外顺便需要肯定的是：将城市建筑的功能价值与美学价值紧密结合起来，不应该被视作让步于单纯的功能主义，或放弃十分恰当的形式主义，而应该被视作与其它艺术形式相比，建筑自身要求的、足以为之自傲的两者执中的平衡。按照这种观点，传统城市解决方案与现代化需求之间结合

翁白尔托. 西奥拉

that the material supplied by the Italian city through time could be—actually is—the material to use today: forms and organisms able to respond to both the aesthetic and functional needs of our time. We want to state here, by the way, that our bringing together under discussion aesthetics and function of the architecture of the city is not to be regarded as yielding to a simplifying functionalist

Uberto Siola

different from the ones we are concerned with. The use of that procedure—just defined as analogic—would matter and make so much more sense if considered in the context of the present blatant politic and cultural crisis of our cities.

What *L'Italia delle Città* (Italy of the Cities) is saying to us is

tende a sostituirsi a essa. Oggi quella che chiamiamo tecnologia ha invece il compito di adeguare la compattezza estetica e urbana delle nostre città alle esigenze nuove che si pongono: il problema è calare queste esigenze in un modello che sia ancora quello iniziale, compatto e funzionale a un tempo.

E se volessimo individuare, in estrema sintesi, i veri contraddittori del nostro ragionamento dovremmo pensare da una parte ai sostenitori di un moderno che non c'è e dall'altro a quanti credono in un concetto di creatività che è solo improvvisazione e mancanza di cultura e di riferimenti. In realtà possiamo affermare che esiste solo ciò che la storia ha prodotto e sta a noi continuare a resistere, con ragione e cultura, combattendo contro l'improvvisazione e la falsa creatività.

效果的评判标准，首先在于城市机体是否能够适应现代的各种需求。然而，用"技术综合应用"的方法来回应这些需求，常常使得小规模的城市被这一洪流所吞噬，令其有被替代的趋势。而今天我们所说的"技术"则被赋予了让意大利小而美的城市适应新需求的使命：如何让这些需求屈尊身架，适应意大利城市最初小而功能齐全的模式。

如果我们需要找出我们观点中真正矛盾的因素——用最简练的话来说——我们需要一方面考虑到对并不存在的现代模式的支持因素，另一方面要考虑到有多少人将创新的概念错误地理解为脱离文化基础的臆想。实际上我们能够断言的是：真正存在的只有历史缔造的真实，是我们自己需要秉承我们的理想和文化，不断地抵御和对抗臆想和伪创意。

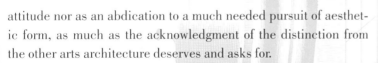

attitude nor as an abdication to a much needed pursuit of aesthetic form, as much as the acknowledgment of the distinction from the other arts architecture deserves and asks for.

The connection we chase between contemporary needs and the solutions of the past is mainly legitimated by the natural process of adaptation of the urban organism to the needs of present time. But the world of "integrative technologies" meant to respond to those contemporary needs way too often dramatically imposes upon the compact city, with even a tendency to obliterate it. What we call technology today is meant to adapt the aesthetic and urban density of our cities to new needs upcoming: the point is

to bring those new needs into the initial functional and compact model of city.

And if we would look for the real opposers in our logic we should think first—on one side—about those who support a modernism that is not even there—and on the other—about those who believe in a kind of creativity that in fact is just improvisation and thrives on lack of culture and reference. We could actually state that what really exists is what history has produced and that it is up to us to carry on fighting improvisation and false creativity through reason and culture.

Città utopiche
Peter Greenaway

Da bambino disegnavo in continuazione case e città immaginarie, piccolissime, su pezzi di carta non più grandi del palmo della mia mano. Le mie città erano piene di giardini e orti. Nella mia famiglia tutti coltivavano orti, appezzamenti di terreno che erano in sostanza giardini lontani dalle case, dove si coltivavano ortaggi, frutta e fiori, si allevavano api, si bruciavano foglie, si raccoglievano e si uccidevano lumache, si tagliavano alberi, si potavano maggiociondolo e piombaggine, si facevano mazzi di dalie e si coltivavano rose. Mio nonno coltivava rose: suo padre era stato taglialegna. Avevano entrambi barba e baffi vittoriani ed edoardiani, come anziani preraffaelliti. Ma sapevo che mio nonno aveva sempre i pollici spaccati dal gelo in inverno e la gola dolorante per la tosse nelle sere d'autunno. E avevo sentito dire, anche se non avrei dovuto saperlo, che il mio bisnonno si era suicidato annegandosi in un laghetto nella foresta.

乌托邦之城
彼得·格里纳韦 Peter Greenaway

孩提时，我曾不断描绘自己心目中的城市和房屋，那是个很小的地方，在纸上也不过巴掌大。我想象中的城市到处都是花园，还有小块的田地。所有的亲友都有那么一块田地，其实不过是离房子稍远些的花园，里面可以种蔬菜、水果和鲜花，还可以养蜜蜂、烧树叶、捉蜗牛、伐木、修剪金链花和蓝茉莉、种大丽花和玫瑰。我的祖父喜爱种植玫瑰，曾祖父则是一位伐木工人，他们和上了年纪的前拉斐尔派一样，自然也会留着维多利亚时代和爱德华时代的八字须和大胡子。在我的印象里，冬天，祖父的拇指经常会冻裂；

Utopian cities
Peter Greenaway

As a child, I incessantly drew imaginary houses and imaginary cities. Very small. On sections of paper no bigger than the palm of my hand. My cities I suspect were heavy on gardens. And allotments. All my relatives kept allotments, which were gardens in essence away from the house where you grew vegetables, fruit, flowers, kept bees, burnt leaves, collected and slew snails, cut down trees, pruned laburnum and plumbago, bunched dahlias and grew roses. My grandfather was a rose-grower. His father had been a woodcutter. They certainly had Victorian and Edwardian beards and moustaches, like elderly Pre-Raphaelites. But I knew my grandfather always had frost-split thumbs in winter and a wracked throat from too much coughing in the autumn evening. And I had heard, though I was not supposed to know, that my great grandfather had drowned himself in a pond in the forest.

The only buildings on an allotment were sheds and cold frames and lean-to greenhouses, and if you were especially lucky, small

tica" come susine e albicocche, e magari anche ciliegie. Quando ero bambino, una città utopica era per me un appezzamento di due acri dove capanni di legno dipinti di bianco, sentieri di mattoni in stile fiammingo e campane di vetro stavano fianco a fianco con le piante. Sono rimasto sorpreso quando ho fi-

Gli unici edifici che si trovavano negli orti erano i capanni per gli attrezzi e le serre, piccole e grandi, quelli più fortunati avevano anche piccoli giardini recintati per coltivare frutta "eso-

秋天，由于晚上咳嗽太厉害，祖父的嗓子也会坏掉。尽管我不该知道，但我还是听说：我的曾祖父溺死在森林里的一个小池塘里。

每处田地上仅有的建筑就是棚屋、阳畦和斜坡温室，如果你运气特别好的话，还能看到种有西洋李子、杏子，甚至樱桃等异国水果的围有围墙的小花园。对于童年的我来说，乌托邦之城就是一块两英亩的田地，里面有漆成白色的棚屋、弗兰德砖砌成的小路，还有被植物环绕起来的玻璃罩。位于查兹沃斯的帕克斯顿棚屋逐渐壮大，发展成了温室，最终成了最大的温室之一，对此我感到非常震惊。世界博览会的鼻祖——1851年英国世博会的铁框架水晶宫，于一百五十多年之后在上海重现。维多利亚女王曾造访1851年伦敦水晶宫，并对麻雀颇有微词。因为玻璃结构

过多，无法考虑用射杀的方式解决麻雀问题，威灵顿勋爵因此建议引进食雀鹰。

walled gardens for growing exotic fruit like damsons and apricots, and maybe even cherries. A utopian city to me as a child was a two-acre allotment where white painted wooden sheds, Flemish brick paths and glass-cloches jostled with plants. I was startled when I finally saw Paxton's allotment sheds at Chatsworth getting bigger and bigger till they became conservatories, and then the biggest one of all, the iron-frame Crystal Palace for the 1851 Grand Exhibition, the grandfather of all Grand Exhibitions, now revived over one hundred and fifty years later in Shanghai. Queen Victoria visited the 1851 Crystal Palace and complained about the sparrows. Lord Wellington suggested introducing sparrow hawks; there was far too much glass to think about shooting birds.

My parents took me to English country-houses and English country gardens—Holkham Hall and All Heveningham, a name that needs to be spoken aloud. And Stourhead and Tresham's Triangular House disciplined on the number three, and Sissinghurst,

home of the Bloomsbury lesbians, my mother said. And Burlington's Chiswick House whose gardens later backed onto my back garden in Hammersmith, London.

Among the artificial lakes, obelisks in groves, seashell grottoes, ha-has and forcibly removed villages, I discovered Capability Brown and Humphrey Repton and realised both of them

1851 e si lamentò dei passeri. Lord Wellington suggerì l'introduzione di sparvieri: c'era troppo vetro per pensare di sparare agli uccelli.

I miei genitori mi portarano a visitare le case e i giardini inglesi come Holkham Hall e All Heveningham, un nome che merita di essere pronunciato ad alta voce. E poi Stourhead e la Triangular House di Tresham, tutta basata sul numero tre, e Sissinghurst, luogo di incontro delle lesbiche di Bloomsbury, come raccontava mia madre. E la Chiswick House di Burlington, il cui parco avrebbe poi confinato con il giardino della mia casa di Londra, a Hammersmith. Tra i laghi artificiali, gli obelischi nei boschetti, le grotte di conchiglie, i fossi di confine e i paesini sperduti, ho scoperto Capability Brown e Humphrey Repton, e mi sono reso conto che entrambi avevano imparato tutto quello che sapevano da Palladio e Poussin. Cominciai a tentare di dipingere come Poussin, paesaggi italiani francesizzati, pieni di pergolati e tempietti sperduti,

nalmente visto i capanni di Joseph Paxton a Chatsworth diventare sempre più grandi per poi trasformarsi in serre. E poi il più grande di tutti, il Crystal Palace, quello con il telaio in ferro costruito per la Grande Esposizione Universale del 1851, la madre di tutte le Grandi Esposizioni, che rivive oggi, dopo più di centocinquanta anni, a Shanghai. La regina Vittoria visitò il Crystal Palace nel

父母带我去过一些英国乡村住宅和乡村花园——霍克海姆宫和赫维宁汉庄园——一个响亮的名字。此外还有斯托海德、基于"3"字设计的郡莎三角屋和西辛赫斯特——据母亲说这里是布卢姆斯伯里女同性恋之家。以及伯灵顿的奇西克府邸——他的花园后来与我在伦敦哈默史密斯的后花园背靠背。

在人工湖、丛林中的方尖碑、贝壳石窟、矮篱笆和遥远的村庄中，我发现了天才布朗和汉弗莱·雷普顿，知晓他们两人已从帕拉弟奥和普桑的实践中洞悉一切。

我开始尝试模仿普桑的绘画风格——具有法国情调的意大利风景画，其中有很多遥远的凉亭和神庙，前景中有鲜为

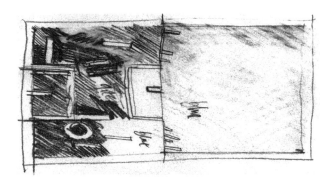

had learnt everything they practiced from Palladio and Poussin. I began to try to paint like Poussin—Frenchified Italian landscapes full of distant pergolas and temples, with vague mythological figures with obscure names, in the foreground. It fitted together all of a piece, and all lead back to Italy. Like all the English, I admired the Anglo-Italians—Palladio and especially Canaletto, who I was pleased to discover, had spent years in London painting the Thames and Whitehall, including the back façade of Inigo Jones's Banqueting Hall. And Giusto Utens, the Flemish Medici employee who painted all the Medici country houses and was, with Wenceslaus Hollar, the origin for the first feature film I made called *The Draughtsman's Contract*, a film about illicit sex, sly murdering and copious architectural draughtsmanship, and cer-

tainly was about architecture in an ordered landscape, a garden, an allotment.

At art school in the late 1960s, I was told to forget all this stuff and turn my attention to Pop Art. But didn't Palladio and Canaletto paint Pop Art along with Piranesi—easily assimilated stuff for the English tourist-trade? I was gratified to think that Land Art, so close on the heels of Pop Art to be almost contemporaneous with it, was going to revolutionise the way we all looked at landscape. But curiously it was a return to the 18th century. Richard Long of the long rambling walks, and Walter De Maria of the *Lightning Field* in New Mexico—four hundred tall metal spikes in the ground that attracted lightning from the New Mexican skies. Then a little later, the 18th century art of temporary buildings, grottoes and follies returned

con evanescenti figure mitologiche dai nomi oscuri in primo piano. Tutto coincideva perfettamente, e tutto riconduceva all'Italia. Come tutti gli inglesi, ammiravo gli anglo-italiani come Palladio e soprattutto Canaletto, che, come scoprii con piacere, trascorse anni a Londra a dipingere il Tamigi e Whitehall, specialmente la facciata posteriore della Sala dei Banchetti di Inigo Jones. E ammiravo Giusto Utens, il fiammingo alla corte dei Medici che dipinse tutte le loro ville di campagna. Quest'ultimo è stato, con Venceslao Hollar, l'origine del primo lungometraggio che ho diretto, *I misteri del giardino di Compton House*, un film che tratta di sesso illecito, omicidi furtivi e disegni architettonici. Il film riguarda certamente l'architettura in un paesaggio ordinato, in un giardino, in un appezzamento coltivato.

Quando mi sono iscritto all'accademia di belle arti, alla fine degli anni Sessanta, mi dissero di dimenticare tutto ciò e di rivolgere la mia attenzione alla Pop Art. Ma Palladio e Canaletto, e Piranesi

con loro, non facevano forse Pop Art, ovvero materiale facilmente comprensibile e facile da vendere ai turisti inglesi? Mi compiacevo al pensiero che la Land Art, così vicina alla Pop Art da esserne quasi contemporanea, stava per rivoluzionare il modo in cui tutti noi guardavamo un paesaggio. Ma curiosamente si è trattato di un ritorno al Settecento: basti pensare al Richard Long delle lunghe passeggiate a piedi, e al Walter De Maria del *Lightning Field* in New Mexico (quattrocento alte aste di metallo conficcate nella terra che attirano fulmini dal cielo del New Mexico). Poi un po' più avanti è ritornata l'arte settecentesca degli edifici provvisori, delle

人知的神话人物。这些细部共同构成了一件完整作品，其所有内容都可以追溯到意大利。正如所有的英国人，我欣赏英国的意大利侨民——帕拉弟奥，尤其是卡纳莱托。我惊喜地发现，卡纳莱托旅居伦敦多年，最终完成了泰晤士河和白厅的画作，其中还包括英尼格·琼斯宴会厅的背立面。朱斯托·犹盾斯，受聘于佛兰德·美第奇，完成了所有美第奇家族乡村住宅的绘制。我的第一部电影长片《画师的合约》就是来源于他和温斯劳斯·荷勒的故事，这是一部讲述非法性行为、阴险谋杀，以及大量建筑制图技术的电影，当然也涉及到风景、花园和田地等建筑科学。

20世纪60年代后期，在美术学院时，人们告诉我放下所有这些，劝我将重点转向通俗艺术，但难道帕拉弟奥和卡纳莱托就没有与皮拉内西一起进行通俗艺术的创作（他们很聪明地创作英国旅游商品）吗？地景艺术紧随通俗艺术之后，几乎在同一时代，改变了我们看待风景的方式，对此

我倍感欣慰。但有意思的是，它又回归到了十八世纪。理查德·隆的《长路漫步》以及沃尔特·德·玛利亚的新墨西哥州的《闪电原野》——四百根高高的金属长钉拔地而起，吸引着新墨西哥州天空的闪电。在后来的一段时期内，临时建筑、石窟、荒诞建筑物等十八世纪艺术以高兹沃斯在北极荒芜之地建造的建筑圆顶和通道、木质和石质的桥梁和拱顶等形式回归，这些建筑又回复到了最为原始的内涵。我在威尔特郡也创作了自己的地景艺术：它在巨石阵的阴影下，在许多已经为人们遗忘的环状列石和鼓丘中，在黑死病时期消失了的村庄里。我经常呆在沃德杜尔——这个名字令人回想起托尔金——它靠近芳特希尔的贝克福德那座古怪的建筑物，它比索尔兹伯里大教堂上的

with Goldsworthy building igloos and tunnels and bridges and arcs of sticks and stones in the Arctic Wastes—incidental architecture with the most primitive of means. I made my own Land Art in Wiltshire, in the shadow of Stonehenge and many forgotten cromlechs and drumlins and villages that disappeared at the time of the Black Death. I frequently stayed at Wardour, a name that should appeal

to Tolkien, close by the site of Beckford's Folly at Fonthill, which was taller than the spire of Salisbury cathedral, and built with the money his father earned from slaves tending sugar in Jamaica. The folly crumbled into dust after a few years because it had been built so badly. Now there is admirably punished architectural hubris.

09

FIGURA NONA.

Opera delineatæ Architecturæ Jacobi Barozzii, à primum, de Stylobata Ordinis ETRUSCI.

FIG. IX.

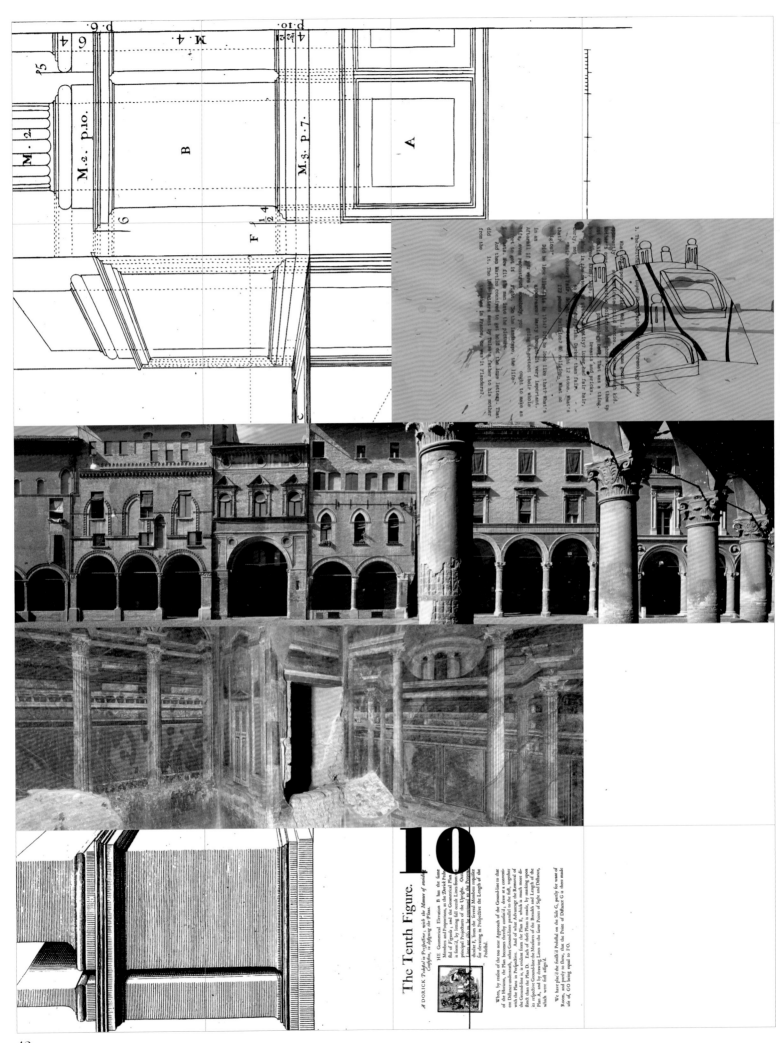

The Tenth Figure.

A DORICK Pedestal in Perspective, with the Manner of avoiding Confusion, in defigning the Plan.

THE Geometrical Elevation B has the fame Members and Proportions, as the *Dorick* Pedestal of Figure 4, and the Geometrical Plan is form'd, by letting fall occult Lines from the principal Projectures of the Upright. Occult Lines alfo are continued to the Perpendicular E, from the feveral Members requifite for drawing in Perspective the Length of the Pedestal.

When, by reason of the too near Approach of the Ground-line to that of the Horizon, the Plan becomes thereby confus'd ; draw at a convenient Distance underneath, other Ground-lines parallel to the first, together with the Plan in Perspective. And of what Advantage the Removal of the Ground-line is, is evident from the Plan F, which is much more distinct than the Plan D. Each of these Plans is made, by marking upon its respective Ground-line the Measures of the Breadth and Length of the Plan A, and by drawing Lines to the same Points of Sight and Distance, which were first adapt'd.

We have plac'd the finish'd Pedestal on the Side G, partly for want of Room, and partly to shew, that the Point of Distance G is there made use of, GO being equal to FO.

42

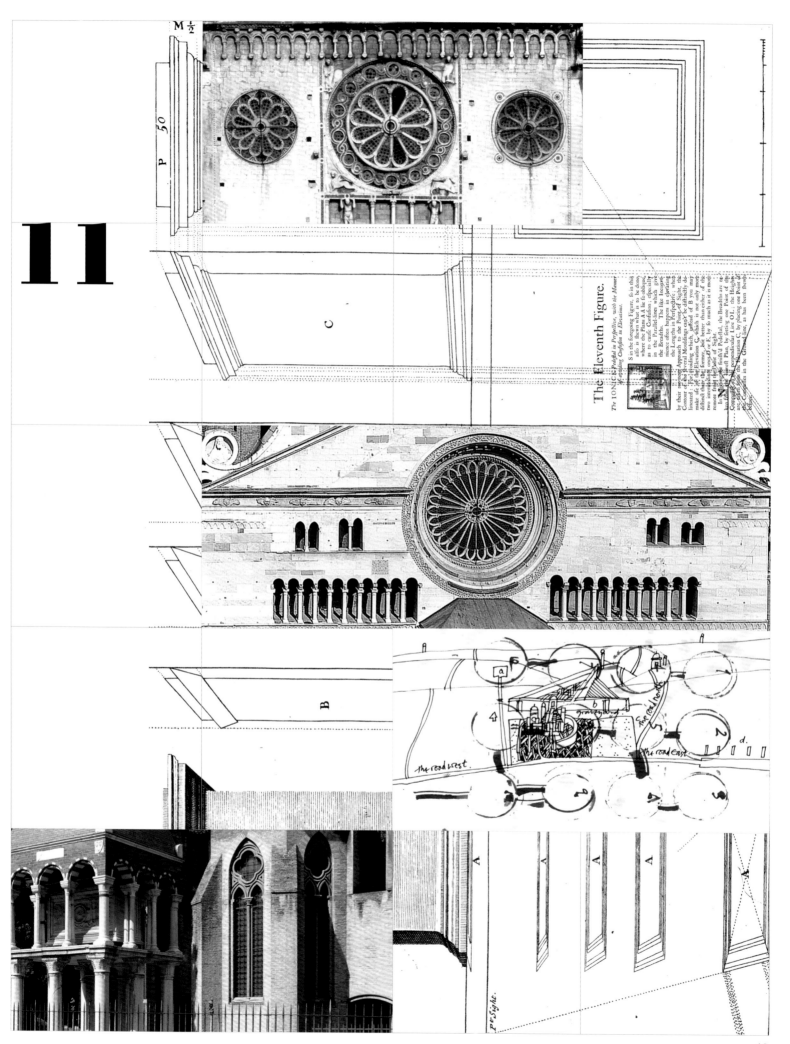

11

C

The Eleventh Figure.

The IONICK Pedeſtal in Perſpective, with the Manner of deſigning Confuſion in Elevation.

AS in the foregoing Figure, ſo in this, also is ſhewn what is to be done, where the Plans A A lie ſo oblique, as to cauſe Confuſion, eſpecially in the Parallel-lines which give the Breadths. The like Inconvenience often happens in elevating the Lengths in Perſpective, which by their nearer Approach to the Point of Sight, the Contour of the ſeveral Mouldings can't be diſtinctly delineated: For avoiding which, inſtead of B you may make uſe of the Elevation C, which is not only more diſtinct than the former, but better than either of the two underſtanding uſes of D or E, by ſo much as it is more remote from the Point of Sight.

In theſe having finiſh'd Pedeſtal, the Breadths are acquir'd from the Elevation C, by ſetting one Point of the Compaſſes in the perpendicular Line O L; the Heights are taken from the Elevation C, by placing one Point of the Compaſſes in the Ground-line, as has been ſhewn before.

B

the road west.   the road east.

A   A   A   A

Perſpect.

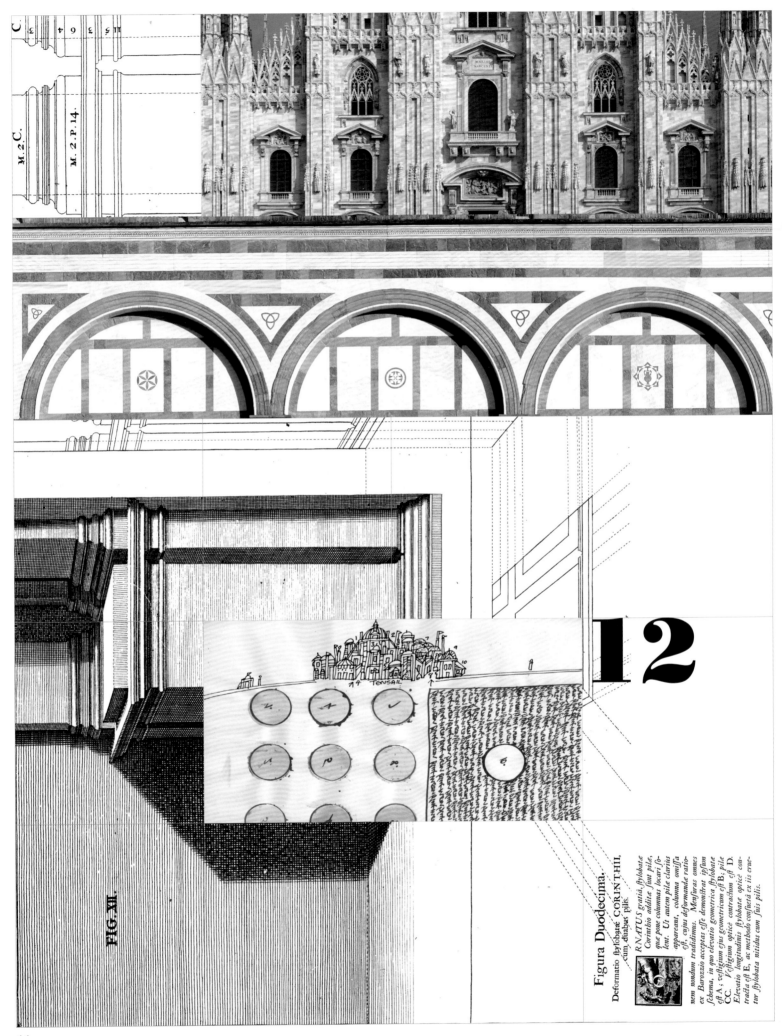

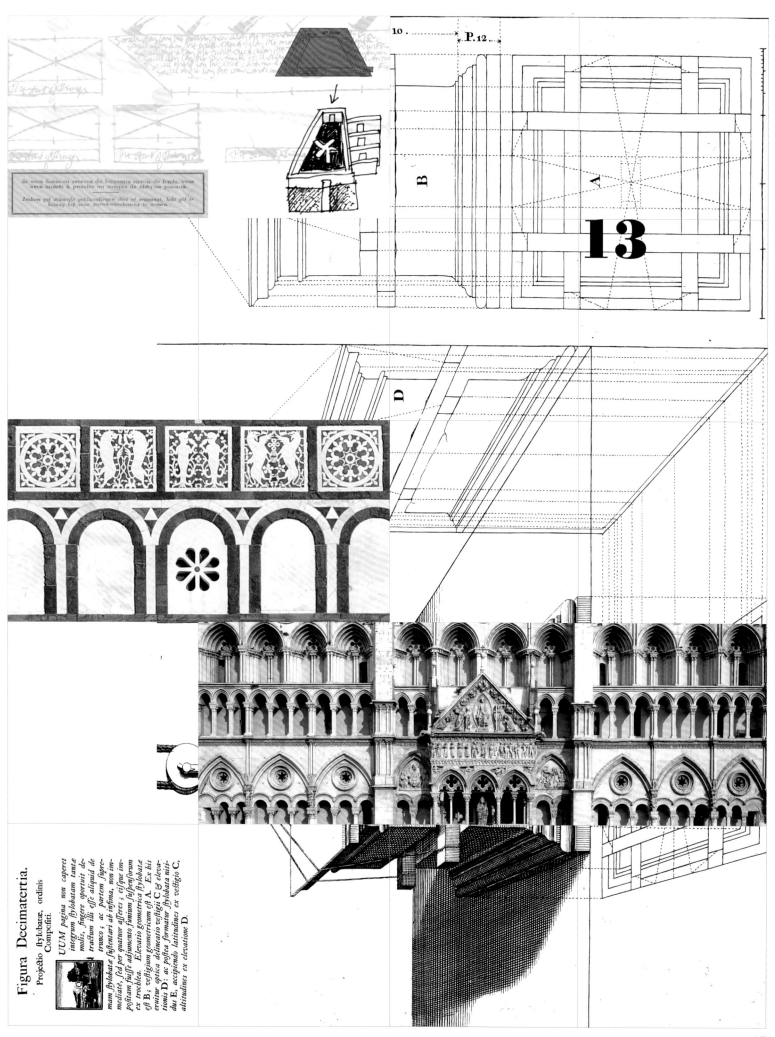

10.

P. 12

B

A

13

D

C

Figura Decimateria.

Projectio ſtylobatæ, ordinis Compoſiti.

UUM pagina non caperet integrum ſtylobatam tantæ molis, fingere oportuit detractum illi eſſe aliquid de trunco ; ac partem ſupremam ſtylobatæ ſuſtentari ab infima, non immediate, ſed per quatuor aſſeres ; eiſque impoſitam fuiſſe adjumento funium ſuſpenſorum ex trochlea. Elevatio geometrica ſtylobatæ eſt B ; veſtigium geometricum eſt A. Ex his eruitur optica delineatio veſtigii C & elevationis D : ac poſtea formatur ſtylobata nitidus E, accipiendo latitudines ex veſtigio C, altitudines ex elevatione D.

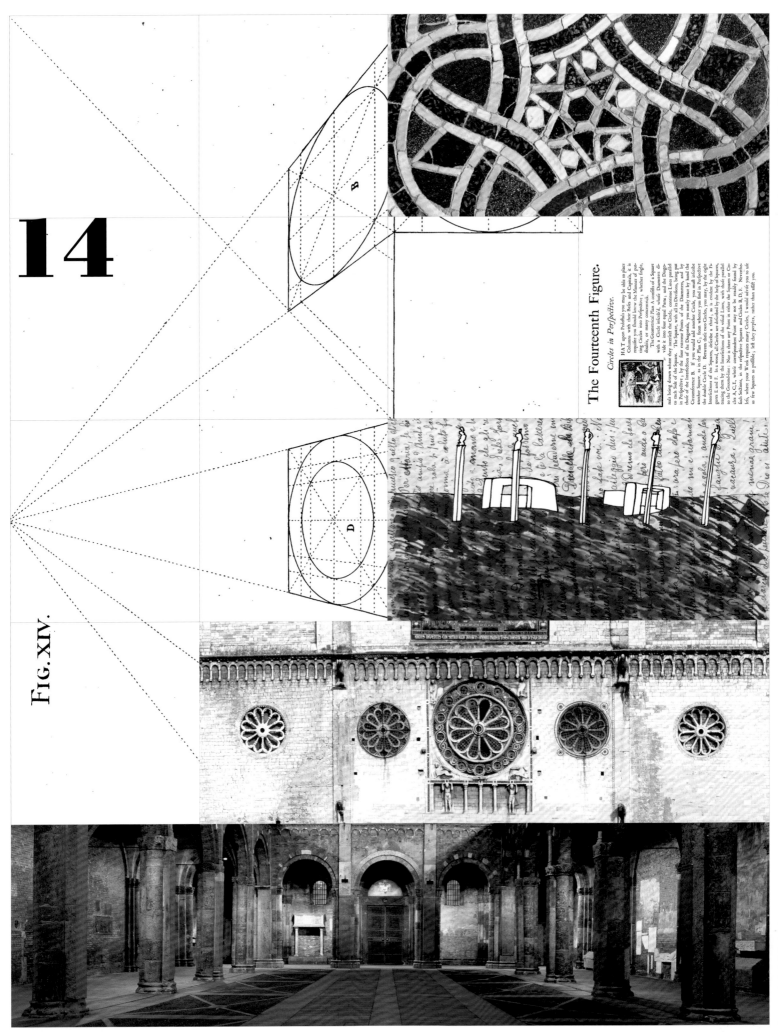

14

FIG. XIV.

The Fourteenth Figure.

Circles in Perspective.

HAT upon Pedestals you may be able to place Columns with their Bases and Capitals, it is requisite you should know the Manner of putting Circles into Perspective; whether single, double, or many concentrick.

The Geometrical Plan A consists of a Square with a Circle inscrib'd, whose Diameters divide it into four equal Parts; and the Diagonals being drawn where they intersect the Circle, constitute Lines parallel to each Side of the Square. The Square, with all its Divisions, being put in Perspective, by the four extreme Points of the Diameters, and by thole of the Interfection of the Diagonals, you nearly trace by hand the Circumference B. If you would add another Circle, you must inscribe another Square, as in the Plan C; from whence you find in Perspective the double Circle D. Between these two Circles, you may, by the right Interfection of the Squares, defcribe a third, as is evident by the Figures E and F. In a word, all Circles are defcribed by the help of Squares, tracing them by the Interfections of the visual Lines, with thole parallel to the Ground-line: Nor is there any Point in either the Squares or Circles A, C, E, whole correfpondent Point may not be readily found by each Section, in the respective Square and Circles B, D, F. Nevertheless, where your Work requires many Circles, it would aid you to uſe as few Squares as poſſible, left they perplex, rather than aſſiſt you.

46

The Fifteenth Figure.

A Column in Perspective.

BEING to describe Part of the Shaft of a Pillar without Projectures, make the Elevation A, and the Geometrical Plan B, at least to the middle: From this brought into Perspective, as you perceive in C, must be drawn Parallels both of Breadth to the Visual D, and of Elevation to the Visual E; from which are described the Circles in Perspective F and I, taking the Breadth from the Plan C, and the Heights from the Perpendicular M: And according to this Method the Circles F and I, are made, without the Help of Squares. Lastly, draw the Perpendiculars G and H, by the Points which terminate the greatest Breadth of the Circles F and I.

There is not a Point in the Plan C, but what, by means of the Lines of Breadth and Elevation, may be found in the Circle F. For Instance, the Place of the Point 6 is 7, which is found by the three Lines CD, D E, E 7.

In describing the two Pieces of a Pillar, with the Projecture of the Fillet at Head and Foot, you must observe the very same Rule.

FIG. XV.

15

47

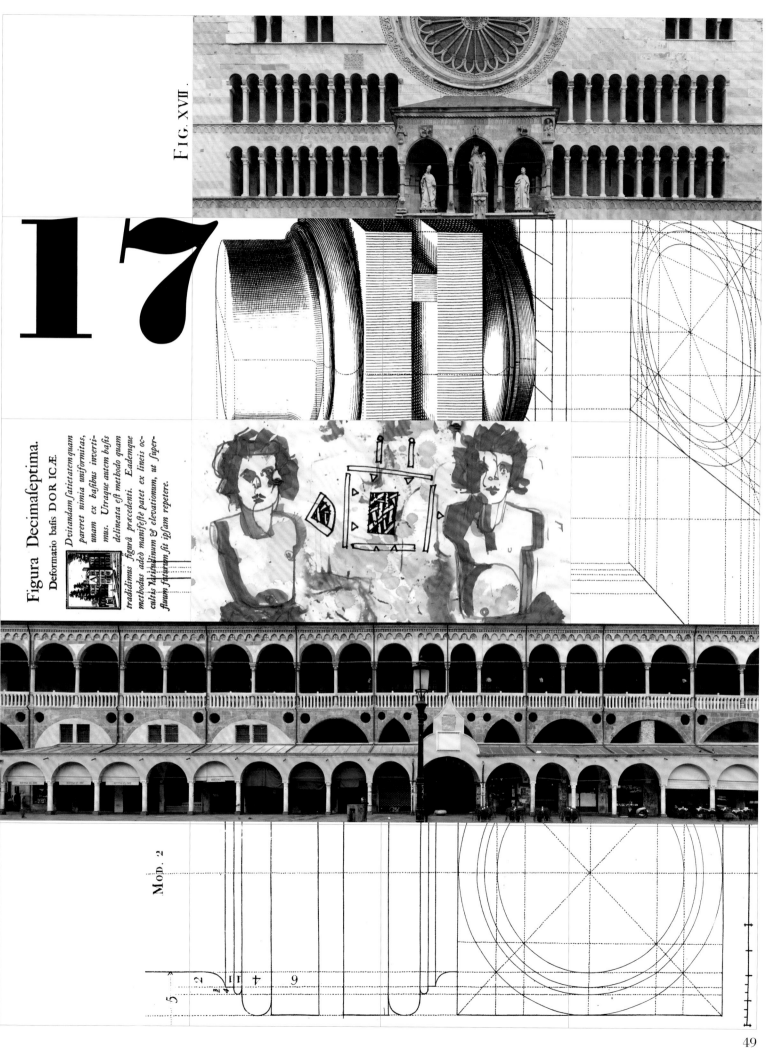

17

Figura Decimaſeptima.

Deformatio baſis DOR ICÆ.

Dvitandam ſatietatemque quam
pareret nimia uniformitas,
unam ex baſibus inverti-
mus. Vtraque autem baſis
delineata eſt methodo quam
tradidimus figurâ præcedenti. Eademque
methodus adeo manifeſte patet ex lineis occultis ?triclinium & elevationum, ut ſuper-
fluum ſaturam ſit ipſam repetere.

Mod. 2

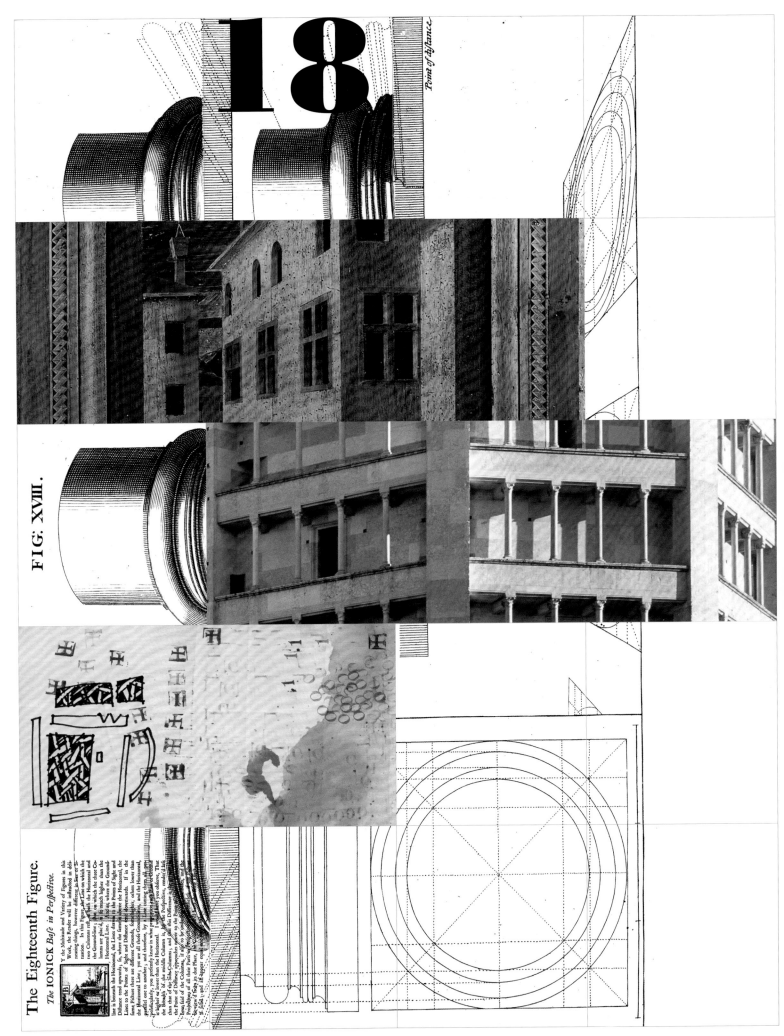

18

FIG: XVIII.

The Eighteenth Figure.

The IONICK Base in Perspective.

50

The Nineteenth Figure.

The CORINTHIAN Base in Perspective.

HIS Base is put in Perspective by the Rules before laid down. The Height of the Superficies A is the same with that of the virtual Line CD; the Breadth of the Cross A is the same with that of the second Circle of the Plan B, beginning with the least. The two Lines that stand perpendicularly on the Surface of the Base, shew the greatest Breadth of the Column's Shaft above the Fillet. The Extent of the upper *Torus* and the two Astragals, is the same with that of the third Circle; and the Extent of the lower *Torus* is the same with that of the outward Circle.

19

FIG. X.

51

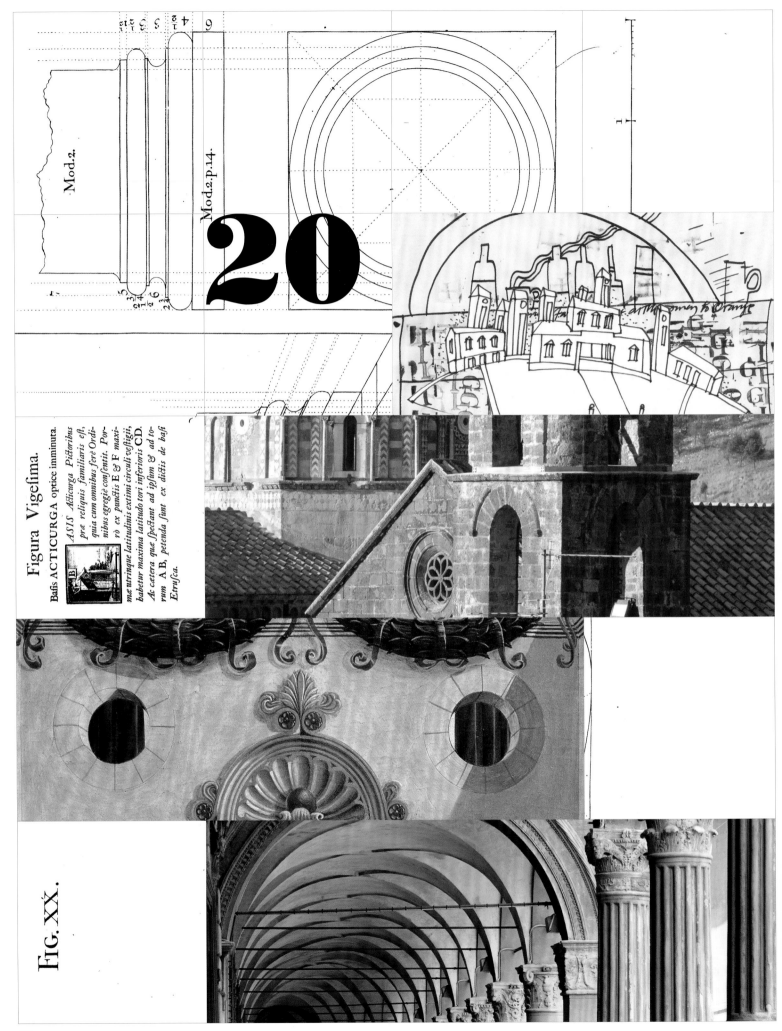

Mod.2.

Mod.2.p.14.

20

Figura Vigesima.

Basis ACTICURGA optice imminuta.

ASIS Acticurga Pictoribus præ reliquis familiaris est, quia cum omnibus ferè Ordinibus egregie consentit. Porrò ex punctis E & F maximæ utrinque latitudinis extimi circuli vestigii, habetur maxima latitudo tori inferioris CD. Ac cetera quæ spectant ad ipsum & ad torum A B, petenda sunt ex dictis de basi Etrusca.

Fig. XX.

grotte e delle *folies* con Goldsworthy che costruiva igloo e tunnel, ponti e archi di bastoni e pietre nelle sperdute distese dell'Artico, ovvero architettura casuale con i mezzi più primitivi. Anche io ho creato la mia Land Art nel Wiltshire, all'ombra di Stonehenge e di cromlech dimenticati, drumlin e villaggi che scomparvero ai tempi della peste nera. Mi capitava spesso di soggiornare a Wardour, nome che sarebbe piaciuto a Tolkien, a Fonthill, vicino alla Beckford Folly, che era più alta del campanile della cattedrale di Salisbury, e fu costruita con i soldi guadagnati da Beckford padre grazie agli schiavi delle piantagioni di zucchero in Giamaica. La costruzione si sbriciolò in polvere dopo pochi anni, perché era stata costruita in maniera incompetente. Ecco un esempio lampante di *hybris* architettonica mirabilmente punita.

Poi finalmente sono tornato all'origine, a Roma, Milano, Venezia e Napoli, le città italiane del tradizionale Grand Tour inglese. In teoria mi trovavo in Italia per vedere alcuni dipinti, di grandi di-

mensioni con messaggi sociali e politici, dato che ero uno studente di pittura con il pallino dei murales in stile Diego Rivera. Tutti i murales che ho dipinto nella zona dell'East End londinese (negli stessi luoghi frequentati da Burne-Jones e William Morris) sono stati ridipinti, grazie al cielo. Come tutti, ora preferisco di gran lunga Frida Kahlo, che dipingeva tele non più grandi di 25 per 18 centimetri, a differenza di suo marito che non ha mai realizzato opere più piccole di 30 per 20 metri. Tuttavia, l'esperienza di dipingere grandi superfici con grandi immagini si è rivelata un buon esercizio per affrontare lo schermo cinematografico.

Ho trascorso sette settimane a Roma quando avevo diciassette anni. Non avevo soldi, perciò andavo in giro a piedi dappertutto. Di quel viaggio non ricordo bene i dipinti, ma certamente ricordo l'architettura, e meglio ancora ricordo come tutto creava un insieme armonioso, un flusso di strade e piazze, gradini, scale, scorci, tagli, discese, pareti, passaggi ostruiti, archi, pilastri, colonne, vedute, vicoli ciechi, argini scoscesi, spioncini e spigoli acuti, mar-

尖塔还要高，是他父亲用从牙买加种甘蔗的奴隶身上赚取的血汗钱建造而成的。但由于施工极其拙劣，几年之后这座建筑便轰然倒塌，化作灰烬。如此一来，建筑的傲慢受到了应有的惩罚。

最终我回到了起点，回到了罗马、米兰、威尼斯和那不勒斯等英国人传统旅行必去的意大利城市。表面上我是去看绘画——我是一名学习绘画的学生，渴望能像迭戈·里维拉一样创作壁画，

壁画是能够传递社会和政治信息的大型画作。我在伦敦东区（有几个地方伯恩·琼斯和威廉·莫里斯常去）创作的壁画现在已经被其它作品所覆盖，对此我深表感谢。和所有人一样，现在我更喜欢芙烈达·卡萝，她的画作尺寸不超过10英寸×7英寸，而她丈夫的画作则从未小于30米×20米。然而对于处理电影银幕，用大幅画像覆盖空间是一个很好的做法。

我17岁的时候，在罗马待过七个星期。那时，我没有钱，所以四处游走，我几乎忘记了绘画，但是我清晰地记得建筑，尤其它们是如何融为一体的：绵延不断的大街和

I finally went back to source, to Rome and Milan and Venice and Naples, the Italian cities of the traditional English Grand Tour. Ostensibly I was there to look at painting—I was a painting student keen to paint murals like Diego Rivera—large paintings with social and political messages. All the mural paintings I completed in East London (in some of the same places haunted by Burne-Jones and William Morris)—have now been painted over and I am thankful. Like all the world, I now much prefer Frida Kahlo who painted nothing much larger than 10 inches by 7, unlike her husband who never painted anything much smaller than 30 metres by

20 metres. However, covering large spaces with large images was good practice for tackling the cinema screen.

I spent seven weeks in Rome when I was seventeen. I had no money, so I walked everywhere, and I scarcely from that time remembered the painting, but I certainly remembered the architecture, and better still how it all fitted together—a flow of streets and piazzas, steps and stairs, vistas, cuts and drops, walls and blockages, arches, pillars, columns, panoramas, blind-alleys, steep embankments, peep-holes and sharp corners, blinding white marble, cul-de-sacs, fountains, cliffs and troughs and hollows, elevations and insides meeting outsides in every possible combination. Liminality. The threshold, the doorway and the lintel. Again good training with which eventually to examine the ambiguity of the image and the ubiquity of the film-frame which some say arose from the view from any window. Then I went to Venice and found everything all over again but this time with water. I read Dorothy Parker's telegram «Arrived in Venice. The streets are full of water. Please advise.»

sia nata dall'esperienza di guardare fuori dalla finestra. Poi sono andato a Venezia e ho trovato di nuovo tutto questo, ma in più c'era l'acqua. Ho letto il telegramma di Dorothy Parker: «Arrivata a Venezia. Le strade sono piene d'acqua. Un consiglio, per favore». Il consiglio deve ancora arrivare, dato che la città è ancora visivamente ingovernabile. Per ogni visita a Venezia c'è bisogno di una nuova mappa, perché quella vecchia è stata consumata dagli sguardi affamati.

Dopo l'esperienza fisica dell'Italia, sono andato a scoprire e rin-

mo bianco accecante, strade senza uscita, fontane, scarpate, colline e avvallamenti più o meno profondi, alture, interni ed esterni che si incontrano in ogni possibile combinazione. Liminalità, la soglia, la porta e l'architrave. Ancora una volta un buon allenamento con cui finalmente esaminare l'ambiguità dell'immagine e l'ubiquità dell'inquadratura cinematografica, che alcuni dicono

广场、台阶和楼梯、远景、切面和吊饰、墙面和小方石、拱门、台柱、圆柱、全景、不通的巷道、陡峭的堤岸、检视孔和尖角、眩目的白色大理石、死胡同、喷泉、悬崖和沟槽以及洼地、立面和每个可能存在的内外接合点。门槛。门坎、门道和门楣。然后，还需要良好的训练基础来检验图像的模糊性和影片画面的普遍性。有人认为，这些最初源自窗口的影像。后来，我去了威尼斯，再次发现了所有这一切，但这次它们建筑在水上。我读了多罗西帕克的电报"已到威尼斯。街上都是水，求助！"。对这个问题今天仍然需要一个答案：这个城市看起来很难治理。每次访问威尼斯都需要一张新地图，因为老地图已经用得过于破旧：被贪婪的双眼用旧。

这一体验。我了解了对意大利古典主义建筑有深厚造诣的法国建筑师艾蒂安·路易·布雷，沉浸于这个空想家从未建造过一座建筑的悖论。他是一位业余建筑爱好者。这只是为允许幻想虚幻的建筑而找的理由。不用担心排水沟、厕所，也不用担心停车场。当然，自那时起，我已经意识到很多建筑师都不建造建筑物，其中大多数都是业余爱好者。看看他们的写作风格：梦游般的空虚，理想的状态。他们能够没有任何负担地观察、行走和思考建筑和建筑空

意大利的切身经历之后，我在伦敦艺术学校里的各种书本和绘画中彻底追忆了

That advice still needs to come forth—that city is still visually ungovernable. For every visit to Venice you need a new map, because the old one gets used up. By devouring eyes.

After the physical experience of Italy, I tracked and traced it all out in books and paintings back in my London Art School, and learnt about the classical French-Italian Étienne-Louis Boullée and enjoyed the paradox that this visionary never built a building. A dilettante architect. It was a justification and an excuse for being allowed to dream about imaginary architecture. No need to worry about guttering, toilets and car parks. Since then of course, I have realized that not many architects build buildings and most of them are dilettanti. Look at the way they write. Somnambulated nothingnesses. An ideal situation. To look and walk about and think

about architecture and architectural spaces without any responsibility whatsoever, with as much word-play as you want. Ideally you should not walk—though that does mean you cannot feel the texture of a walking surface (the excitement of Rome's architectural spaces was ninety per cent because I walked them)—but you should glide about on a camera dolly with a crane-hoist possibility. Nothing better. You can entirely concentrate on space and at a regular and steady pace. Going slowly and steadily around architectural corners at five metres above ground level is a delight on a camera-dolly. I saw how exciting it could be in the Resnais film, all about

tracciare tutto nei libri e nei quadri alla London Art School. Ho appreso del classicista italo-francese Étienne-Louis Boullée e mi sono divertito a pensare che paradossalmente questo visionario non ha mai costruito un solo edificio. Era un architetto dilettante. Per me questa è diventata una giustificazione e una scusa per sognare un'architettura immaginaria. Non c'è bisogno di preoccuparsi di grondaie, servizi igienici e parcheggi. Da allora, naturalmente, mi sono reso conto che non molti architetti costruiscono edifici e la maggior parte di loro sono dilettanti. Basta considerare il loro modo di scrivere. L'oblio del sonnambulo è una situazione ideale per guardare e girovagare pensando all'architettura e agli spazi architettonici senza alcuna responsabilità, con tutta la libertà di giocare che si desidera. In teoria non si dovrebbe camminare, anche se questo significa che non si possono percepire le caratteristiche di una superficie tattile (l'emozione degli spazi architettonici di Roma derivava per il novanta per cento dal fatto che vi camminavo attraverso). Si dovrebbe invece far scorrere la cinepresa su un carrello con la possibilità di sollevarla con un braccio meccanico: non c'è niente di meglio. Così ci si può concentrare totalmente sullo spazio a un ritmo regolare e costante. Muoversi lentamente e costantemente attorno agli angoli architettonici a cinque metri dal suolo sul carrello della cinepresa è una delizia. Ho realizzato quanto potesse essere eccitante nel film di Resnais, *L'anno scorso a Marienbad*, interamente giocato sul ricordo e sull'architettura. Se non si ha un carrello, la cosa migliore è andare in bicicletta lentamente. Avevo uno zio che amava l'architettura e se ne andava pian piano in giro per le città, in particolare nello Yorkshire dove si trovano cattedrali maestose. Una volta è entrato in bici dentro la cattedrale di York e ha pedalato lentamente, a velocità costante, lungo la navata: una delizia.

Mi piacciono le planimetrie, i grafici, i diagrammi e le mappe, e nel 1974 ho girato un cortometraggio intitolato *A Walk through H* ("Una passeggiata nell'H") che consiste semplicemente in novan-

间，天马行空般地畅所欲言。在理想状态下，你不应该行走——尽管这并不意味着你行走时不能感受路面的纹理（对罗马建筑空间产生的激情百分之九十是因为我在其间行走）——但是如果可能的话，你应该随着移动升降摄影机滑行，没有比这更好的了。你能以规律而稳定的节奏全神贯注于空间之中。在距离地面五米处围绕着建筑物的一角缓慢而稳定地

移动，这是在摄影机上莫大的乐趣。去年，我在马里恩巴德看了雷乃所作的关于回忆和建筑的电影，对此表现出无

比的兴奋。如果你没有摄影机，另一个最好的选择是坐着自行车很慢、很慢地骑行。我的一个叔叔十分欣赏建筑，

memory and architecture, *Last Year in Marienbad*. If you haven't got a camera-dolly, the next best thing is to cycle very slowly on a bicycle. I had an uncle who appreciated architecture and he rode a bike slowly around cities—mainly in Yorkshire where they have mighty cathedrals. He once took his bike inside York Minster and cycled slowly up the nave at an even pace—delightful.

I enjoy plans and charts and diagrams and maps and in 1974 I made a film called *A Walk through H*—it consists merely of ninety-two maps of cities fading away into the wilderness, the maps going back in essence to those hand-sized drawings of my childhood. Some of them are reproduced here in this book.

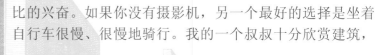

tadue mappe di città che svaniscono in una landa selvaggia: quelle mappe, in sostanza, si ricollegano con i disegni delle dimensioni di una mano che facevo da bambino. Alcuni di questi sono riprodotti in questo libro. Poi, circa quindici anni dopo, a Roma, ho girato un film intitolato *Il ventre dell'architetto*, la storia di un architetto di Chicago completamente sedotto, sopraffatto e sconfitto da Roma. Dicono che Roma sia, come Chicago, una città di sangue, carne e denaro. I colori usati nel film sono unicamente i colori del corpo umano, del sangue e della carne: rosso, bianco, giallo, rosa, marrone, nero e tutte le tonalità intermedie. Il corpo umano diventa

verde solo quando si decompone, così il verde è stato escluso tramite filtri sulla fotocamera in modo che tutti gli alberi diventassero marroni o neri, come spesso accade nei dipinti di Poussin e certamente nei paesaggi di Rembrandt. Anche il blu è stato bloccato dai filtri. Tutti i cieli romani sono di un bianco accecante. Il verde è stato usato solo per i delinquenti, che indossavano abiti verdi e cravatte verdi e guidavano auto verdi. Un film contro natura? Forse che Roma è contro natura?

Ho sognato di fare un secondo film su Roma intitolato *The Stairs* ("Le scale"), che si pronuncia allo stesso modo di *the stares* ("gli sguardi"), per celebrare i sette colli e tutti quei gradini che salgono e scendono e quelle scalinate. Ho lavorato con le maestranze di Cinecittà che sarebbero in grado di creare una scala in marmo bianco il lunedì, dipingerla di nero il martedì e, a condizione che si asciughi in fretta, farla diventare rosa il giovedì. Il film non è mai stato girato perché richiedeva che Andrea

他总是骑着自行车缓慢地绕城而行——主要在约克郡，那里有雄伟的大教堂。有一次，他甚至将其自行车骑入约克大教堂，以平稳的节奏缓缓地在教堂正殿骑行——真是一次开心的经历。
我热衷于规划、绘制图表、图解和地图。在1974年，我制作了一部电影，称为《漫步穿越天堂或地狱》——它仅由92张逐渐消失于废墟的城市的地图构成。这些地图能够追忆到我童年时那些手掌般

大图纸的实质，其中一些在本书中得以再现。十五年后，我们在罗马制作了一部称为《建筑师之腹》的电影，故事

Then, some fifteen years later, in Rome, we made a film called *The Belly of an Architect*, a story of a Chicago architect totally seduced, overpowered and defeated by Rome. Rome has been described, like Chicago, as a city of blood, meat and money. All the colours of the film are the colours solely of the human body—blood, meat and flesh—red, white, yellow, pink, brown, black and all the colours in between. The human body only turns green when it decays, so the colour green was blocked out with camera filters so that all the trees turned brown or black. Like they often are in Poussin paintings. And certainly in Rembrandt landscapes. Blue was banned too. All skies in the Roman sky are blindingly white. Green was reserved for the villains. They wore green suits and green ties and drove green cars. An anti-Nature film? Is Rome anti-nature?

I dreamt of making a second film about Rome called *The Stairs*, punning with the stares, celebrating the seven hills and all that ascending and descending steps and staircases. I worked with the crafts-

men of Cinecittà who could marble a staircase white on a Monday, black on a Tuesday and—providing it dried quickly enough—pink on a Thursday. The film was never made because it demanded Pozzo should repaint the ceiling of Saint Ignatius in Rome, and Monteverdi should finish composing *The Marriage of Aeneas*. The idea instead became a series of exhibitions. A film about the making of an exhi-

Pozzo ridipingesse il soffitto di Sant'Ignazio a Roma e che Monteverdi terminasse di comporre *Le nozze di Enea*. L'idea si è trasformata invece in una serie di mostre. Un film sulla realizzazione di una mostra, ironicamente, ha generato una serie di mostre sul cinema, o almeno sulla cinematografia. Abbiamo fatto una mostra a Ginevra sull'inquadratura, a Monaco sulla proiezione, a Nagoya sul costume. Una mostra sugli oggetti di scena è stata progettata per Trieste e una mostra sugli attori è stata pensata per Budapest, ma nessuna delle due ha mai avuto luogo perché le mostre stavano diventando più costose dei film e ormai ero tornato al cinema. *Il cuoco, il ladro, sua moglie e l'amante* è stato girato completamente in studio, ma è pieno del ritmo e delle posizioni, della solennità e delle ombre, dei volumi e degli spazi della pratica architettonica.

Nel cinema sono sempre in cerca di un'architettura che abbia un carattere distintivo. E certamente tento di avere un'architettura

con carattere nei miei film. Molti dei lungometraggi che ho girato sono iniziati con il desiderio di fare architettura. La scala della Biblioteca Laurenziana di Michelangelo a Firenze è stata la scusa per girare *L'ultima tempesta*. Abbiamo ricostruito la scala in legno e gesso con marmorizzazione artificiale in un cantiere navale di Rotterdam, e con grande rammarico abbiamo dovuto distruggerla dopo due giorni per far posto a un altro set. *L'ultima tempesta* è una grande ostentazione manierista realizzata con un budget limitato. Le colonne di finto marmo sono state dipinte e ridipinte e utilizzate più e più volte in diversi contesti. Ma si potrebbe ricordare che, in un contesto temporale completamente diverso, la stessa cosa accadde in molte città italiane: Venezia, Roma e Siracusa sono notoriamente piene di frammenti architettonici riutilizzati. Il film che avrebbe dovuto venire dopo *L'ultima tempesta* era *Augsbergenfeldt*, un saggio sulla necrofilia che non è mai stato realizzato. Voleva essere un omaggio ai paesaggi architettonici di François de Nomé. Il film che lo ha sostituito è stato *Il bambino di Mâcon*, una scusa per

讲述了一个芝加哥建筑师，他完全受到了罗马的诱惑、压制，并为之挫败。如同芝加哥一般，罗马被描述成鲜血之城、肉体之城和金钱之城。电影中的所有颜色完全是人体的颜色——血液、肉体——红色、白色、黄色、粉色、棕色、黑色及其中间色。人体只在腐烂时变成绿色，所以绿色通过摄影机的过滤镜片被滤掉，所有的树因此变成了棕色或黑色，正如它们在普桑的绘画中所呈

现的那样。在伦勃朗的风景画中亦是如此。蓝色也是禁用的。罗马的天空均采用炫目的白色。绿色则留给反面人物

I look for architecture-with-attitude constantly in cinema. And certainly try to have architecture-with- attitude in my own film-making. Many of the feature films I have been associated with have started with a

bition ironically sired a series of exhibitions about films, or at least about film-practice. We made the exhibitions in Geneva about the frame, in Munich about projection, in Nagoya about costume. An exhibition about props was planned for Trieste and an exhibition about actors was prepared for Budapest—both never happened because the exhibitions were becoming more expensive than the films. And I had gone back to filmmaking. *The Cook, the Thief, His Wife and Her Lover* was filmed totally artificially inside a studio, but it was full of the pacing and placing, the gravity and the shadows, the volumes and spaces of architectural practice.

desire to make architecture. Michelangelo's Florence Medici Laurenziana Library Staircase was an excuse to make *Prospero's Books*. We did rebuild that staircase in wood and gesso and artificial marbling in a Rotterdam shipyard, and with great regret we had to tear it down after two days to make way for another set. The film *Prospero's Books* was a vast Mannerist flourish on a shoestring budget. The fake marble columns were painted and repainted and used over and over again in different contexts. But then it could be remembered in a completely different time-scale, that is what so many Italian cities do—Venice and Rome and Syracuse are famously full of re-used

lasciarsi andare all'entusiasmo per le processioni architettoniche, ispirate ai cortei veneziani di Bellini e ai *Trionfi di Cesare* di Mantegna, che si trovano ora alla Hampton Court di Londra.

Il desiderio di vedere costruzioni mutevoli e continuità nel buon funzionamento del complesso architettonico cittadino, con la pie-

na partecipazione delle persone, è una delle questioni che mi affascina più spesso. Ho creato numerose installazioni cittadine per indagare e celebrare questa attività, a Ginevra e a Monaco, e due volte in Italia, a Roma e a Bologna. L'evento romano, che all'inizio era stato bandito per interessi politici contrastanti, alla fine si è svolto durante sei esuberanti notti estive intorno all'obelisco egizio restaurato in Piazza del Popolo, creando un pezzo di teatro in dialogo con la città, partendo dal mito di Nerone che bruciò Roma fino alla celebrazione reale della vita di Fellini alle spalle di Via del Corso. L'evento era un omaggio al successo di quella piazza, del suo rapporto con il tradizionale ingresso settentrionale della città, del potere di quella freccia diritta che è la strada principale, il corso appunto. Qui si tennero corse di cavalli senza fantino, al galoppo fino a Piazza Venezia e al Vittoriano, attraverso le strade a raggiera che portano a Piazza di Spagna e all'Augusteo, l'elegante soluzione simmetrica inquadrata dalle due chiese di Santa Maria e dalla vicinanza di una terza chiesa di Santa Maria,

使用。他们穿着绿色的套装，戴着绿色的领带，开着绿色的汽车。一部反自然的电影？罗马是反自然的吗？
我梦想再制作一部关于罗马的电影，名为《楼梯》(The Stairs)，以便和《凝望》(The Stares)语意双关，颂扬罗马的七座山丘及其蜿蜒起伏的台阶和楼梯。我和电影城的工匠共事，他们能在星期一把楼梯弄成白色大理石，在星期二再把它换成黑色的，如果够快的话，在星期四又换成粉色的。这部电影没有制作成功，因为影片要求波佐重新粉刷罗马圣依纳爵教堂的屋顶，要求蒙特威尔第完成《埃涅阿斯的婚礼》的作曲。这部关于举办展览的电影却讽刺性地引发了一系列关于电影的展览，或者至少是关于电影实践的展览。我们在日内瓦举办了关于电影画面的展览，在慕尼黑举办了关于电影放映的展览，在名古屋举办了关于电影服饰的展览。在的里雅斯特我们计划举办关于道具的展览，在布达佩斯准备举办关于演员的展览——但是都未能

够实现，因为举办展览开始变得比拍电影的成本还高。之后我仍回到了拍电影的老本行。《情欲色香味》完全是在工作室内人工拍摄完成的，但是它富有节奏感和地域感，厚重而有形，充满了建筑实践的形体感和空间感。
我在电影中不断追寻态度建筑。当然我也尽力将态度建筑融入我自己的电影制作中。很多与我有关的故事片都以建造建筑的渴望为开端。米开朗琪罗的佛罗伦萨美第奇·劳伦佐图书馆的楼梯则成了制作《普罗斯佩罗的魔典》的理由。我们确实用木头、石膏和来自一家鹿特丹造船厂的人工大理石重建了那个楼梯。但两天后，我们又万分不舍地将这个楼梯拆掉，为另一个背景腾出地方。电影《普罗斯佩罗的魔典》是在预算极其有限的情况下风格主义的大制

architectural fragments. The film that should have come after *Prospero's Books* was *Augsbergenfeldt*, an essay in necrophilia, but it was never made. It was intended to be homage to the architectural landscapes of de Nomé. The film that replaced it was *The Baby of Mâcon*, an excuse to indulge an excitement about processions in architecture inspired by those Bellini processions in Venice and the Mantegna *Triumphs of Caesar* now in London's Hampton Court.

The desire to see fluid construction and continuity in the well-functioning architectural city complex with people as full participants, has been a frequent fascination, and we have made several big city installations to investigate and celebrate this activity, in Geneva and in Munich, and twice in Italy, in Rome and Bologna. The Roman event, originally prohibited for rival political interests, eventually enjoyed six exuberant summer nights around the resurrected Egyptian obelisk in the Piazza del Popolo in a city theatre piece that took us mythologically from Nero burning the city to realisti-

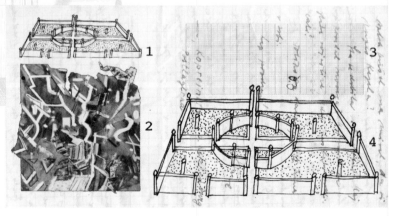

cally celebrating Fellini's living at the back of Via del Corso. The embrace was a celebration of the success of that piazza, its relationship to the traditional northern entrance to the city, the power of that straight arrow of a main thoroughfare, the Corso, home of riderless horse-races, speeding all the way down to the Piazza Venezia and the Vittoriano, the radiating streets leading to the Piazza di Spagna and the Augusteum, the elegant solution of symmetrical space identified by the two Santa Maria churches and the proximity of a third Santa Maria church with its Caravaggios as light-productive inspiration. All these buildings were lit spectacularly with programmed

con i suoi Caravaggio dalle ispirazioni luminose. Tutti questi edifici sono stati illuminati in maniera spettacolare con luci in movimento, un'alba artificiale sul Pincio, l'idea delle fiamme per suggerire il grande incendio di Roma, e innumerevoli dettagli di una narrazione luminosa per evidenziare statue, fontane e abbondanti dettagli architettonici, iscrizioni, superfici e incroci e spazi architettonici di grande suggestione. L'architettura come rappresentazione teatrale: non è forse questo ciò che le città potrebbero essere in ogni momento? Dovremmo essere tutti attori su un set di cui non ci stanchiamo mai. Non dovremmo mai avere voglia di andare via. A volte succede, ovviamente, e non di rado in Italia. E in occasione dell'installazione a Roma, le calde notti d'estate invitavano la folla romana, che passava in questa piazza centrale, a essere abbracciata e inghiottita nello spettacolo dello spazio illuminato dalla luce che sottolineava e celebrava quella eccitante configurazione architettonica urbana con il suo grande senso del *genius loci*. Un luogo di pubblico incontro, un punto di sbarco al-

l'interno delle mura cittadine, luogo di pellegrinaggio, punto di liminalità, luogo di antiche punizioni giudiziarie e di esecuzioni, con la sua giustapposizione di attività architettoniche, stili e periodi così disparati, a cominciare dall'architettura egizia importata, niente meno che con l'obelisco stesso, che è quasi due volte più vecchio dei duemila anni di Roma, per continuare con il contributo della Controriforma, del barocco, del neoclassico e delle belle arti, fino ad arrivare all'esuberante presente. Neanche il costante traffico di auto può soffocare tutto questo, ma solo aggiungere strati di eccitazione rumorosa e invadente nello stile della *Dolce vita* di Fellini, che tutto il mondo riconosce come essenzialmente romano. Anche se, in quel "live-cinema" urbano, il linguaggio teatrale e cinematografico dopo il tramonto era ampiamente in evidenza, alla luce del giorno ogni mattino seguente, poiché gli elementi architettonici erano certamente ancora lì, a mostrare le loro meravigliose strutture, il loro fascino e l'esuberanza, per illuminare e mettere in risalto la parte settentrionale della città.

作。这些假的大理石柱在不同的场景中粉刷、再粉刷、利用、再利用。但是后来，它们会在完全不同的时间尺度中再现在人们的记忆之中，这正如众多意大利城市所发生的那样：威尼斯、罗马以及锡拉库萨以无处不在的、再利用的建筑碎片而著称。《普罗斯佩罗的魔典》之后应该出炉的是 Augsbergenfeldt 这部电影，这是一部关于恋尸狂的作品，但是它没有制作成功。这原本是德诺姆建筑景观的推崇之作。替代这部电影出炉的是《魔法圣婴》，它成为了纵情于建筑间庆典游行的影片。其中建筑的灵感源于贝利尼的那些威尼斯作品和曼特尼亚所作的《凯撒的胜利》，后者如今收藏在伦敦的汉普顿王宫内。
在一座城市中欣赏连续流畅的建筑、欣赏居住其中的人们来来往往。这一愿望是我在一些城市重要拍摄的原初动力，目的是考察和赞颂城

市空间的市民生活，这些城市包括：日内瓦、慕尼黑、以及意大利的两个城市罗马和博洛尼亚。在罗马的拍摄最初因政治原因被禁止了，但最终在人民广场埃及方尖碑周围的六个精彩的夏夜完成了——那是一座"城市剧院"，引导着我们从尼禄罗马大火的神秘氛围穿越到费里尼科尔索街的现实中来。那是对广场成就的赞颂，广场连接着传统的城市北大门，广场如箭之矢直指主干道——科尔索街，仿佛你可以纵马飞速奔驰。沿着辐射状的道路直通威尼斯广场和维托里安诺纪念堂，在西班牙广场和奥古斯都博物馆处分岔，直至一片优雅对称的建筑空间：两座圣玛丽亚教堂和邻近的第三座圣玛丽亚教堂。后者收藏了卡拉瓦乔的画作，彰显着画家对光线的灵感。所有这些建筑都是气

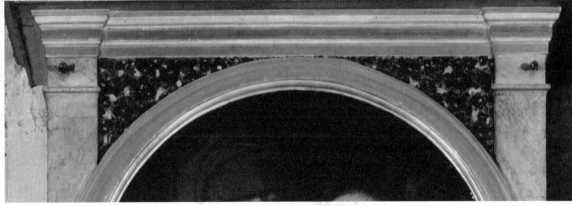

moving light, an artificial dawn over the Pincio, the sensation of flames to silhouette the great conflagration of Rome, and innumerable details of a lighting scenario to pinpoint statuary, fountains and copious architectural details, inscriptions, surface textures and dramatic architectural junctions and spaces. Architecture as theatrical drama. Is that not what cities could always be about? We should be actors in a set we never tire of; we should never want to leave. It happens of course, and it happens not infrequently in Italy. And on the occasion of the Rome installation, the warm summer nights beckoned the passing Roman crowd in their thousands into the central piazza to be embraced and engulfed in a spectacle of space illuminated by light that emphasized and celebrated that exciting architectural urban configuration with its great sense of genius loci—public

meeting-point, disembarkment point inside the city walls, pilgrimage point, "liminality" point, point of one-time judicial punishment and execution, with its conjunction of so many architectural activities, styles and periods starting with imported architectural Egypt no less with the obelisk itself which is nearly two times as old as two-thousand year-old Rome, with contributions from the Counter-Reformation, the Baroque, the neo-classical and the Beaux Arts, to the vibrant present that even the continuous circulating car-traffic can not drown, but only add in that noisy intrusive Fellini *La Dolce Vita* kind of excitement that all the world identifies as being Ro-

Il successo dell'evento romano ci ha procurato un invito a celebrare gli spazi urbani di Bologna nell'anno del millennio, il 2000, per celebrare la più antica città universitaria d'Europa, una città fondata sui testi e sulla ricerca. L'epicentro dell'evento era Piazza Maggiore, l'archetipo della piazza italiana, probabilmente una delle più esemplari in tutta Italia. Innanzi tutto si tratta di un quadrato geometrico perfetto, il che non è così usuale, ed è delimitata dai quattro emblemi della vita pubblica cittadina in Italia: la chiesa, il municipio, il palazzo, e i portici con le botteghe. Religione, amministrazione, ordine e giustizia, una continuità storica che oggi viene interpretata come luogo di cultura, arte e commercio. Questa combinazione può sembrare particolarmente italiana, ma i quattro elementi familiari sono il fondamento, in ogni cultura, di tutte le configurazioni urbane in tutte le città storiche e geografiche del pianeta. A Bologna, la regolarità dello spazio e le facciate piane di questi edifici dalla diversa funzione offrivano superfici alle proiezioni cinematografiche e fotografiche di una storia di testi e im-

magini italiani per ripercorrere la storia della città e, attraverso questa, una storia d'Italia. Una enorme quantità di esempi di caratteri calligrafici e tipografici proiettati dal vivo, un primo saggio della prassi ormai di moda del video-mapping architettonico, che apprezzava le superfici architettoniche e le proporzioni, i riquadri delle finestre, i cornicioni e le cornici, le statue e le iscrizioni, i balconi e le linee dei tetti, e le congiunzioni delle linee verticali e orizzontali a livello della strada.

Nonostante le nostre tecnologie all'avanguardia, i proiettori, le immagini ad alta definizione e il controllo ormai superlativo dell'illuminazione, questi progetti sono possibili solo grazie alle strutture architettoniche su cui queste immagini possono posarsi. Quando ce ne andiamo, dopo aver impacchettato le nostre attrezzature e portato via i nostri proiettori, gli spazi urbani rimangono, come prove del beneficio di uno spazio progettato per il piacere fisico, mentale e spirituale dei cittadini. Tutto quello che abbiamo fatto è mettere

势恢宏的"入口"，光线效果经过精心设计：品奇欧山丘造出了人工的黎明，火焰勾勒出罗马大火，数不胜数的光

线效果突出了雕塑、喷泉、以及丰富的建筑细节、碑铭、表面纹理和生动的建筑结点和空间。建筑正如戏剧。这不正是城市所追求的吗？我们应该做永不会厌倦的戏剧中的角色；我们应该永远都不想离开。在意大利，这理所当然且并不罕见。在罗马拍摄时，温暖的夏夜吸引着成千上万的罗马人群拥入中央广场，融入明亮的空间奇观中。光线突出并颂扬了城市空间的建筑布局，体现了深厚的守护神意识——公众聚会场所、登城墙口、朝圣地、"入口"、司法和刑罚

man. Although after-dark theatrical and cinematic language was so largely in evidence in those urban "live-films"—by the light of day every following morning, the architectural evidence was certainly still there, spreading its successful structure and charm and exuberance to enlighten and enhance the north end of the city.

The success of the Roman event brought us an invitation to celebrate the urban spaces of Bologna in the year of the millennium, 2000, to celebrate the oldest University City in Europe, a city founded in texts and scholarship. And the epicentre of the event was the archetypal Italian piazza, the Piazza Maggiore, probably one

of the most archetypal in all Italy—a perfect geometrical square for a start, which is not so usual, and bounded by the four significances of Italian public urban life—the church, the town hall, the regal palace, and an 18th-century arcaded shopping mall—religion, administration and order and justice, historical continuity now seen as a location for cultural and art display, and merchan-

Peter Greenaway

in rilievo quegli spazi e persuadere il pubblico ad apprezzarli e incoraggiare ancora di più i progettisti, i costruttori e gli architetti a disegnare e pianificare con la stessa cura e tutta la considerazione maturata, per rendere le nostre città esperienze spirituali e sensuali.

Ora voglio affrontare un singolo e complesso conglomerato edilizio, che ha generato molte polemiche, ma che per me è un richiamo al foro imperiale romano, così esuberante, esibizionista e sentimentale. In passato il foro romano doveva essere così: trionfalistico, bianco e scintillante, emblema della volgarità romana messa in mostra con grande eleganza. Mi riferisco al Vittoriano – detto l'Olivetti o la torta nuzia-

le – l'edificio per Vittorio Emanuele su Piazza Venezia. Dobbiamo reinserire l'architetto Sacconi all'interno della comunità architettonica. Mi sono appassionato a quel palazzo soprattutto quando è diventato elemento architettonico centrale in *Il ventre dell'architetto*. Ora voglio celebrare di nuovo questo edificio come fosse l'ultimo elefante bianco, per la sua architettura senza funzione,

场所，许多不同建筑功能、风格和时代的汇聚地：引入的埃及方尖碑的悠久历史，几乎是罗马两千年历史的两倍；从反宗教改革时期、巴洛克时期、新古典主义时期和美术风格时期到充满活力的今天，即便是连续不断的滚滚车流也只能增添而无法湮灭嘈杂扰人的费里尼美丽人生式激情，全世界将其定义为罗马式激情。灯火熄灭、戏剧落幕之后，城市空间依然在上演着一出电影：伴随着次日早晨的日光，建筑空间依然巍然屹立在那里，散发着它成就非凡的结构、魅力和盎然生气，照亮并升华着城市的北端。罗马拍摄活动的成功让我们在2000年千禧年受邀庆祝博洛尼亚城市空间，庆祝这欧洲最古老的大学城——一座由课本和学识奠基而成的城市。庆祝活动的中心是意大利广场

的原型：马焦雷广场，它也许是意大利最原汁原味的广场之一——它起源于一块不同寻常的、完美的方形几何结构，以意大利城市公众生活四大意义深远的建筑为界：教堂、市政厅、王宫和一座18世纪带拱廊的购物中心，宗教、行政、秩序和司法历史性地联系在一起，如今成为上演文化艺术的殿堂和商业中心。这四种意义深远的建筑的结合可能独具意大利风格。不过，这四种建筑的内涵也深深融入了每个城市、每个时代的城市文化和城市架构。博洛尼亚这些功能各异的建筑所呈现的空间和建筑平面的规律性为用电影或幻灯片诠释意大利历史（文字和图像）提供了良好的背景，以描绘这座城市乃至整个意大利的历史。这是一部栩栩如生、内涵丰富的书法作品，古老的随笔在如今时尚的全景建筑展示中辉映，突出着建筑的平面和比例、开口、浮雕和檐

彼得·格里纳韦

Peter Greenaway

architectural surfaces and proportions, window-spaces, eaves and cornices, wall statuary and inscriptions, balconies and roof-lines and the street level conjunctions of the vertical with the horizontal.

dising. This combination of four significances might seem particularly Italian—but these four familiarities are the bedrock, in one cultural form or another, of all urban configurations in every geographical and historical city on the planet. The regularity of the space and the flat facades of these differently functioning buildings in Bologna offered fine surfaces for film and slide projection of a history of Italian texts and images to plan out the history of the city and through them, a history of Italy. A plethora of live calligraphy and typography—an early essay in the now fashionable practices of architectural video-mapping, that appreciated

With our state of the art technologies, projectors, high definition imagery and superlative lighting control, these projects are only possible because of the architectural super-structures on which all this activity can be posited. When we have gone, packed away our equipment and driven off with our projectors, the urban spaces remain, salutary evidence of designed space for the physical and mental and spiritual enjoyment of the citizens. All we have been doing is to emphasis those spaces to persuade audiences to appreciate them and encourage further planners, builders and architects to design and plan as carefully and with such accumu-

un'architettura come mera eccitazione per un paesaggio scultoreo costruito dall'uomo.

Sono un inguaribile amante dell'Italia. Trascorro spesso le vacanze in un podere Mediceo di Pratolino e su una spiaggia della Sabaudia citata sia da Primo Levi sia da Tomasi di Lampedusa. Prendo per buona ogni opportunità di andare a Venezia e ci vado almeno tre volte l'anno per un progetto culturale o per un altro. Ho creato installazioni video a Torino, alla Venaria Reale, e ho tenuto lezioni di architettura a Modena, ho programmato innumerevoli tipi di installazioni a Napoli, Siracusa, Spoleto, Genova, e ho fatto il VJ in teatri italiani, in teatri dell'opera, in piazze cittadine e anfiteatri, nei cortili dei palazzi di Parma e a Palazzo Te a Mantova. Voglio girare un film di fantascienza a Genova e una ghost-story ad Amalfi. Ho iniziato a girare *Il ventre dell'architetto* a Ventimiglia, e voglio fare un film su Vivaldi sull'isola di San Giorgio a Venezia, e un film d'onore e sesso all'Elba. Come Pasolini, nel *Vangelo secon-*

do Matteo, vorrei mettere in scena un dramma biblico facendo del Sud Italia il paesaggio della Giudea, anche se il film parla del rapporto carnale di Dio con Maria, e potrebbe essere difficile girare una storia del genere in Italia. Ho sempre pensato che il Cristianesimo fosse in sostanza italiano e non giudeo. Ho scritto racconti erotici ambientati nell'interno del teatro dell'opera di Palermo, ho raccontato l'impossibilità di cucinare un buon piatto di spaghetti a Bolzano, e visto la miglior proiezione dei miei film a Castel Nuovo a Napoli.

口、墙雕和碑文、阳台和屋檐线以及街面的纵横交织。借助现代技术——放映机、高清晰度图像和先进的照明控制装置——项目得以实施需要感谢这些伟大建筑的存在。当我们收拾好设备，卸下放映机离开后，这些城市空间依旧存在，它们的设计为城市居民提供了有益身心的享受。我们所做的一切都是为了突出这些空间，说服观众去欣赏这些空间，鼓励更多的设计者、建造者和建筑师精心设计和规划这些空间，关注所有这一切，丰富我们城市的精神和感性体验。

现在我想谈谈一座复杂的建筑——它颇受争议，但它让我回想起古罗马帝国广场——繁华、炫耀、感伤，这一定是罗马广场曾一度呈现的——凯旋者的苍白炫耀，头顶大羽毛展现着古罗马的庸俗，这就是位于威尼斯广场号称打字机、婚礼蛋糕的维克多·埃曼纽尔建筑。我们必须将萨科尼建筑师带回到建筑领域。我特别喜欢那座建筑，因为其

是《建筑师之腹》诸多场景的核心。现在，我想再次赞颂这座建筑：最后一座没有功能的宏伟建筑，人工修建的雕塑景观式的情感建筑。

我是一个无可辩驳的意大利狂热爱好者。我经常去的度假地有普拉托利诺的原美第奇庄园和普里莫·莱维和兰佩杜莎常常提及的撒波迪亚海滩。我寻找一切机会去威尼斯，因文化活动或其他事宜，我一年至少会去三次。我们已经在都灵维纳利亚王宫镇拍摄过，在摩德纳举办过建筑讲

lated consideration to make our cities spiritual and sensual experiences.

I want now to tackle a single complex building conglomerate—much maligned, but for me a recall of the Imperial Roman forum, exuberant, exhibitionist, sentimental, this must be what the Roman forum once looked like—triumphalist, very white and shining, ad-

vertising Roman vulgarity with great panache—the Olivetti, the Wedding-Cake, the Vittoriano, the Victor Emmanuel Building on the Piazza Venezia. We must bring the architect Sacconi back into the architectural fold. I grew especially fond of that building when it was the centrepiece architecture to *The Belly of an Architect*. I now want to celebrate it again as the ultimate architectural white elephant—architecture without function, architecture as sheer sculptural man-made landscape excitement.

I am an unapologetic Italiophile. I holiday frequently in an ex-Medici estate at Pratolino and on a beach at Sabaudia quoted by

Questo è lo sport architettonico più affascinante per riaffermare la fede nella città ideale. Saremo mai in grado di costruire città ideali, e se lo fossimo, ci piacerebbero? Forse che l'utopia urbana alla fine, come il Paradiso, sarebbe noiosa? Non abbiamo forse bisogno del conflitto per formulare un giudizio, per sviluppare uno stile, per apprezzare i superlativi? Non è forse vero che il Paradiso, almeno concettualmente, è interessante solo perché è possibile immaginare il suo opposto, l'Inferno? Adriano ha probabilmente realizzato il suo Paradiso architettonico: prima di tutto continuava a viaggiare, perciò apprezzava l'architettura a una velocità ra-

gionevole, camminando o andando a cavallo, o navigando lungo il Nilo, e quando costruiva, lo faceva in modo eclettico, come a Tivoli. Ecco un altro architetto dilettante. Ma se è veramente il committente del Pantheon romano come lo vediamo ora, con il più grande occhio architettonico – l'*Oculus*, il gigante foro circolare aperto nel culmine della cupola – potrebbe essere perdonato per essere un architetto dilettante avido e indulgente.

Ho una lunga lista di piaceri architettonici e nella top ten figura un'ora trascorsa nel Pantheon di Adriano durante un temporale, con la pioggia torrenziale che scorre attraverso l'occhio, l'acqua che si sparge sul pavimento in marmo, e la tempesta che illumina l'interno rimbombante di eco e la tomba di Raffaello. Ho dovuto celebrare un tale

座，在那不勒斯、锡拉库萨、斯波莱托和热那亚都有过各种令人兴奋的拍摄计划，我在意大利歌剧院、话剧院、城市广场、圆形剧场、帕尔玛宫殿庭院和曼托瓦堤宫放映过影片。我想在热那亚拍摄一部科幻电影，在阿马尔菲制作一部鬼片。我在文蒂米利亚开始拍摄《建筑师之腹》，还想在威尼斯圣乔治岛制作一部关于维瓦尔第的影片，在厄尔巴岛拍摄关于荣耀与性的电影。正如帕索里尼在《马太福音》中一样，我正考虑将一部圣经戏剧搬上荧幕，以意大利南部为背景，作为我心目中犹太人的土地，尽管影片会表现上帝与玛达莲娜的肉体关系，在意大利拍摄这部电影或许会惹来麻烦。我一直认为：基督教的本质是意大利

both Primo Levi and Tomasi di Lampedusa. I find any opportunity to go to Venice and am there at least three times a year on some cultural errand or another. We have made projection installations in Turin's Venaria Reale, and illustrated architectural lectures in Modena, planned all sorts of installation excitements in Naples and Syracuse and Spoleto and Genoa, and I have VJ-ed in Italian theatres and opera houses and city squares and amphitheatres, in Parma palace courtyards and the Mantuan Palazzo Te. I want to make a science-fiction film in Genoa, and a ghost story in Amalfi. I began *The Belly of an Architect* in Ventimiglia, and want to make a film about Vivaldi on the island of San Giorgio in Venice, and a film about honour and sex on Elba. Like Pasolini in *The Gospel of St Matthew*, I am looking to stage a biblical drama, taking Southern Italy as my Judean landscape, though the film is about God's carnal relationship with Mary, and it could be troublesome to shoot such a story in Italy. Christianity, I have always thought is, essentially Italian not Judean. I have written erotic stories about the in-

式的，而不是犹太式的。我撰写过关于巴勒莫歌剧院内部的色情故事，关于在波扎诺不可能烹饪美味意大利面的故事。在那不勒斯的新城堡，我体验过我的影片最佳的放映效果。

所有这些是对理想城市信仰最伟大的建筑实践。我们真能建成理想城市吗？如果是，我们能喜欢上它们吗？最终的城市乌托邦会不会如同天堂般有些单调？做出判断，铸造风格，欣赏最佳作品难道不会遇上矛盾吗？难道天堂不是因为我们至少在概念上能设想它的对立面地狱才勾起我们的兴趣吗？阿德里阿诺或许出色地完成了对建筑天堂

terior of the Palermo Opera House, the impossibility of cooking a good spaghetti in Bolzano, and seen the best projection of my films ever in the Castel Nuovo in Naples.

All this is the greatest of architectural sport to recapitulate any belief in ideal cities. Could we ever build ideal cities, and if we did, would we enjoy them? Would the Urban Utopia in the end—like Heaven—be tedious? Do you not need conflict to make judgment, develop style, appreciate the superlatives? Is not Heaven, at least in concept, only interesting because we can envisage its opposite

edificio, e in effetti ho fatto proprio questo in *Il ventre dell'architetto*. Una fila di commensali trascinavano le loro sedie nel vestibolo del Pantheon e celebravano con esuberanza applaudendo quella magnifica combinazione di cubi e sfere e piramidi e proporzioni perfette. Dovremmo imparare ad applaudire l'architettura, quella buona, a battere le mani e a celebrare un bello spazio architettonico e la sua continuità. Lo si può fare così spesso in Italia. E se imparassimo ad applaudire con tale apprezzamento, potremmo forse imparare anche a costruire città migliori?

36

的定义；首先，他一直在旅行，无论在行走时或骑马时，或在船上沿尼罗河行进时，他都能够以正确的速度来欣赏建筑。其次在建造时，他采取折衷方式；如同在蒂沃利那样。他依然是个建筑业余爱好者。但是如果他果真以最伟大的建筑眼光负责我们如今所见到的罗马万神庙——眼洞窗、拱形屋顶的巨型露天圆孔——他贪婪的建筑业余爱好或许会得到谅解。

我体验过各种建筑的乐趣，其中一项位列前十的是在暴风雨天气里在阿德里阿诺万神庙内度过的一个小时，瓢泼大雨如注般映入眼帘，雨水漫过大理石地面，大殿中电闪雷鸣，激荡着拉斐尔的墓。我不得不为这座建筑喝彩，而且我们在《建筑师之腹》中确实这么做了。一排用餐者把他们的椅子拉到万神庙的前厅，欢欣雀跃地为宏伟华丽的立方体、球体、椎体以及完美的尺寸而鼓掌。我们应该学会为美好的建筑而鼓掌，学会为优美的建筑空间和连续性

in Hell? Hadrian probably accomplished the architectural Heaven very well; first of all he kept travelling, so he appreciated architecture at speed, a sensible speed, whilst walking or horse-riding, or travelling along the Nile in a boat, and when he built, he built eclectically; as at Tivoli. The architectural dilettanti again. But if he is really responsible for the Roman Pantheon as we see it now, with the greatest eye in architecture—the *Oculus*, the giant circular open-to-the-sky hole in the domed roof—he could be forgiven for being a greedy indulgent architectural dilettante.

I have a long list of architectural pleasures and in the top ten is an hour spent in a thunderstorm inside Hadrian's Pantheon with torrential rain pouring in through the eye, water spreading across the marble floor with the storm illuminating the echoing interior and Raphael's tomb. I had to applaud such a building, and we did indeed do just that in the film of *The Belly of an Architect*. A row of diners drag their chairs to the vestibule of the Pantheon and clap

而鼓掌欢呼。我们在意大利会经常这样做。如果我们学会以这样的欣赏眼光来鼓掌，我们能学会建造更美好的城市吗？

that magnificent affair of cubes and spheres and pyramids and perfect measurements with celebratory exuberance. We should learn to clap good architecture, learn to clap and applaud good architectural space and continuity. We can do it so often in Italy. If we learn to clap with such appreciation could we learn to build better cities?

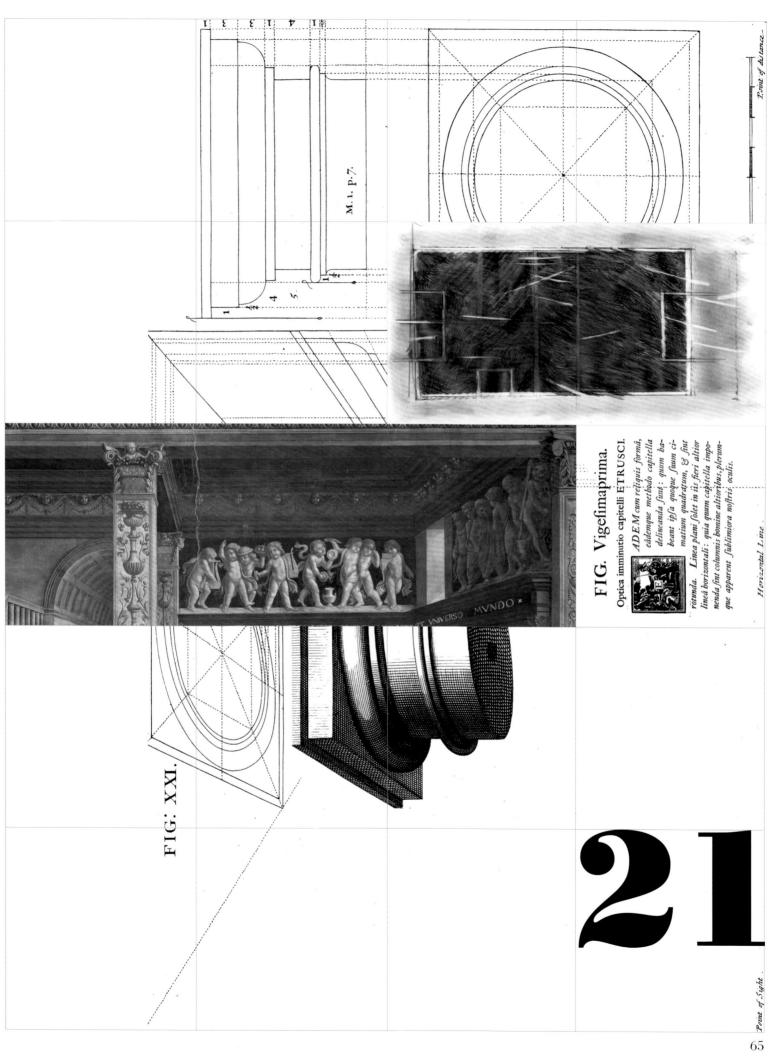

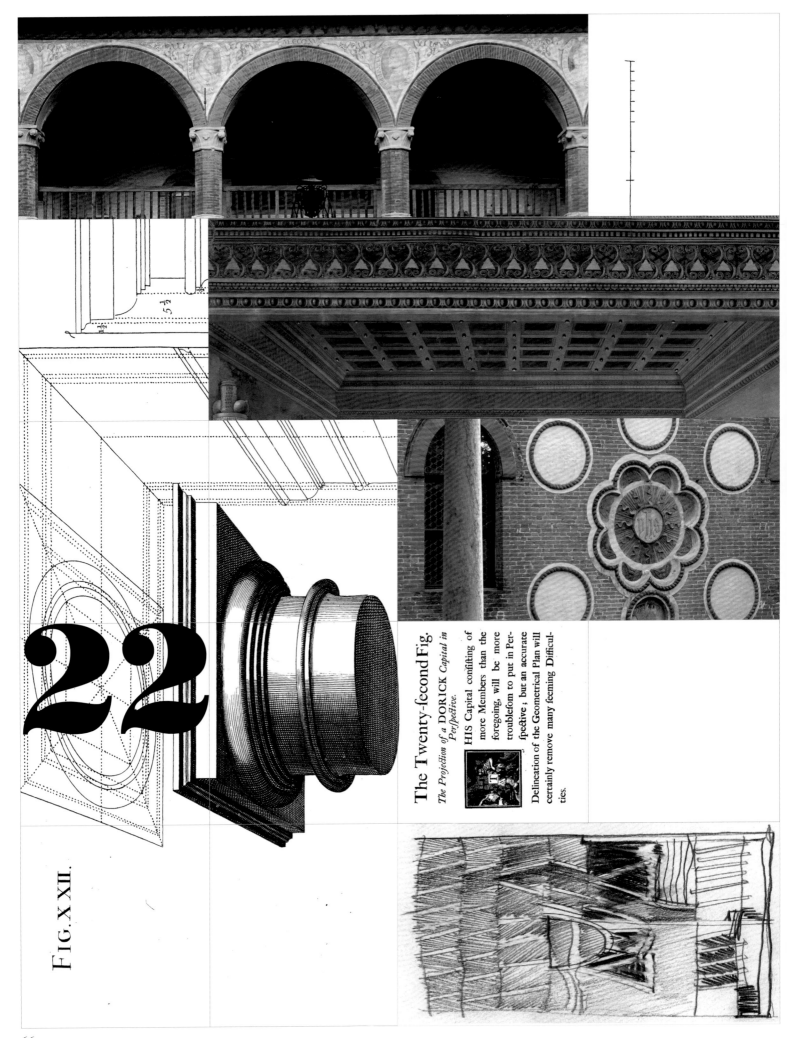

The Twenty-second Fig.

The Projection of a DORICK Capital in Perspective.

HIS Capital consisting of more Members than the foregoing, will be more troublesom to put in Perspective; but an accurate Delineation of the Geometrical Plan will certainly remove many seeming Difficulties.

22

Fɪɢ. XXII.

66

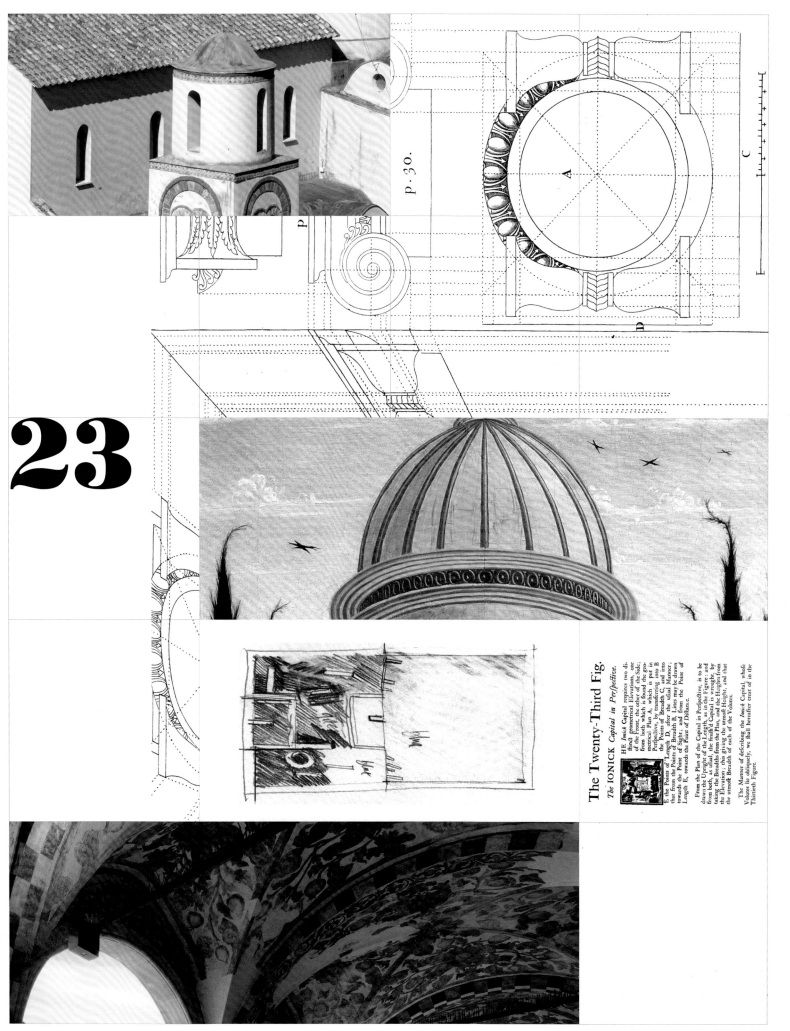

P. 30.

The Twenty-Third Fig.
The IONICK Capital in Perspective.

HE *Ionick* Capital requires two distinct geometrical Elevations, one of the Front, the other of the Side; from both which is found the geometrical Plan A, which is put in Perspective, by transferring into B the Points of Breadth C, and into E the Points of Length D, after the usual Manner; that from the Points of Breadth B, Lines may be drawn towards the Points of Sight; and from the Point of Length E, towards the Point of Distance.

From the Plan of the Capital in Perspective, is to be drawn the Upright of the Length, as in the Figure: and from both, as usual, the finish'd Capital is wrought, by taking the Breadths from the Plan, and the Heights from the Elevation; this giving the utmost Height, and that the utmost Breadth of each of the Volutes.

The Manner of describing the *Ionick* Capital, whose Volutes lie obliquely, we shall hereafter treat of in the Thirtieth Figure.

23

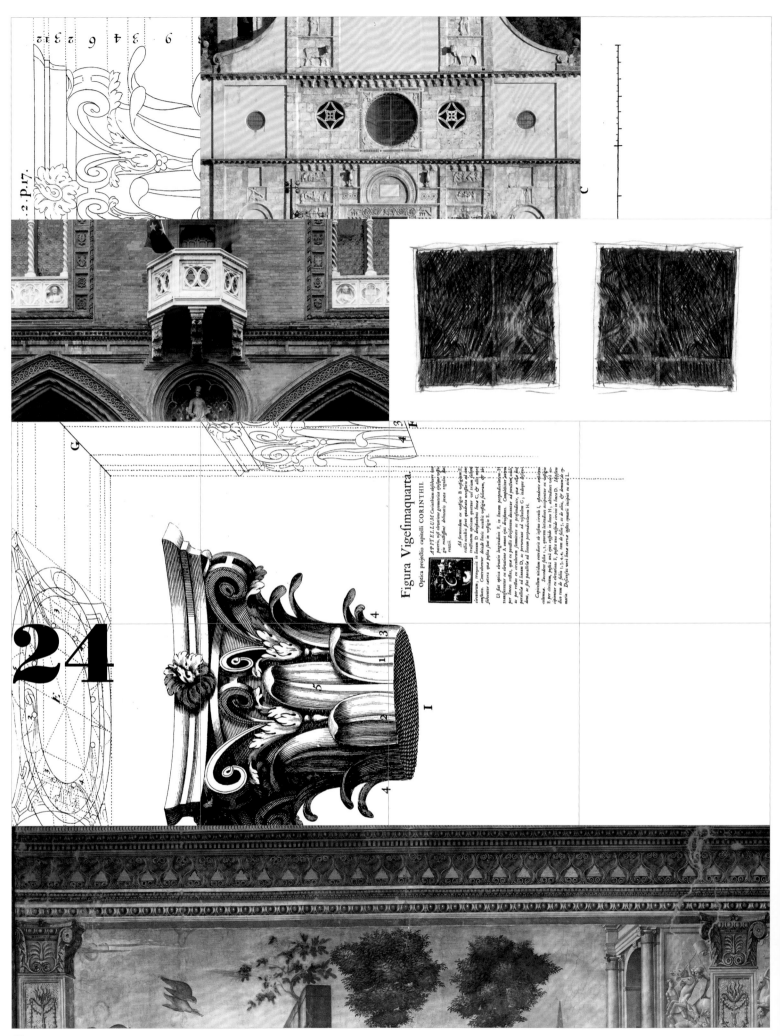

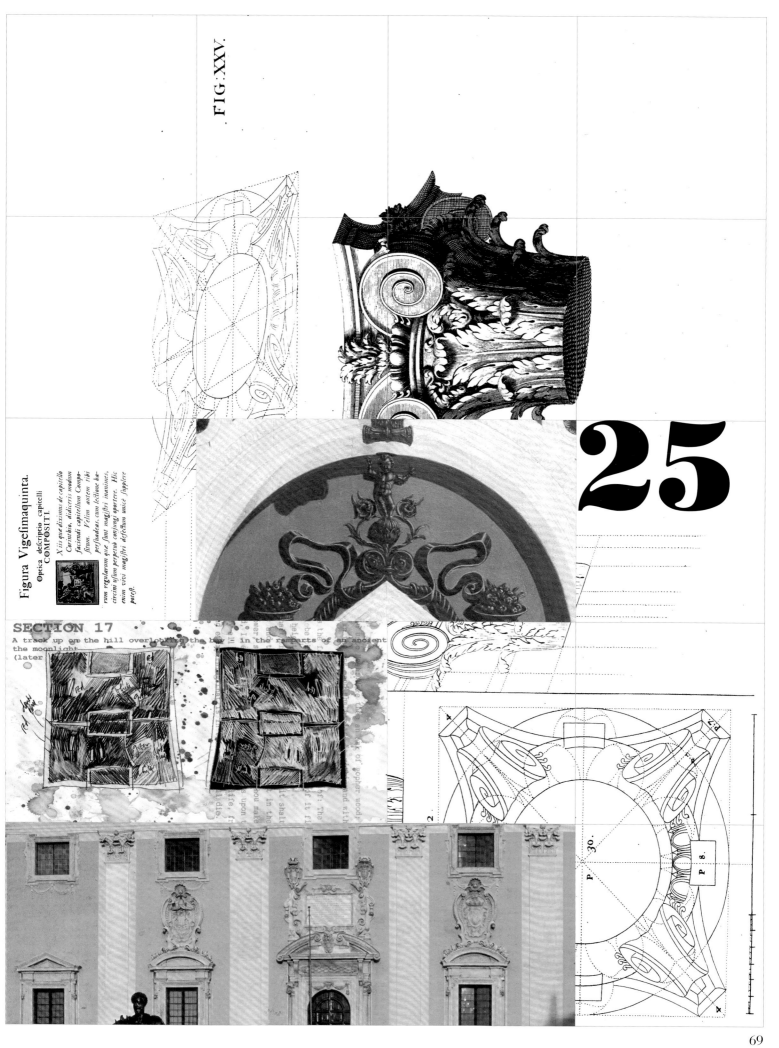

FIG:XXV.

Figura Vigefimaquinta.
Optica defcriptio capitelli
COMPOSITI.

X iis quæ diximus de capitello Corinthio, didiceris modum faciendi capitellum Compofitum. Velim autem tibi perfuadeas, cum lectione harum regularum quæ funt magiftri inanimes, circini ufum perpetuo conjungi oportere. Hic enim vifui magiftri defectum unice fupplere poteft.

25

SECTION 17
A track up on the hill overlooking the bay in the ramparts of an ancient the moonlight
(later

P. 30.

P. 8.

69

The TUSCAN *Entablature in Perfpective.*

FTER Capitals we proceed to *Entablatures*, which, becaufe they are fquare, are lefs difficult than the former. And of all Entablatures, that of the *Tufcan* Order is the moft fimple and eafy to be put in execution. From the Geometrical Plan, from the Plan put in Perfpective is defcrib'd the Optick Elevation of the Length; and from both the latter is wrought the clean Entablature requir'd. You may obferve, here are two Lines that terminate the Breadth of the Perfpective on one fide and the other. The Line which proceeds from the higher Corner of the Vifual, gives the Height of the moft advanc'd Part; that from the lower determines the Height of the Back-part. And fo for the future.

REPLICATIO · LEGIS · EVANGELIC

FIG. XXVI.

26

70

The Twenty-feve

The DORICK Entabl...
in Perspective.

N making the *Dorick* En-
tablature, which has something more ... in it
than the for... ... ac-
count of its Dent...
Triglyphs; the common **Rule** is to be
obſerv'd. And if you would delineate
the finiſh'd Entablature in a Paper diſtinct
from that of its Preparations, you are at
liberty ſo to do, either in this or any other
Figure.

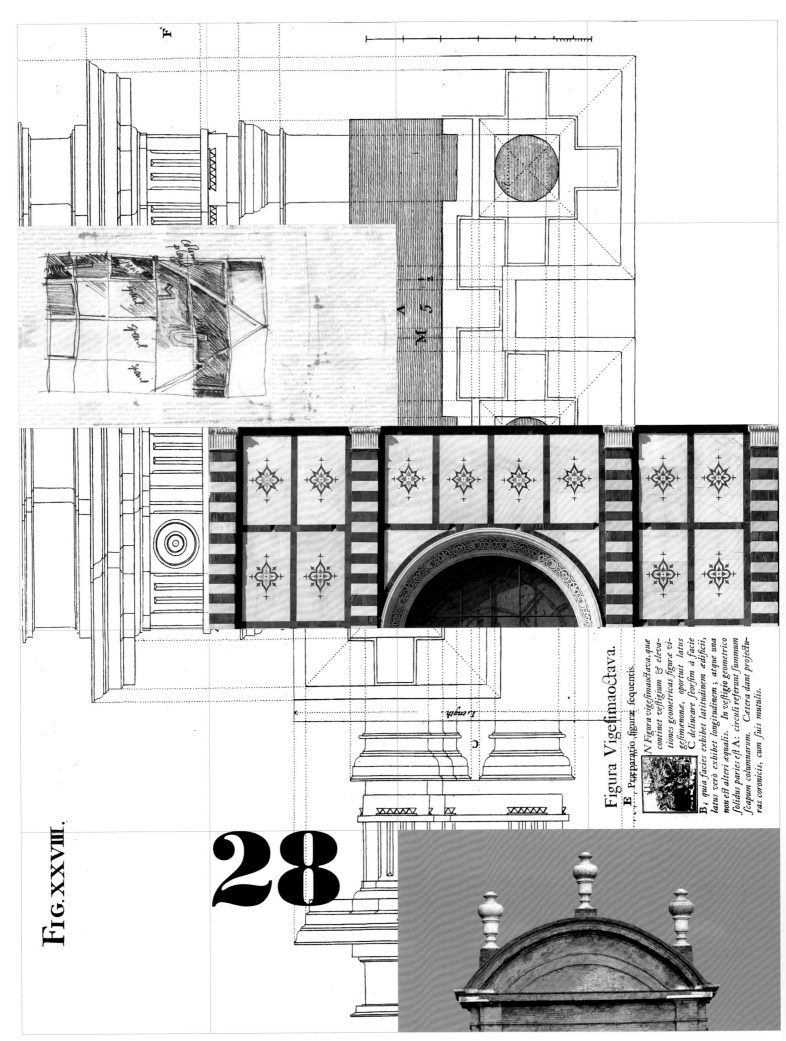

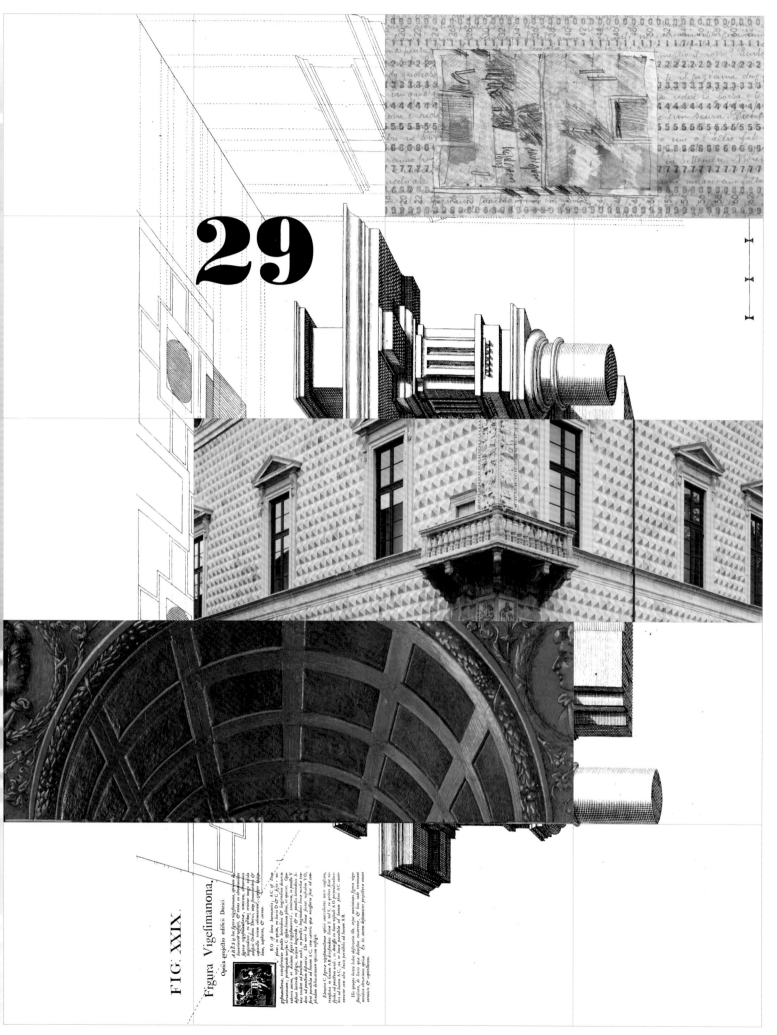

29

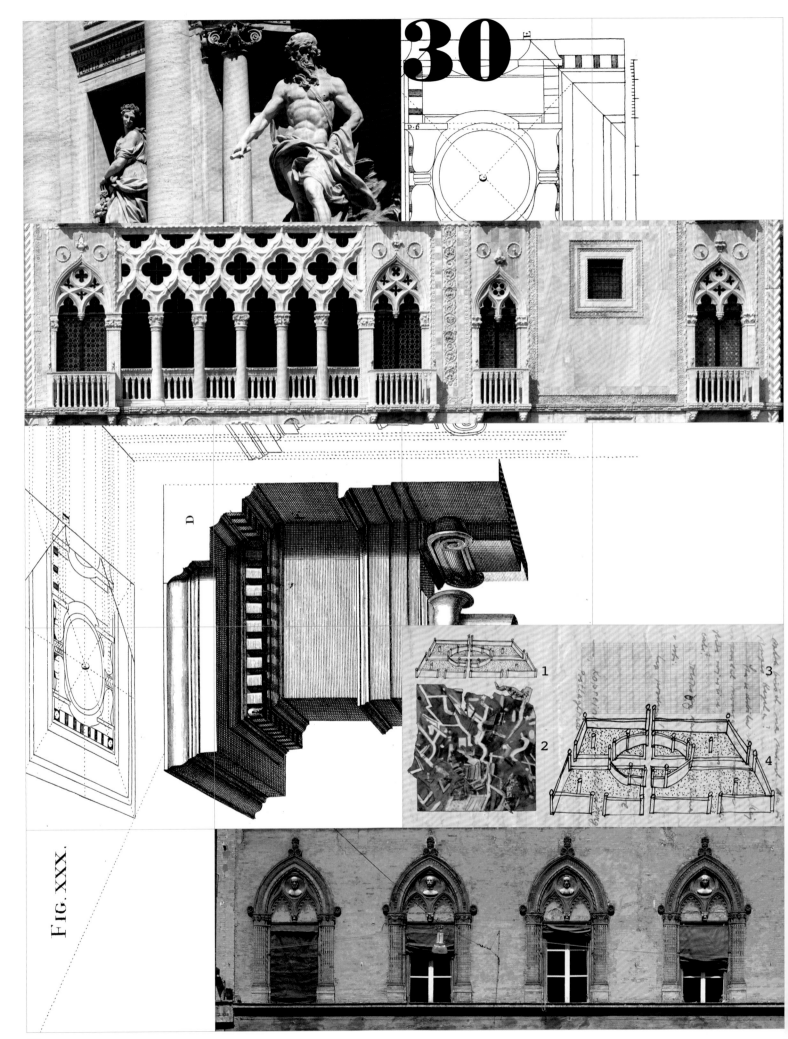

E

D

F IG. XXX.

1

2

3

4

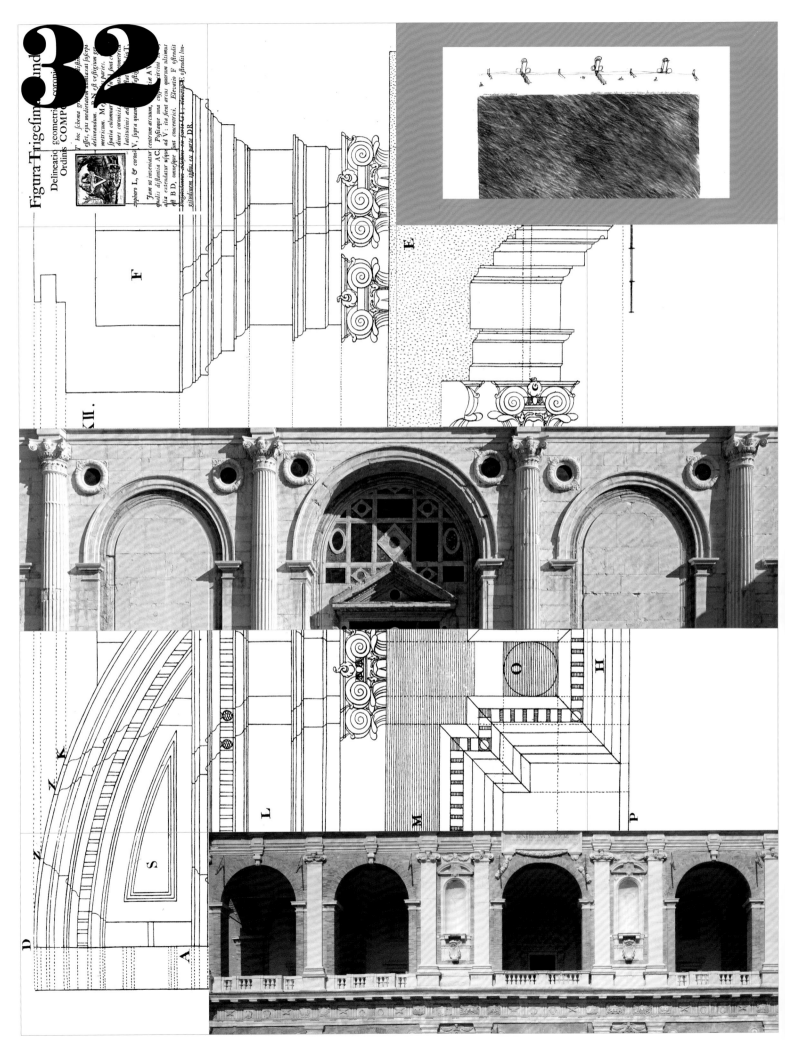

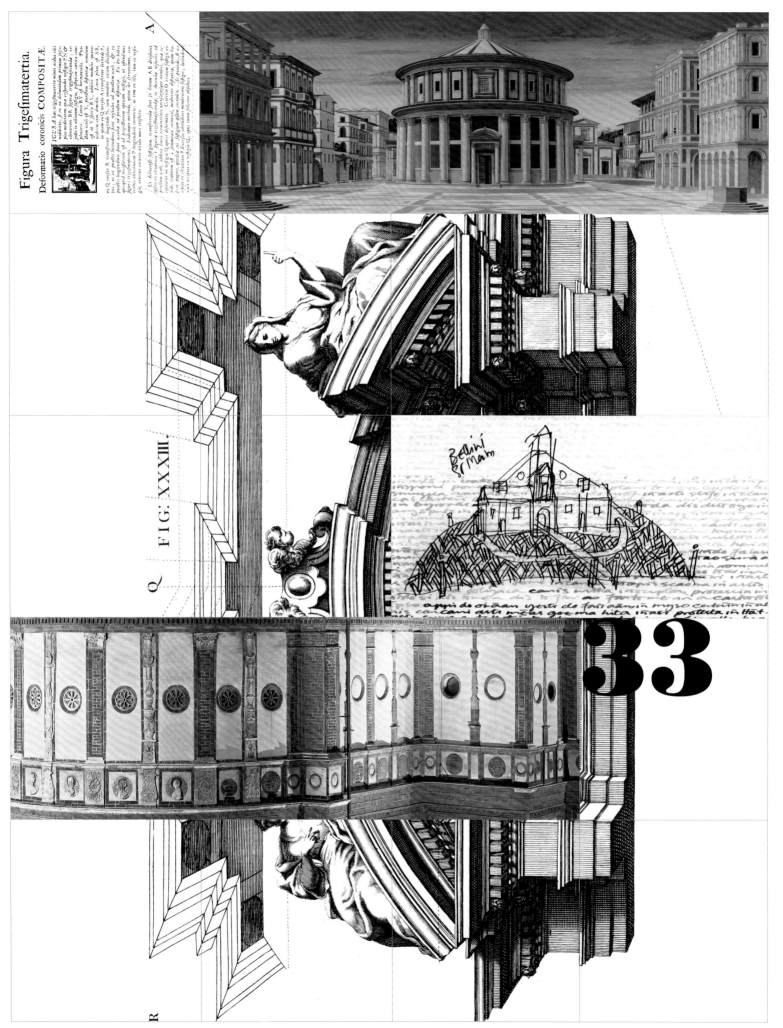

I Maд without the Line A B.

The Thirty-Fourth Fig.

Preparatory to the Thirty-fifth.

F you please to compleat this Thirty-third Figure with this Thirty-fourth Figure, you will perceive the Plan and Elevation of this *Completo Corniee* to be delineated differently from the former...

FIG. XXXIV.

The Thirty-fifth Figure.

A Side-View of the COMPOSITE Cornice, in Perspective.

THE Manner of drawing this finish'd Cornice, from the preceding Plan and Elevation, is the same with that so often shewn you. Administring therefore, that the Lines of the Plan and Horizon, and the Points of Sight and Distance, have the very same Position in this, that they had in the preceding Scheme; all the Angles necessary for delineating the entire Cornice, are really found by the help of two pair of Compasses, taking their Distances one way from the Ground-line, and the other way from a Line perpendicular to the same: Then drawing the visual and perpendicular Lines, and keeping the Place and Contour of the several Mouldings, you complete your Design.

In the Pediment the visual Lines are wholly occult; and the Points H and L, where the Pediment begins to break back, being of like Height, are found in one and the same Visual: And the same may be said of all the Points that are of equal Heighs from the Plan, for all the right Lines, which in the Thirty-third Figure are Parallels to the Ground-line, in the Thirty-fourth and Thirty-fifth Figures are Parts of the visual Lines.

FIG·XXXV

35

FIG.XXXVI.

36

FIGURA Trigesimasexta.

Præparatio ad Figuram trigesimamseptimam.

The point of distance lye

FIG. XXXVII.

37

Fig. 1.

FIGURA Trigefimafeptima.

Deformatio Columnæ ETRUSCÆ.

EX præparatione quam exhibuimus Figurâ tri-
gefimafextâ, eruitur columna hæc nitida Ordinis Etrufci, optice imminuta per latitudines & altitudines partium fingularum ; quæ
accipiuntur ope duorum circinorum, ut fæ-
pius dictum eft.

O

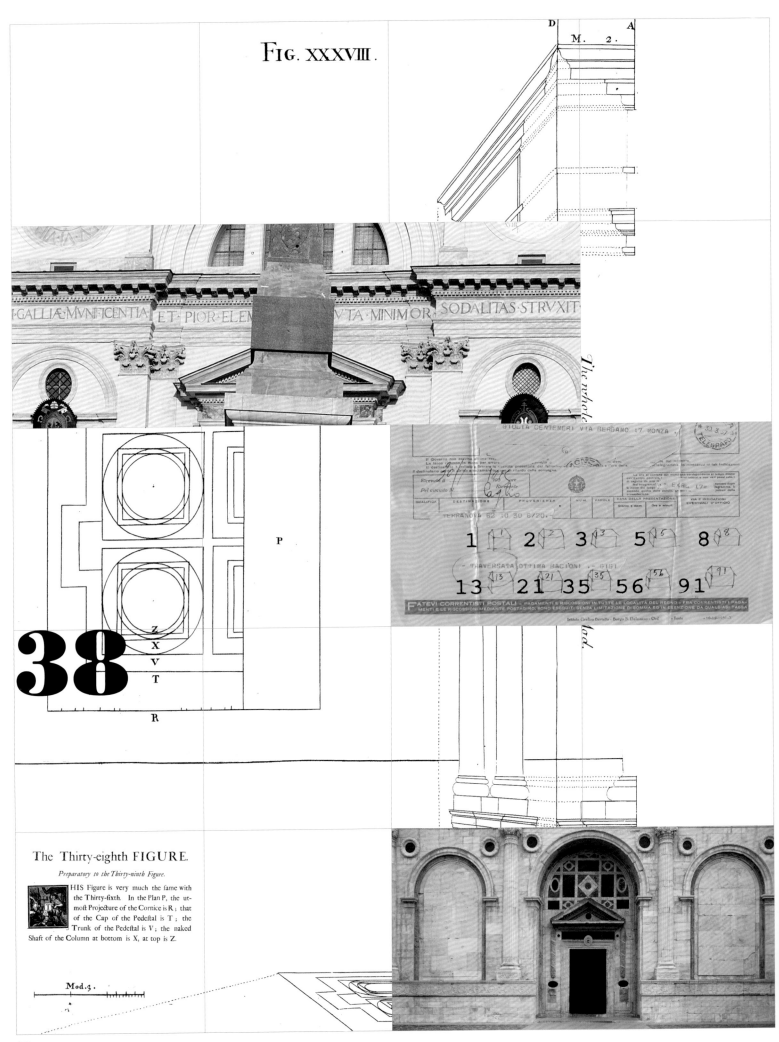

FIG. XXXVIII.

The Thirty-eighth FIGURE.

Preparatory to the Thirty-ninth Figure.

THIS Figure is very much the fame with the Thirty-fixth. In the Plan P, the utmoft Projecture of the Cornice is R; that of the Cap of the Pedeftal is T; the Trunk of the Pedeftal is V; the naked Shaft of the Column at bottom is X, at top is Z.

Mod. 3.

FIG. XXXIX.

The Thirty-ninth FIGURE.

A Piece of DORICK *Architecture in Perspective.*

N this Plate you have a *Dorick* Compofition, with the additional Ornament of a
fingle Statue; but I would advife, when
you undertake to work after any of
thefe Defigns, you would at leaft place
the Points of Sight and Diftance fomewhat differing from
thofe here given; which Practice will both greatly further
your Progrefs in this Art, and prevent any Inconvenience,
that may arife from a Miftake of the Engraver.

39

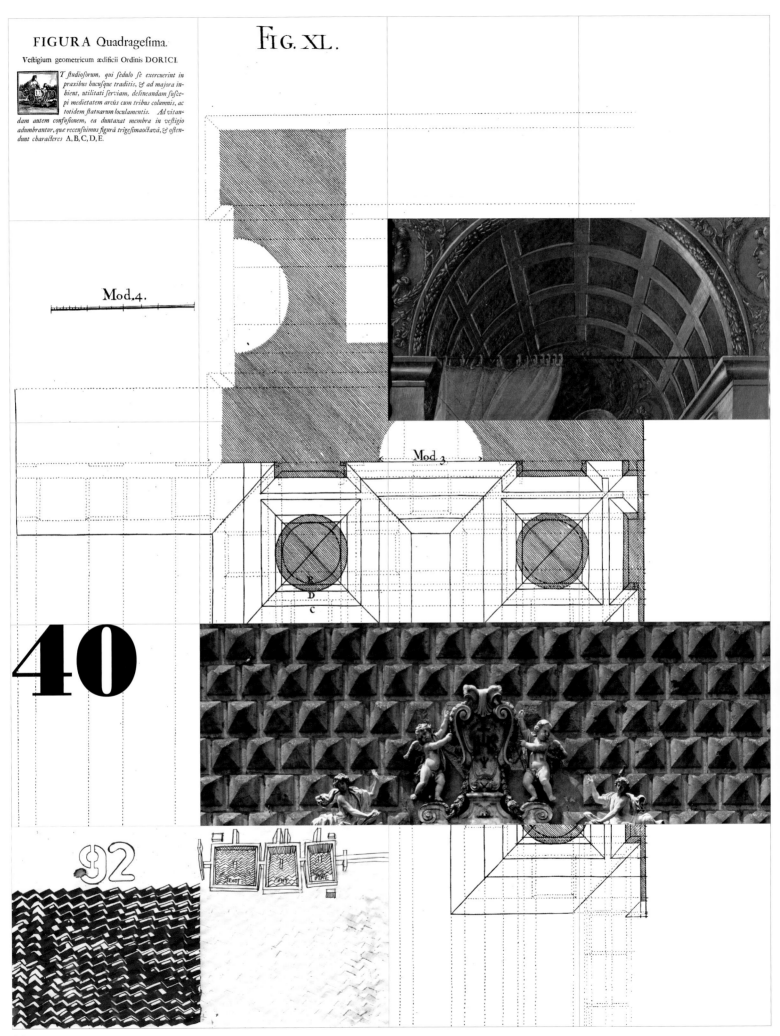

FIG. XL.

FIGURA Quadragefima.

Veftigium geometricum ædificii Ordinis DORICI.

T ftudioforum, qui fedulo fe exercuerint in praxibus hucufque traditis, & ad majora inhient, utilitati ferviam, delineandam fufcepi medietatem arcûs cum tribus columnis, ac totidem ftatuarum loculamentis. Ad vitandam autem confufionem, ea duntaxat membra in veftigio adumbrantur, quæ recenfuimus figurâ trigefimaoctavâ, & oftendunt characteres A, B, C, D, E.

Mod. 4.

Mod. 3

40

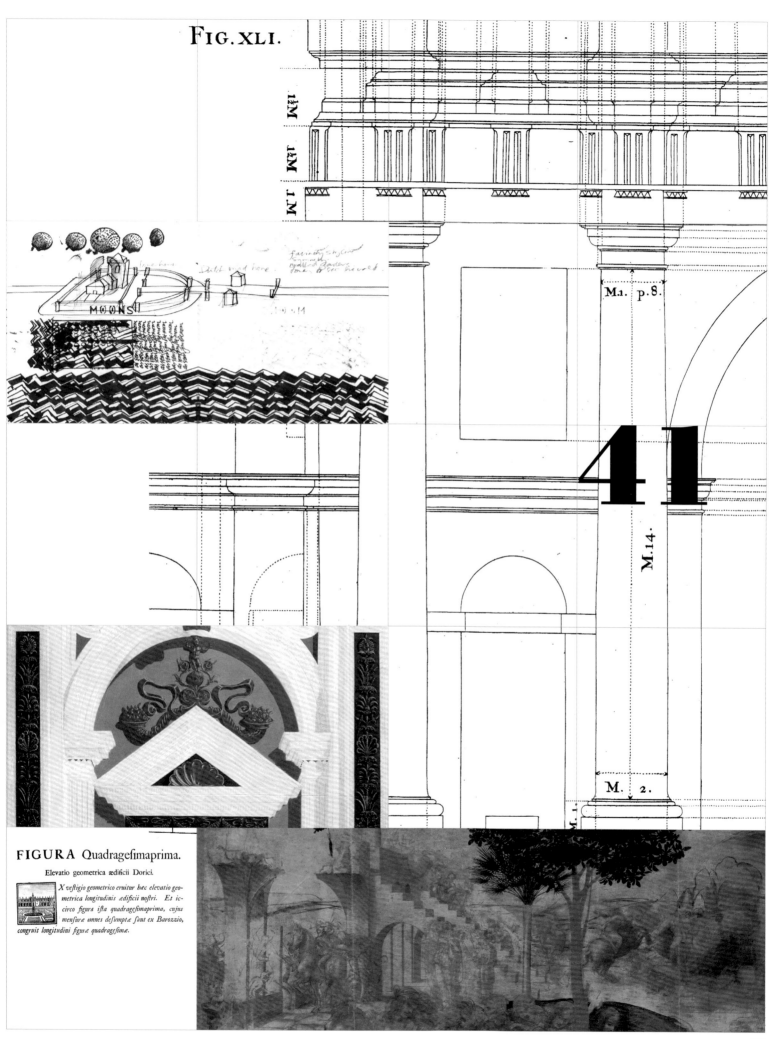

FIG. XLI.

FIGURA Quadragefimaprima.

Elevatio geometrica ædificii Dorici.

X vestigio geometrico eruitur hæc elevatio geometrica longitudinis ædificii nostri. Et ic-
circo figura ista quadragesimaprima, cujus
mensuræ omnes desumptæ sunt ex Barozzio,
congruit longitudini figuræ quadragesimæ.

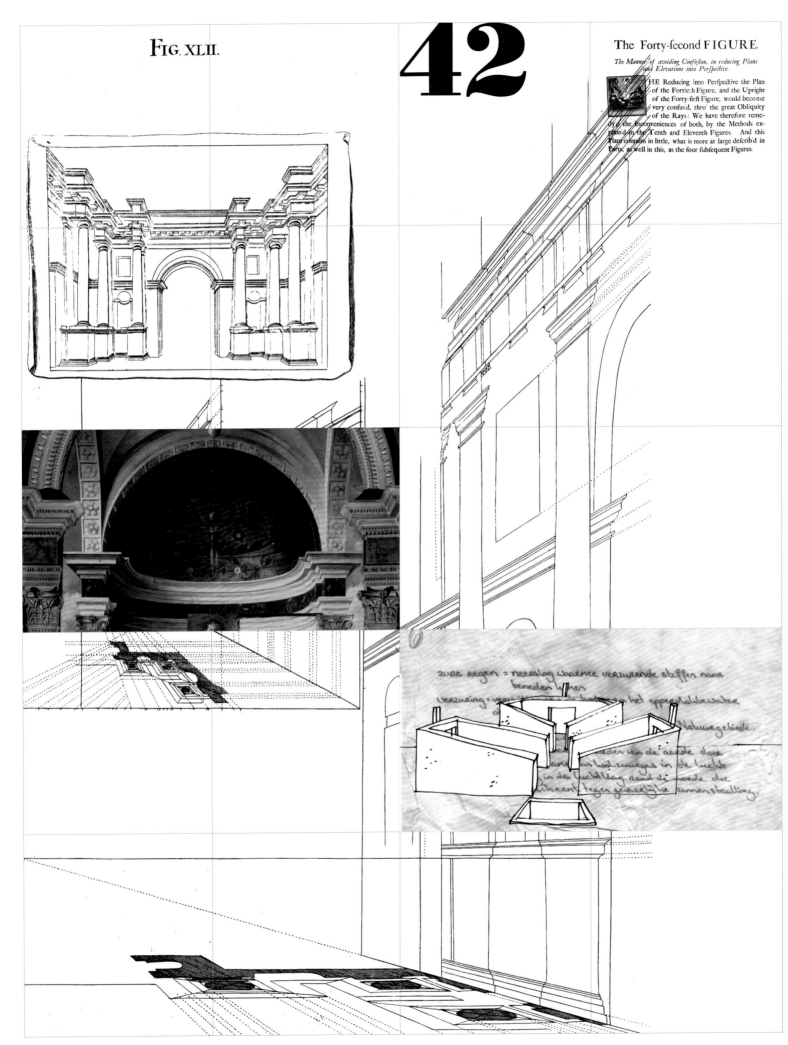

FIG. XLII.

42

The Forty-second FIGURE.

The Manner of avoiding Confusion, in reducing Plans and Elevations into Perspective.

HE Reducing into Perspective the Plan of the Fortieth Figure, and the Upright of the Forty-first Figure, would become very confus'd, thro' the great Obliquity of the Rays: We have therefore remedy'd the Inconveniences of both, by the Methods explain'd in the Tenth and Eleventh Figures. And this Plate contains in little, what is more at large describ'd in Parts, as well in this, as the four subsequent Figures.

FIG. XLIII

The Forty-third FIGURE.

The Plan of the Fortieth Figure in Perspective.

B Y placing the Ground-line in this, much more remote from the Horizontal, than it is in the foregoing Figure, all Confusion is here avoided. The rest is evident from what has been often said on this Head, and a bare Inspection of the Figure. Parallels of the Ground-line must nevertheless be continu'd to the Visual TO, which falls without this Page; that from them may be rais'd the Elevation of the Length of this Design, which we shall handle in the next Figure.

43

87

City made in art: la città italiana
Achille Bonito Oliva

L'interesse dell'arte nei confronti della città e del suo sempre più complesso sviluppo è stato uno dei temi principali della cultura occidentale e italiana in particolare, che ha alle spalle e tuttora una grande storia dell'arte. Dall'Impero romano al Medioevo, dal Rinascimento al Barocco fino agli anni Trenta e alla fine del XX secolo, la città è stata sempre frutto di memoria storica e di attitudine progettuale che si riscontra costantemente in un Paese come l'Italia che è anche una realtà multimunicipale, una rete di piccole e grandi città.

Un'attenzione particolare degli artisti si evidenzia nei confronti dello spazio urbano inteso soprattutto come paesaggio disarticolato, in cui confluiscono – con una tensione quasi naturale verso l'omogeneizzazione e la perdita di una identità specifica – i "nuovi migranti" portatori di nuove esigenze, di nuove forze ma anche di comportamenti, abitudini e desideri diversi.

La città sembra divenire oggetto di ricerca soltanto nella misura in cui esprime i conflitti, evidenzia le diversità, puntualizza la propria disgregante dimensione metropolitana. È la *bad city* – già resa mi-

艺术造就的意大利城市
阿基莱·博尼托·奥利瓦　Achille Bonito Oliva

艺术家们对城市发展的关注，自古以来为西方文化－尤其是意大利文化当中最重要的研究话题之一。就意大利艺术而言，世人熟悉其悠久的历史传统及其先进的现代发展。从古罗马帝国时期至中世纪、从文艺复兴到巴洛克时代、一直到20世纪三十年代及20世纪末，大大小小、规模不一的城市就是历史文化和设计创意结出的硕果。

现在吸引艺术家瞩目的是城市空间的多样化。这种空间加进来具有新活力的"新移民"，不但其生活习惯和历史背景不同，而且其所追求的亦然殊异。

城市之所以能够成为艺术家们创作意识的主题，在于其体现出相互冲突与分歧，尤其是带有分裂性的大都市特征。约翰·卡朋特 (John Carpenter) 导演的《纽约大逃亡》(Escape from New York, 1981) 与雷德利·斯科特 (Ridley Scott) 的《银翼杀手》(Blade Runner,1981) 所描写的"黑暗之城" (badcity)，就取材于该类城市。两部电影把城市中些

City made in art: the Italian city
Achille Bonito Oliva

Art's interest in the city and its ever more complex development has been one of the principal themes of Western culture, and this is particularly true in Italy, given the long and splendid history of its art. From the Roman Empire to the Middle Ages, from the Renaissance to the Baroque and right up to the 1930s and the end of the 20th century, the city has always been a product of historical memory and of an aptitude for design that has been a constant feature of a country like Italy: a country which is also a multifaceted reality, a network of different towns and cities.

The attention of artists is especially evident when urban space is viewed as a disjointed landscape, into which flow—with an almost natural tendency towards acculturation and the loss of a specific identity—the "new migrants," bringing with them new needs and new forces, but also different modes of behaviour, habits and desires.

The city seems to become a subject of research only to the extent in which it expresses conflicts, highlights differences and makes clear its own disruptive metropolitan dimension. The model on

tica da Ridley Scott in *Blade Runner* e prima da John Carpenter in *1997. Fuga da New York* – il modello a cui attinge, con i suoi conflitti, le sue accelerazioni, il senso di perdita di qualunque centro.

La città contemporanea nei suoi imprevedibili percorsi è ormai un enorme territorio incontrollabile, come dimostra anche il tragico attentato alle Twin Towers. Necessariamente in questo momento in cui il terrorismo ha realizzato una sorta di performance mediatica che visivamente ha depotenziato l'arte, si va sviluppando un diverso *trend* creativo capace di rappresentare contenuti nuovi e aperti a piccole utopie e a inediti valori costruttivi.

Modello di tutto ciò è la *Città ideale* di Laurana che rappresenta la fiducia dell'uomo rinascimentale nell'arte, nella ragione e nella progettualità.

"City made in art" è la città italiana da Venezia a Urbino, da Ferrara a Mantova, da Roma a Genova, da Milano a Urbino, da Firenze a Napoli, da Pienza a Ravenna, da Pisa a Siena.

Tuttavia nel macroscopico quadro urbano globale, anche la città italiana condensa dentro di sé una popolazione ormai multietnica su territori costruiti e aree geografiche diverse. In definitiva, la città italiana (tra arte e architettura) oltre il 2000 prende atto della impossibilità di un progresso regolato della storia e rintraccia dentro il proprio operare la possibilità di costruire a futura memoria modelli problematici non soltanto di resistenza individuale ma anche di interrelazione col corpo sociale. L'artista si fa portatore di piccole utopie formalizzando attraverso le proprie opere ansietà collettive, emergenze sociali, a cui certamente non è possibile dare risposta ma su cui è necessario riflettere.

L'arte, dunque, per meglio esplorare le zone di esistenza entro cui si muove la società di massa, ma non per documentare semplicemente l'esistente, piuttosto per intravedere oltre, come suggeriva Paul Valéry nei *Cattivi pensieri*: «Il pittore non deve dipingere quello che si vede ma quello che si vedrà».

Le piccole utopie sono il frutto di una strategia anche dell'architetto che prende atto dell'impossibile controllo della storia attra-

冲突强烈、节奏快速、缺乏任何中心的特征表现得淋漓尽致。

像纽约911恐怖袭击事件所显示出来的，当代城市发展无法预料，已成为一片无法加以控制的土地。国际恐怖分子上演了一幕"媒体演出"，它明显地消减了艺术性，与过去一概解释世界的创作精神相反，现在的精力放在微型理想与新的设计理念。这种艺术趋向取范于体现文艺复兴时代对艺术、理性及设计理念精神信赖的一幅画，即为弗朗切斯科·劳拉纳 (Francesco Laurana 约1420-1503年)所描绘的《理想中的城市》。

"艺术造就的意大利城市"的精神，充分体现在意大利若干城市，例如威尼斯、乌毕诺、费拉拉、曼托瓦、罗马、热那亚、米兰、佛罗伦萨、那不勒斯、皮亚琴察、拉芬纳、锡耶纳、比萨等。

不过，随著城市全球化的發展趋向，意大利城市同样逐步

将多种民族都集中在不同的地區。在2000年以后，处在艺术与建筑学之间的意大利城市规划设计，在无法创造历史

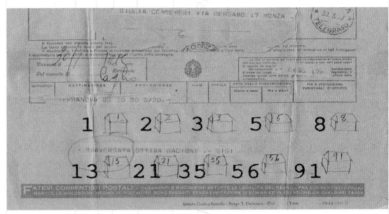

的情况下，开始了向社会交流的方向去发展新的设计与文化理念。在这个文化与历史背景下，艺术家們通过自己的

which this draws is the bad city—already turned into a myth by Ridley Scott in *Blade Runner*, and before that by John Carpenter in *Escape from New York*—with its conflicts, its frenzied pace, the sense of loss of any centre.

With its unpredictable twists and turns, the contemporary city has by now become a vast and uncontrollable territory, as the tragic attack on the Twin Towers demonstrates. At a time when terrorism has discovered its capacity to stage a sort of performance for the media that visually outshines anything art can do, it has become necessary to head in a new creative direction, one able to represent new contents that are open to the possibility of small-scale utopias and unprecedented constructive values.

The model for all this is Laurana's *Ideal City*, which represents the faith of Renaissance man in art, reason and planning.

"City Made in Art" is the Italian city, from Venice to Urbino, from Ferrara to Mantua, from Rome to Genoa, from Milan to Florence, from Naples to Ravenna, from Pienza to Pisa to Siena.

Yet viewed from a broader, global perspective, the Italian city too concentrates a now multi-ethnic population into a variety of built-up areas and diverse geographical territories. When all is said and done, in the 21st century the Italian city (between its art and its architecture) has to acknowledge the impossibility of a regulated progress of history and track down within its own *modus operandi* the possibility of constructing problematic models for the future that will serve not just for individual resistance but also to establish an interrelationship with the social organism. Artists make themselves the bearers of small-scale utopias, giving formal expression through their works to collective anxieties and social phenomena to which it is certainly not possible to give an answer, but on which it is necessary to reflect.

So art provides a way of exploring more thoroughly the zones of existence through which mass society moves. Not, however, simply to document what exists, but to look beyond it, as Paul Valéry suggested in his *Mauvaises pensées*: «He painter should not paint what

verso il proprio processo creativo e sceglie una tattica di socializzazione dell'opera. Tale socializzazione nasce da una scelta di temi riguardanti la comunità degli spettatori o problematiche che investono l'intera opinione pubblica: dalla difesa della natura a un uso più quotidiano dell'arte. Come scriveva Borges nella *Metamorfosi della tartaruga*: «L'arte vuole sempre irrealtà visibili». Questo costituisce l'effetto speciale di un dispositivo linguistico fondato sulla certezza della forma, l'unica capace di far seguire a ogni distruzione la creazione. Come aveva già intuito Marcel Proust nei *Guermantes*, «Il mondo non è stato creato una volta ma

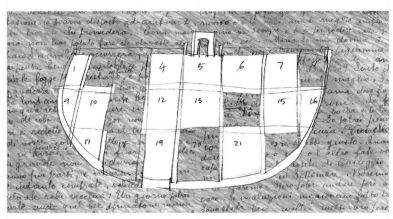

作品表達大眾的不安之心、社會的急變，所有這些是不可以解答的，但同時必須加以反省的，也就是会提出小"乌托邦"。

艺术为了能够更深入地探索社会大熔炉中的种种生活动力，而不是简单地予以记录，就要像保罗·瓦莱里(Paul Valéry，1871-1945)在其《坏思》一书中所言："画家不应当画出当世所已看见的东西，反而要画出未来将要看见的东西。"

建筑学也是采取小"乌托邦"来进行创作：既然再也无法控制历史，建筑师就决定以自己的创作来表现社会。"社会化"设计理念就

he sees, but what will be seen.» Small-scale utopias are the fruit of a strategy that architects also adopt when they realize that it is impossible to control history through their own creative processes and choose to apply the tactic of socializing their work. This socialization stems from a choice of themes that concern the community of users or problems that affect public opinion as a whole: from the preservation of nature to a more everyday use of art. As Borges wrote in *Avatars of the Tortoise*: «Art—always—requires visible unrealities.» This constitutes the special effect of a linguistic device based on the certainty of form, the only one capable of ensuring that all destruction is followed by creation. As Marcel Proust had already hinted in *The Guermantes Way*, «the world around us […] was not created once and for all, but is created afresh as often

tutte le volte che è sopravvenuto un artista originale». Tale originalità costituisce la perenne speranza dell'arte, anche di questa oltre il 2000, che non vuole portare altri prodotti effimeri nella "vetrinizzazione" del mondo, piuttosto incuneare nel panorama iconografico stabilizzato dalla storia nuove irruzioni formali che destabilizzino ogni certezza e introducano positive inquietudini di conoscenza.

In definitiva la visibilità dell'arte si misura attraverso la consistenza della forma, capace di testimoniare la felice fatica del vivere e il riscatto della verticalità temporale del presente, nella tenuta orizzontale, se pure complessa, della storia.

Questo è lo stile che produce l'etica del fare, il movimento eccellente dell'arte. Anche nel terzo millennio. Dal conflitto dell'arte con le convenzioni del mondo nasce la riabilitazione della storia, la neo-storia, la narrazione del futuro impossibile. Un'acrobatica spaccata in verticale sull'orizzonte piatto del "pensiero unico". Questa è l'arte: segno della differenza. Anche oltre il 2000.

是诞生于观众或者说全体民众关注的题材，譬如环境保护和艺术的日常运用。正如阿根廷作家博尔赫斯 (Jorge Luis Borges, 1899-1986) 在《探究别集》1952中所说，"艺术总是需要看得见的幻觉"。这是在形态固定之上、从毁灭到再生建立起来的语言机制的特殊效果。马塞尔·普鲁斯特 (Marcel Proust 1871-1922)说过，"创造世界不只一次，每次出现有造诣的艺术家相当于世界的再造。"追求造诣亦然是艺术的目标。2000年以后的艺术创作并不希望为商业化的世界做出浮躁作品，而试图将新的知识活力投放到历史所定型的图像库存当中。

艺术既以形态的具体性质来表现生活的艰辛，又将当今的生活放在历史不断发展的过程当中。这是产生建筑伦理的

as an original artist is born.» This originality is the perennial hope of art, even after the year 2000. An art which does not want to put other ephemeral products on display in the "shop window" of the world, but to thrust new irruptions of form into the panorama of imagery laid down by history that will destabilize every certainty and introduce a positive mistrust of what we know.

In the end the visibility of art is measured through the consistency of its form, its ability to bear witness to the joyful effort of living and the deliverance from the temporal verticality of the present into the horizontal, however complex, hold of history.

La realtà del terrorismo internazionale ha prodotto una caduta entropica dell'informazione, un controllo mediatico di ogni scenario, di pace e di guerra. Ma l'arte parte lo stesso, scavalca il commento adesivo al presente e cavalca il coro del futuro. Ma partendo da un grande passato, basato sulla geometria della linea curva, che significa progettualità e sensibilità mediterranea. Architettura radicata nell'arte. "City made in art" da Brunelleschi a Michelangelo, da Sangallo a Bramante, da Leonardo a Bernini, da Borromini ad Antonelli fino a Sant'Elia, Moretti, Terragni, Nervi e Scarpa, che innestano il loro linguaggio di forme abitabili in una memoria collettiva nutrita dalle altre arti, maggiori e minori: trivio e quadrivio. La città italiana parte dal Foro romano, passa dalla piazza medievale tra chiesa e municipio, abita la prospettiva rinascimentale e la bizzarria barocca, tra ponti e statue, campielli e colonnati, torri, fontane, sculture e monumenti, caruggi e vicoli, cupole e obelischi, per arrivare alla vitalità del nostro presente, frutto di una felice contaminazione tra i diversi stili del passato,

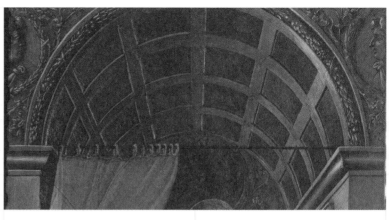

frutto di memoria e storia dell'arte aperta verso il futuro.
"City made in art": la città italiana.

风格，它体现出艺术最高的动向，包括第三千禧年的艺术活动。艺术表现与世人常规间的矛盾启动了人们从新的角度去理解历史：以当今来面向未来。艺术能够打破统一的思想，因而2000年以后的艺术又能成为标新立异的象征。国际恐怖主义使媒体功能变质，无论是战争还是和平的情景皆由媒体报到来控制。但是，艺术在任何情况下都可以自由启动，能够跳跃当今的附会而走向未来。以伟大的历史为背景，意大利的艺术具有几何学中的弧线所代表的地中海敏感与设计理念。扎根于艺术中的意大利建筑就是创建艺术造就的意大利城市。比如，伯鲁乃列斯基 (Filippo Brunelleschi, 1377-1446)、米开朗基罗 (Michelangelo Buonarroti, 1475-1564)、桑加罗(Giuliano da Sangallo, 1445-1516)、布拉曼帖 (Donato Bramante, 1444-1514)、达芬奇 (Leonardo da Vinci 1452-1519)、贝尔尼尼 (Gian Lorenzo Bernini, 1598-1680)、波洛米尼 (Francesco Borromini, 1599-1667)、安

托内利 (Alessandro Antonelli 1798-1888)、圣埃里亚(Antonio Sant'Elia 1888-1916)、路易吉·莫雷蒂 (Luigi Moretti 1906-1973)、朱塞佩·特拉尼 (Giuseppe Terragni 1904-1943)、奈尔维 (Pier Luigi Nervi 1891-1979)、卡罗·史卡帕 (Carlo Scarpa, 1906-1978) 这些意大利艺术家、建筑家，将自己的建筑设计融在一片由其它的艺术参与构造的集体记忆场所之内。意大利的城市最早取法于古罗马广场，然后通过中世纪的教堂与市政楼，体现出了文艺复兴时期的透视及巴洛克风格的奇异的桥牌、塑像、柱栏、塔楼、喷泉、弄堂、圆屋顶、喷泉、方尖碑，一直到我们今天的积极的建筑混合，由过去向往未来。
这是艺术造就的意大利城市。

This is the style that produces the ethics of doing, the excellent movement of art. Even in the 3rd millennium. Out of art's conflict with the conventions of the world comes the rehabilitation of history, a neo-history, a narration of the impossible future. An acrobatic vertical section through the flat horizon of the *pensée unique*.
This is art: a mark of difference. Even in the 21st century.
The reality of international terrorism has resulted in an entropic collapse of information, the control by the media of every scenario, whether it is one of peace or war. But art sets off all the same, leapfrogging commentary on the present and bestriding the chorus of the future. Yet it does so starting out from a great past, based on the geometry of the curved line, which signifies an ability to plan and a Mediterranean sensibility. Architecture rooted in art. "City made in art," from Brunelleschi to Michelangelo, from Sangallo to Bramante, from Leonardo to Bernini, from Borromini to Antonelli and all the way up to Sant'Elia, Moretti, Terragni, Nervi and Scarpa, who grafted their language of habitable forms onto a collective

memory nourished by the other arts, major and minor: *trivium* and *quadrivium*. The Italian city begins with the Roman Forum, passes through the Mediaeval square between church and town hall, inhabits Renaissance perspective and Baroque eccentricity, amidst bridges and statues, piazzas and colonnades, towers, fountains, sculptures and monuments, lanes and alleys, domes and obelisks, and arrives at the vitality of our present, product of a happy blend of the different styles of the past, the fruit of memory and of a history of art open to the future.
"City made in art": the Italian city.

Un poema visivo
Franco Purini

Franco Purini

L'Italia delle Città, di Peter Greenaway e Uberto Siola, un regista e un architetto, è un'opera singolare, un magistrale esempio di "cinema architettonico" un vero e proprio "poema visivo" che provoca nello spettatore un grande coinvolgimento mentale e un'altrettanto forte suggestione visiva. Le due impressioni prodotte da questa installazione multimediale, che si configura come una sorta di "ipertesto" composto da forme che trapassano l'una nell'altra, non rimangono separate ma si fondono in una sintesi estetico-conoscitiva favorita da un montaggio incalzante fatto di continui avvicendamenti di inquadrature, di membrature messe in evidenza,

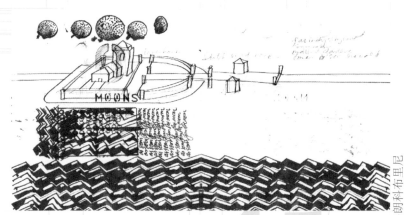

视觉诗篇
弗朗科布里尼 Franco Purini

弗朗科布里尼

Peter Greenaway和Uberto Siola，一位导演，一位建筑师，其负责的"城市中的意大利"项目是一件杰出的作品，一个"建筑影像"的卓越案例，一首真正的"视觉诗篇"，它不仅大大吸引了观众的精神参与，还提供了同样非凡的视觉享受。这项多媒体作品象征着某种形态彼此链接的"超文本"，其制造的两大深刻印象并不是彼此独立的，而是基于美学与认知的高度概括。连续的镜头切换、突出的各大构件、交叉淡入淡出的效果更强化了这一满足迫切需求作品的高度概括性。道路、广场、楼宇、建筑细节、阴影、天空、材质、色彩不断流淌，彼此渗透，勾勒出永不停息的节奏，缔造出宁静的氛围。沉浸在这首宏伟的、复杂的叙事诗中的人会进入一片真实与虚幻同时

A visual poem
Franco Purini

Franco Purini

L'Italia delle Città (Italy of the Cities), by Peter Greenaway and Uberto Siola, a film director and an architect, is a unique work, a masterly piece of "architectural cinema," an actual "visual poem" capable of causing the audience to feel a sense of deep mental involvement as well as a strong visual suggestion. Those two impressions produced by the multimedia installation—an hypertext

di dissolvenze incrociate. Le strade, le piazze, i palazzi, i dettagli architettonici, le ombre, il cielo, i materiali, i colori scorrono e si compenetrano dando vita a un ritmo incessante, che ha un che di ipnotico. Chi assiste a questa narrazione complessa e spettacolare entra in uno spazio nello stesso tempo reale e virtuale nel quale lo svolgersi delle immagini costruisce superfici cangianti definendo un ambiente stratificato, labirintico e infinito, reso ancora più vasto e intenso dai brani musicali scelti da Peter Greenaway a segnare le diverse stagioni della città e dell'architettura italiane.

Il coinvolgimento mentale dello spettatore immerso nel flusso delle immagini deriva dalla "architettura tematica" ideata da Uberto Siola, uno studioso della città il quale ha sempre sostenuto, nel suo duplice ruolo di docente e di progettista, che senza una relazione strutturale tra la città stessa e gli edifici non è possibile costruire spazi significativi, case che è bello abitare e monumenti in grado di sconfiggere con il loro valore testimoniale i secoli e i millenni. Selezionando gli spazi urbani e le architetture, Uberto

交织的空间，在这里，图像的演绎凝聚成美轮美奂的意境，构造出层次丰富的、错综复杂的、无限的世界。Peter

made of images fading in and out one another—do not remain distinct but blend into a synthesis of knowledge and aesthetic emotion thanks to a tight editing made of continuous cross fading transitions from one shot to another, and of structural elements put in evidence. Streets, squares, palaces, architectural details, shadows, skies, materials and colours flow and fade into each other thus creating a driving rhythm with something mesmerizing about it. Whoever witnesses this complex and spectacular narrative is walking into a space at once real and virtual in which the streaming images create changeable iridescent surfaces defining a stratified intricate environment, labyrinthine and infinite, made even more extensive and intense by the pieces of music chosen by Peter Greenaway to mark the ages Italian cities and architecture went through.

The mental involvement the observer experiences while bathing into the flow of images is brought about by what Uberto Siola created and defined "thematic architecture"; as an architect—both in his professional and academic capacity—he has always be-

Siola ha compiuto un lavoro che non può essere considerato solo come un esauriente contributo documentario. La sua è una ricognizione analitica che rivela la presenza nella città italiana di una sorta di "progetto storico" teso a conciliare la bellezza con le idee, la ragione con l'emozione, la chiarezza con il mistero, l'ermetica "assenza" della metafisica con la magia della realtà.

Se a Uberto Siola si deve l'ispirata scelta dell'architettura, è stato di Peter Greenaway il difficile compito di farne una sorta di "storia iconica" della scena urbana e architettonica italiana, scandita per periodi nettamente delimitati. Il regista inglese ha una straordinaria capacità visionaria. Egli è un artista dell'immagine che ha saputo rendere attuali le vertigini visuali di Giovanni Battista Piranesi, reinterpretandole con un'attitudine creativa pari a quella del grande incisore veneziano-romano. Egli ha mostrato quanto fosse ancora vitale il mondo fantastico di architetti eretici come John Soane, un mondo dominato dal gusto dell'eccesso e della stravaganza, dalla tendenza all'accumulo inarrestabile di livelli seman-

Greenaway为意大利城市与建筑不同季节所选择的音乐片段更加深了感受的广度与强度。

观众的精神参与沉浸在Uberto Siola设计的、不断流淌的"主题建筑"图像中。Uberto Siola 一位城市学者，身兼教师与设计师的双重身份。他一直坚持这样的观点：离开了城市本身与建筑之间的结构性关系，就不可能建造意义非凡的城市空间、宜居的住宅、能够千古流传并留下历史印迹的伟大建筑。通过选择城市空间与建筑，Uberto Siola完成了一项伟大的工作，它并不应该仅仅被看作一份详尽的文献资料。这是一份完善的分析调查，揭示了意大利城市存在的某种"历史设计"，它将美与理念、理性与情感、清

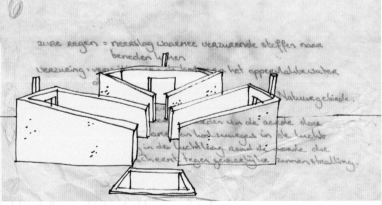

lieved that it is just impossible to create significant spaces—houses beautiful to live in or monuments capable of winning centuries and millennia with their testimonial value—without a structural relation connecting city and building. By selecting urban spaces and architectural objects, Uberto Siola made something more than a work to write off as exhaustive documentary inquiry. It is in fact an analytic recognition revealing inside the Italian city a sort of "historical project" meant to reconcile beauty with ideas, reason with emotion, clarity with mystery, the hermetic "absence" of metaphysics with the magic of reality.

tici e dalla propensione a un'associazione quasi pre-surrealista di oggetti e di opere apparentemente estranee e distanti. Scoprendo quanto l'oscura inquietudine di Horace Walpole fosse ancora attiva, Peter Greenaway ha rivelato che cosa si nascondeva dietro gli enigmi costruiti da architetti come Christopher Wren e Nicholas Hawksmoor, inventori di magnifiche "macchine architettoniche" barocche, scenografiche apparizioni che contengono nelle loro articolazioni plastiche una imprevista e allarmante eco gotica. Interessato da sempre all'architettura, come ha dimostrato in alcune delle sue opere cinematografiche, una delle quali – *Il ventre*

dell'architetto – ambientata a Roma, Peter Greenaway è senz'altro uno dei più sensibili interpreti di quelle scritture plurime, conflittuali e contemporaneamente concordi, nelle quali si riconosce la città.

Sebbene le immagini di città e di architetture italiane presenti nel poema visivo di Peter Greenaway e Uberto Siola siano ampiamente note, esse sembrano del tutto nuove. Questo effetto di straniamento concettuale e mnemonico è causato molto probabilmente dal modo con il quale tali immagini sono state organizzate. Spazi ed edifici si dispongono nel tempo filmico rendendo esplicite, attraverso sequenze attentamente calibrate, le potenzialità che essi possiedono a evolvere, a ibridarsi, a congiungersi con altri luoghi e altre architetture. Come esseri viventi le immagini sembrano coltivare "affinità elettive" e incompatibili. Per dare l'impressione di vedere per la prima volta ciò che viene proiettato gli autori hanno fatto un uso teoricamente avanzato e creativamente innovativo dell'idea di metamorfosi, intesa come un processo alchemico attraverso il

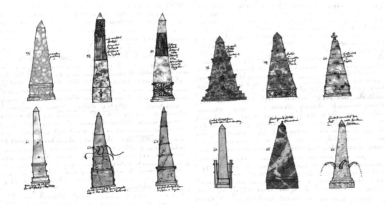

晰与神秘、玄学中晦涩的"无"与现实的魔幻和谐地糅合在一起。

如果说Uberto Siola进行的是凭籍灵感对建筑进行遴选的工作，那么Peter Greenaway则接受的是一项困难的任务：将意大利的城市与建筑场景归纳为某种"标志性历史"，按照界定清晰的历史时期进行描述。这位英国导演具备非凡的视角。他是一位图像艺术大师，在诠释Giovanni Battista Piranesi令人眼花缭乱的视觉效果方面拿心应手，并且能够以威尼斯和罗马雕刻大师的创意与高度对其进行重新诠释。他展示了诸如John Soane这样旁门左道建筑师的精彩的、生机勃勃的世界。这一领域的主流品味是夸张与怪诞，有着不可抑制的语义层级上的积累趋势，并且将明显

外在的、遥远的物品和作品以近乎前超现实主义的风格联系在一起。当发现Horace Walpole那灰暗的焦虑依然存在时，Peter Greenaway揭示了如Christopher Wren和Nicholas Hawksmoor这样的建筑师建造的谜一般的建筑背后隐藏的东西。这两位建筑师是宏伟的巴洛克"建筑机器"的创始人：通过灵活的组合，在华丽的场景中囊括了突然的、令人警觉的哥特艺术的回响。Peter Greenaway历来对建筑有着浓厚的兴趣，这在他的一些电影作品中就能看出来。其中一部《建筑师的肚子》就取景于罗马。毫无疑问，Peter Greenaway是这些复合的、冲突却又同时和谐相处的建筑巨作最敏感的诠释者之一，通过建筑来感知城市。

尽管Peter Greenaway和Uberto Siola的视觉诗篇中意大利城市与建筑的图像已广为人知，但它们依然仿佛是全新的图景。这种概念与记忆上的差别很有可能得益于图像的组织方式。影片中的空间与建筑，通过精心的排序，突出了与

If Uberto Siola is responsible for the inspired selection of the architectural materials, drawing out of them a sort of "iconic history" of the urban and architectural Italian scene by definite periods was Peter Greenaway's difficult task. The British film director as an image artist gifted with an extraordinary visionary power has been able to bring back the visual vertigo of Giovanni Battista Piranesi

into our time and reinterpret it with a creative attitude standing up to that of the great Roman-Venetian engraver. He made clear how much alive the imaginary world of heretic architects like John Soane still is, and how much dominated by the love of excess and eccentricity and by an irrepressible urge to accumulate semantic levels and connect through a kind of ante litteram surrealistic as-

quale ciò che è conosciuto si trasforma in qualcosa di inedito e di diverso. In effetti il paradigma di Ovidio, considerato anche come un "principio mitologico", è l'elemento che ha permesso agli autori di proporre un nuovo tipo di *Viaggio in Italia*, pervaso dalla sorpresa che si prova davanti a ciò che prima era nascosto dalla sua stessa evidenza.

其它地域和建筑演变、融合和对话的潜力。如同生命体一般，图像仿佛亦拥有了或和谐或不相容的情感。为了让第一次观赏影片的人感受到震撼，作者采用了非常先进的理论和极富创意的方法：形态变幻法。它就好像一种点石成金术，将我们熟知的事实锻造成某种与众不同的、永恒的事实。事实上，在几乎被视为"神话般原则"的Ovidio的范例中，正是素材本身使得作者能够打造出新的充满惊喜的意大利之行，而以前这一切却隐藏在自身存在的表象之下。

sociation of objects and works seemingly unrelated and distant. By discovering how much the obscure restlessness of Horace Walpole was still operating, he also found out what was hidden behind the enigmatic and magnificent Baroque "architectural machines" invented by architects like Christopher Wren e Nicholas Hawksmoor, theatrical visions conveying with their plastic articulation unexpected and disquieting gothic echoes. Having always been fascinated by architecture, as his production as a filmmaker—especially *The Belly of an Architect*, set in Rome—demonstrates, Peter Greenaway is one among the most sensitive interpreters of the manifold—both conflicting and converging—writing codes the city is inscribed in.

However well known the urban-architectural images Uberto Siola and Peter Greenaway's visual poem is made of they strangely appear to be brand new. Such conceptual and mnemonic extraneous effect is brought about by the way images have been arranged. The way spaces and buildings flow along the filmic time line makes visible—through attentively conceived editing and transitions—their potential to hybridate, to evolve, to actually fade into other places and architectures. As human beings images seem to fancy incompatible "elective affinities." An innovative, theoretically advanced and creative use of the idea of metamorphosis—meant as alchemic process through which a known thing turns into something different and unimagined of—has made possible to convey the impression of seeing a well known image for the first time. The Ovid's paradigm, as a "mythological principle" is what made possible for the authors to imagine a new kind of *Italian Journey*, the kind of travel that is pervaded by the surprise the observer feels when he really sees what was before hidden behind its own evidence.

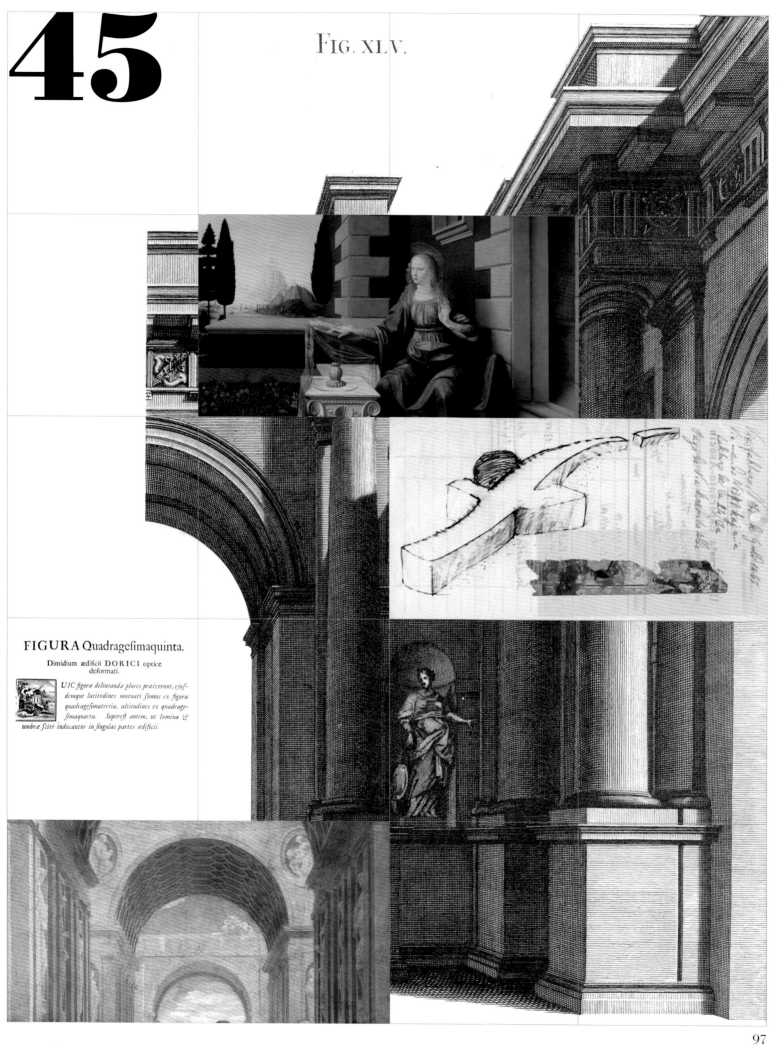

FIGURA Quadragesimaquinta.

Dimidium ædificii DORICI optice deformati.

UIC figuræ delineandæ plures præiverunt, ejusdemque latitudines mutuati sumus ex figura quadragesimatertia, altitudines ex quadragesimaquarta. Superest autem, ut lumina & umbræ scitè inducantur in singulas partes ædificii.

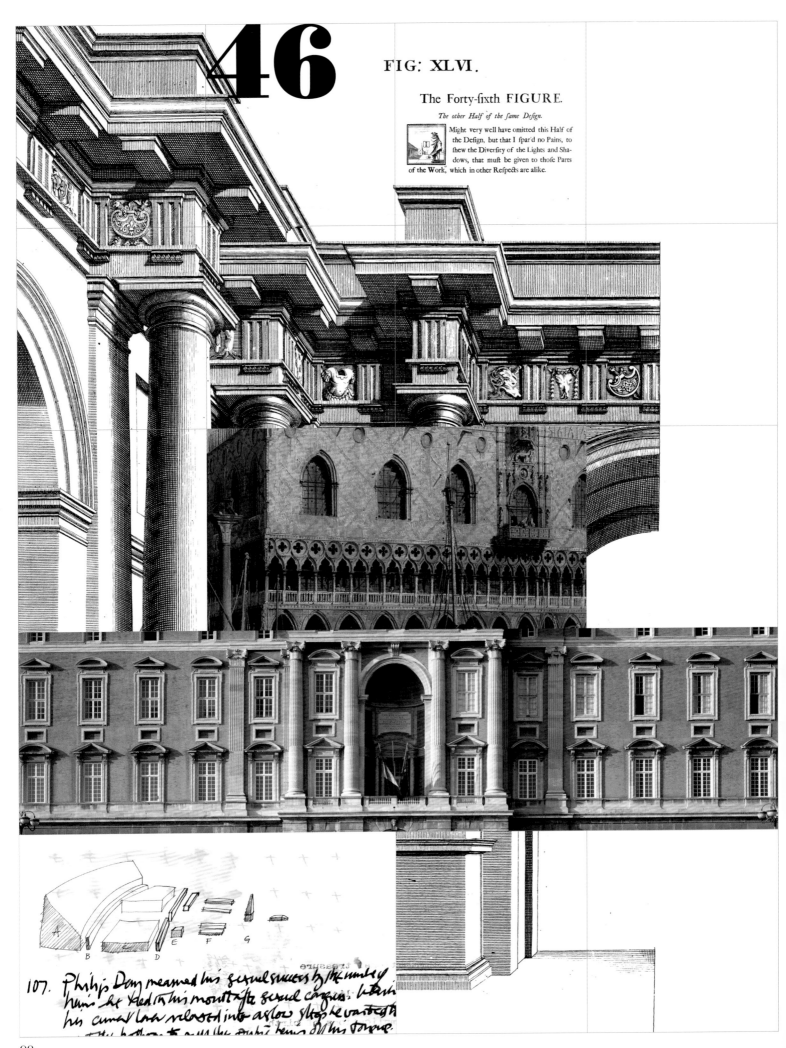

FIG: XLVI.

The Forty-fixth FIGURE.

The other Half of the fame Defign.

Might very well have omitted this Half of the Defign, but that I fpar'd no Pains, to fhew the Diverfity of the Lights and Shadows, that muft be given to thofe Parts of the Work, which in other Refpects are alike.

107. Philips Dom meaned his ferual success by the number hein he bled in his moutt the ferual corguis whish his cumal toa released into a flow sttop le vaidogh this hothm to a illher deatht heins of his tougue

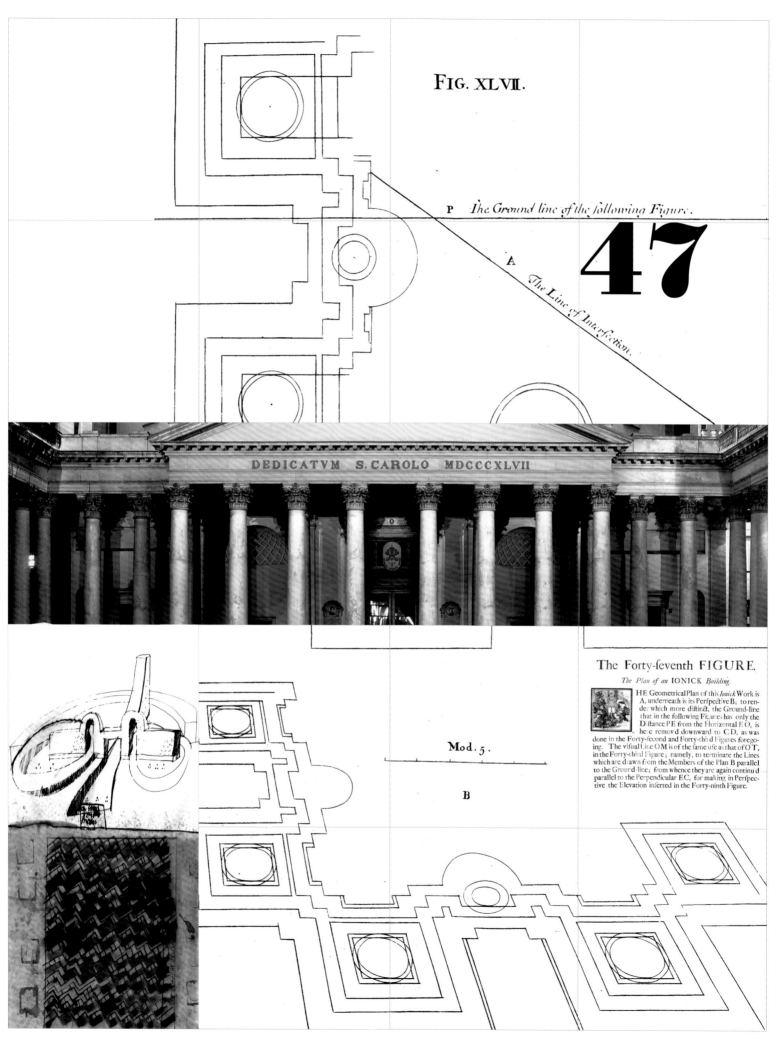

FIG. XLVII.

P *The Ground line of the following Figure.*

A

47

The Line of Interfection.

DEDICATVM S. CAROLO MDCCCXLVII

Mod. 5.

B

The Forty-seventh FIGURE.

The Plan of an IONICK Building.

HE Geometrical Plan of this *Ionick* Work is A, underneath is its Perfpective B; to render which more diftinct, the Ground-line that in the following Figures has only the Diftance PE from the Horizontal EO, is here remov'd downward to CD, as was done in the Forty-fecond and Forty-third Figures foregoing. The vifual Line OM is of the fame ufe as that of OT, in the Forty-third Figure; namely, to terminate the Lines which are drawn from the Members of the Plan B parallel to the Ground-line; from whence they are again continu'd parallel to the Perpendicular EC, for making in Perfpective the Elevation inferted in the Forty-ninth Figure.

99

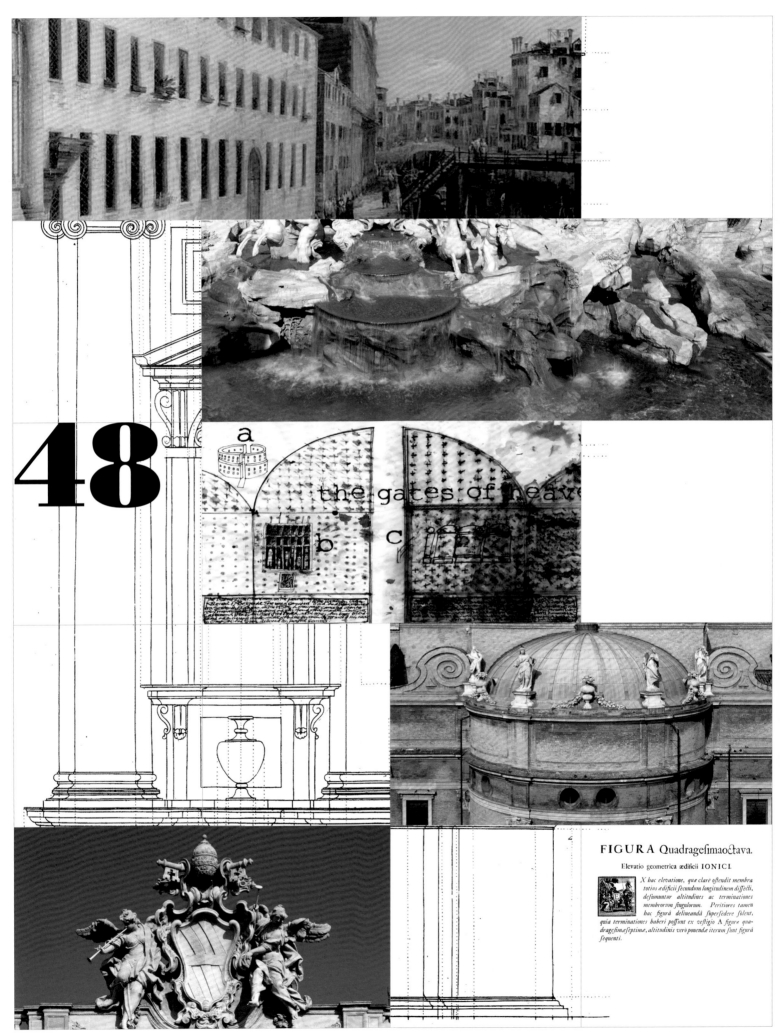

the gates of heaven

48

FIGURA Quadragesimaoctava.

Elevatio geometrica ædificii IONICI.

X hac elevatione, quæ claré ostendit membra
totius ædificii secundum longitudinem dissecti,
desumuntur altitudines ac terminationes
membrorum singulorum. Peritiores tamen
hac figurâ delineandâ supersedere solent,
quia terminationes haberi possunt ex vestigio A figuræ qua-
dragesimæseptimæ, altitudinis veró ponendæ iterum sunt figurâ
sequenti.

FIG. XLIX.

49

FIGURA Quadragefimanona.

Deformatio Elevationis ædificii IONICI.

ÆC Figura, continens deformationem præcedentis elevationis perfectius methodo illa, quam oftendimus figurâ quadragefimaprimâ, inveniendam; menurum, ex vestigio B figuræ quadragesimaseptimæ; ducere oportet parallelas ad lineam planæ C.D, quæ ubi pervenerit ad cesjoulum O.M, continuandæ funt cum aliis parallelis ad lineam E.C. Eafdem parallelas in hanc figuram translatas fecmus visuales ex lineâ rectâ A.B, in qua pofitæ funt altitudines ædificii Ionici, desinupie vel ex figura præcedenti, vel ex Boivozia. Nollitum autem eft pouffiue in uroulris hujus elevationis, quod nia tertuuatie per feclinæs visualium ex lineâ A.B. cum parallelis ad eandem lineam

FIG. L.

50

The Fiftieth FIGURE.

A Design of IONICK *Architecture,*

ROM the Plan of the Forty-seventh Figure, and from the Upright of the Forty-ninth Figure, is drawn this *Ionick* Piece; which might well serve for the lower Order of a Turret, or for part of a Triumphal-Arch. I fear the Engraver has not been so exact in this Scheme, as he ought; but you will readily discover his Mistakes, and carefully beware of them.

FIG: LI.

The Fifty-first FIGURE.

A CORINTHIAN *Design in Perspective.*

THIS Plate contains the Perspective of a *Corinthian* Work, with its Preparations. The Geometrical Plan A shews the Wall wrought hollow behind the Columns. The said Plan in Perspective is D: and leaving out the Geometrical Elevation, the Perspective thereof is describ'd, by transferring the Heights of the former into the Line BC. From the Perspective-Plan and Upright the Design is finish'd after the usual Manner; to which is added the Ornament of a single Statue.

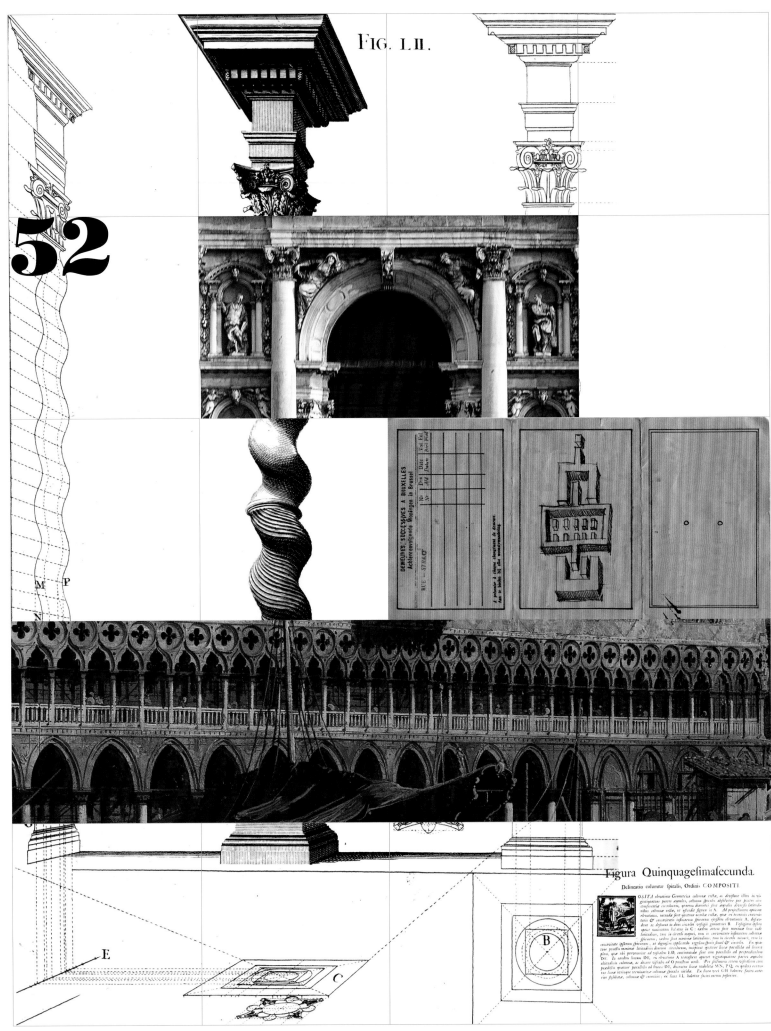

FIG. LII.

52

M P

N

E

Figura Quinquagesimasecunda.

Delineatio columnæ spiralis, Ordinis COMPOSITI.

La lezione della città italiana

Renato Capozzi

意大利城市的教训

卡雷那 Renato Capozzi

FIGURA Quadragefimaquinta.

The lesson of the Italian city

Renato Capozzi

L'assunto di fondo del *concept* proposto da Uberto Siola per lo spazio ICE all'interno del Padiglione Italia dell'Expo 2010 di Shanghai Better city-Better life – poi interpretato e tradotto poeticamente da Peter Greenaway in *L'Italia delle Città* (Italy of the Cities) – sostanzialmente si potrebbe sintetizzare con l'affermazione: il Made in Italy, i prodotti dell'operosità italiana famosi in tutto il mondo sono stati resi possibili da una cultura/coltura che è quella della città.

È appunto l'arte italiana di costruire le città a rappresentare il "prodotto per eccellenza" che l'Italia può esportare e proporre come contributo alla costruzione della città contemporanea. L'Italia nei secoli, con ricchissime variazioni e declinazioni ha costruito sulla cultura urbana il suo tratto più riconoscibile e identitario, un paradigma

意大利对外贸易委员会 I.C.E. 在"城市让生活更美好" 2010 年上海世博会展览馆的展区，以乌贝托·西奥拉 Uberto Siola 提出的概念性设计为指导思想，以后导演彼得·格林纳威 Peter Greenaway 再加以诗情画意般引申发展，可以概括为："意大利制造－之所以能够创造出享誉全球的意大利产品，正是因为意大利城市所体现的文化底蕴。

意大利对建造当代城市所能做出的最优秀的贡献就是意大利建造城市的艺术。在几百年风云变化的历史发展过程中，城市文化是意大利最突出、有个性的表征。意大利将城市文化当作一个参考模式，与全球大都市那种将有个性与特色的地方文化模糊、溶化、同一、而追求一种超现代的国际主义格格不入，大相径庭。

The fundamental assumption underneath the concept proposed by Uberto Siola for the ICE space in the Italian Pavilion at Shanghai World Expo 2010, Better city-Better life—the same concept translated into poetic vision by Peter Greenaway with *L'Italia delle Città* (Italy of the Cities)—can easily be condensed in this statement: the Made in Italy trademark, the worldwide celebrated products of Italian craftsmanship have been made possible by a peculiar culture—meant as both civilization and cultivation—of the city, to the extent that the very Italian art of building cities could be considered as the most representative and prestigious product Italy could export and offer as a contribution to the contemporary city building process.

A rich and versatile urban culture has been Italy's most recognizable identifying feature through the centuries, and a paradigm still capable of opposing the sprawling and pulverization of the global metropolis in which different individuality and peculiarities of local cultures are going to be drowned into a vague internationalism

di riferimento da opporre alla dispersione/smaterializzazione della metropoli globalizzata che ha omologato e diluito le differenze, le individualità e le specificità delle culture locali in un vago internazionalismo all'insegna della spettacolarizzazione di una malintesa "ipermodernità" sempre più autoreferenziale.

La città italiana, dall'età classica al primo Novecento, rimanda, come chiarisce Maurizio Ferraris (M. Ferraris, *Tracce. Nichilismo moderno postmoderno* [1983], Milano 2006), al concetto di *polis* «luogo circoscritto (finito e misurato) e riconoscibile, isolato in territorio ancora naturale. [...] La metropoli, (viceversa), come fatto tardo-moderno non è la semplice estensione e crescita della *polis* più grande e tecnologizzata. La metropoli abolisce ogni riferimento alla natura, all'origine e all'Essere, per dichiarare il trionfo incondizionato della cultura, degli enti, della tecnologia come volontà di potenza [...] essa si riferisce semplicemente a se stessa, [...] è *causa sui* e *index sui*; è uno spazio onnicomprensivo e sconfinato (potenzialmente infinito e indifferenziato), privo di interval-

li.». Per costruire ancora la città di oggi, per la vita dell'uomo di oggi, si deve ripartire da un «equilibrato rapporto tra la città della storia, con l'accumulazione di valori e soluzioni che essa incorpora e le nuove tecnologie» (U. Siola) intese non come affermazione nichilista e pervasiva della Tecnica ma come strumento per innalzare la qualità della vita nelle nuove città in un rinnovato e maturo rapporto con la natura e il paesaggio. In tal senso la tradizione della città italiana può rappresentare un vero e proprio *exemplum*, un «deposito di umane fatiche» (A. Rossi, *Architettura per i Musei*, in *Teoria della progettazione architettonica*, Bari 1968) da cui trarre insegnamento in termini progressivi. Questa tradizione si voleva rappresentare nello spazio ICE e il compito del Comitato Scientifico (composto da: Renato Capozzi, Francesco Collotti, Gianni Fabbri, Gino Malacarne, Daniele Vitale e Federica Visconti), che ha affiancato Uberto Siola, era appunto quello di individuare quei caratteri distintivi della città italiana che ancora oggi potevano, attualizzati, divenire il materiale/repertorio e la guida per la co-

正如毛利巧·费赖利斯 (Maurizio Ferraris) 所说，意大利城市自古代到 20 世纪初一直遵循希腊城市的理念，即"一片完整的、有节制的与周围自然环境绝缘的场所。[...]（相反），出现于近代后期的大都市，不等于科技化的希腊城市的简单扩大。大都市一方面削减任何与大自然、原本的关系，同时以文化、行政与科技的胜利来肯定强力意志。[...]大都市完全以自我为中心，[...]它由己而生己，由己而指己；它是包括一切的、潜力无限、单一的场所。"［意］Maurizio Ferraris Nichilismo moderno postmoderno［现代與後現代的虚無主義］, Milano 2006 。 为了建造当今人们生活的城市，有必要使"体现文化理念与建筑手段的历史城市与先进的科技取得新的平衡。"（ 见前揭《意

大利對外貿易委員會展廳初步設計》） 显然，先进科技并不等于对技术虚无主义的确认，而是为提供符合自然环境、能够提高新城市生活质量的工具。由此看来，意大利城市就能够提供一个完整的典范，从"人类勤奋宝库"获得宝贵经验 （［意］ Aldo Rossi Teoria della progettazione architettonica ［建筑设计理论］, Bari 1968 。对外贸易委员会展览区要表现的，就是这种建筑传统。意大利参展组织委员会 （ 组织委员会由乌贝托·西奥拉当主任，其他委员如下： 卡雷那 [Renato Capozzi]、高法安 [Francesco Collotti]、法碧强 [Gianni Fabbri] 、马基诺 [Gino Malacarne] 、费大理 [Daniele Vitale]、福维康 [Federica Visconti]） 依据乌贝托·西奥拉的精神，试图寻找能够为建造当今城市所

and into the spectacularization of a misunderstood "hyper-modernity" becoming more and more self-referential.

The city in Italy, as Maurizio Ferraris points out (M. Ferraris, *Tracce. Nichilismo moderno postmoderno* [1983], Milan 2006), ever since the classical age to the early 20th century, has been deeply reminiscent of the idea of *polis* «a circumscribed space (a definite and measurable one) and recognizable as such, standing isolated in the natural environment. [...] The metropolis (vice versa) as a late-modern phenomenon is not just an extended and technology endowed *polis*. The metropolis has no longer bonds to nature—to

its origin, to its Being—it is a declaration of the complete triumph of culture over nature, the triumph of institutions and technology intended as will to power [...]. It is its own reference, [...] it is *causa sui* et *index sui*; it is an omnivorous and boundless space (potentially infinite and undifferentiated), continuous, uninterrupted.» To build the city of the present time for today's life and people one must take as departure point «a balanced relation between the city of past history with the values and solutions it embodies, and the new technologies» (U. Siola) intended as a tool to improve the quality of life and to establish a new sustainable relation with na-

struzione della città contemporanea. Non era facile individuare i criteri che avrebbero reso intelligibile questo immenso e complesso patrimonio di forme e principi che l'Italia ha sedimentato nelle città. Si doveva inoltre selezionare una moltitudine di materiali iconografici da condividere e poi affidare all'interprètazione/manipolazione di Peter Greenaway, per la costruzione di un'installazione artistica, una sorta di "cinema architettonico" che fosse capace in pochi minuti di trasferire questi contenuti teorici a una quanto più vasta ed eterogenea moltitudine di persone. Un problema di contenuti e di ordinamento quindi, che richiedeva un grande sforzo sistematico, di classificazione e di descrizione di una realtà complessa e variegata quale appunto è quella della città italiana. La scelta metodologica è stata quella di allestire una "grande matrice" di immagini che nella sua struttura a griglia provasse a ordinare e al tempo stesso far interferire i periodi stilistici – le idee di città, dal periodo classico, alla città medievale, dal Rinascimento al Barocco, e dal Neoclassico al Novecento – con alcuni "temi ur-

bani" di volta in volta declinati nelle varie epoche: iconografia, impianto, città di fondazione/città ideale, strada, piazza, basilica, palazzo di città, domus/palazzo/cortile, villa, città/scultura, città/natura/paesaggio. Un grande canovaccio, sinottico e panottico assieme, una "traccia" che avesse essa stessa una propria struttura formale definita e che fosse leggibile sia per righe sia per colonne e che attestasse la permanenza di alcuni temi di fondo distintivi della città italiana interpretati e specificati nelle diverse individualità urbane, nelle varie epoche e nei differenti periodi stilistici. Partendo dall'assunto che la nostra epoca non è stata in grado di definire con chiarezza un compiuto progetto stilistico e quindi una coerente idea di città, la periodizzazione della matrice significativamente si arresta alla prima metà del secolo scorso. Una tavola classificatoria, di carattere scientifico – come nella tavola periodica di Mendeleev o in alcune tassonomie entomologiche – di circa 450 immagini che fosse al tempo stesso di tipo diacronico e sincronico da mettere a disposizione di Greenaway per una traspo-

需要的意大利城市主要特征的一套建筑资料与建筑导向。众所周知，意大利是千年古国，在历史长河发展中所积累

起来的城市形态与原理丰富多彩，要想找出选定方法，使之一目了然并不简单。我们首先选出了一堆图片资料，然

DEDICATVM S. CAROLO MDCCCXLVII

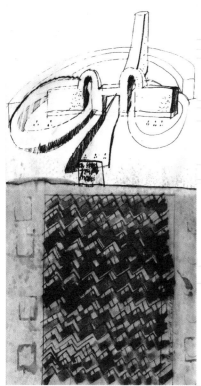

ture and landscape and not as a nihilistic and pervasive affirmation of Technics. In the end the tradition of Italian city is an exemplum, an actual «storage of human efforts» (A. Rossi, "Architettura per i Musei," in *Teoria della progettazione architettonica*, Bari 1968), something to learn from and capable of inspiring a progressive leap. That is the tradition the ICE space is meant to represent while the task of the Scientific Committee (whose members were: Renato Capozzi, Francesco Collotti, Gianni Fabbri, Gino Malacarne,

Daniele Vitale and Federica Visconti) working with Uberto Siola was to identify those distinctive characters of the Italian city still fit to respond to present time issues and to be assumed as the material repertoire and the guide to build the contemporary city. Defining the criteria that were to make intelligible that immense and complex inheritance of forms and principles left as a sediment in the city has not been easy. A selection had to be made out of a huge amount of iconographic material to hand it to the Scientific Committee for consideration and to Peter Greenaway to interpret and manipulate it and turn it into a visual installation, a kind of "architectural cinema" able to convey theoretic contents in the space of a few minutes to the largest and most diverse audience. An effort to order and systematize contents, a work of classification and description of the complex and diverse reality of the Italian city. As to the method, the choice was to design a huge grid-like structure in which to order images and make them interfere by visual contiguity. Periods, styles and ideas of city—from the classic age

realtà così complessa e variegata? Per "richiamare alla memoria" questi luoghi, queste forme compiute e al tempo stesso dare loro una struttura ordinata e carica di senso si è utilizzata una tecnica di tipo analogico che, a partire dai temi urbani – in qualche modo derivati ed estratti dalla iconografia stori-

sizione/trasfigurazione a-narrativa e carica di pathos emozionale. Ma come è stato possibile collazionare, mettere a confronto, un così grande numero di immagini per rappresentare una

后请彼得·格林纳威去创作一部尽可能让更多的大众、背景多样的人群看到接受"建筑电影"短片。意大利城市各种各样，外型与结构复杂，因而在归类、描述与排列的方方面面，我们都下了极大的功夫。我们设计的方法是构造一个大的方格网，以便排列组合不同风格、不同时期的意大利城市：将古代、中世纪、文艺复兴、巴洛克、新古典主义直至20世纪的城市理念与各个时代的建筑布局、理想城市，街道、广场、大教堂、宫殿、庭院、别墅、雕像，以

及自然环境等城市建筑话题连在一起。其设计原理在于勾画出一条既全面又详细的线索，以便观众在方格网的行列中欣赏到意大利不同城市、但享有共同特性的风貌。由于我们对当代尚未形成对建筑设计与建筑理念的一套明确完整的方案，因此我们设定方格网的资料时期以20世纪上半叶为终。我们做出了一套理科的归类表—像门得列夫周期表或一些昆虫图表那样，把将近450张图片以

to the Middle Ages, from Renaissance to Baroque, from Neoclassicism to the 20th century—interfaced with the themes of urban planning set in the various epochs: iconography of the cities, city layout, the planning/foundation of the ideal city, the themes of the street, of the piazza, of the basilica, of the palace/domus/court, the villa, the sculpture/city, and the theme of city/nature/landscape.

A great synoptic and panoptic grid, both synthetic and inclusive, a "trace" or sketch having its own definite structure decipherable both in vertical and horizontal lines, this way attesting the permanence of certain fundamental themes distinctive of the Italian city and their variation in each single city and according to period and style. Lacking a comprehensive idea of the contemporary city—since our time and cultural moment hasn't been able to define one style or planning strategy—we significantly made the grid end with the first half of last century. A sort of a scientific classificatory diagram—like Mendeleev's periodic table or some entomologic taxonomies—with 450 images in both synchronic and diachronic relation handed to Greenaway who made a non-narrative, intensely emotional transposition/transfiguration of it. How was it possible to collect and compare such a great number of images to the end of representing such a complex and variegated reality? To recall all those places, those thorough forms, and to order them into a meaningful structure has been made possible through an analogi-

ca – costruisse una serie di relazioni orizzontali che dimostrassero da un lato la permanenza/invarianza dei fatti urbani e la loro ricorrenza e, dall'altro, l'estrema variabilità e complementarietà delle soluzioni contestuali in rapporto alle epoche, alla topografia dei luoghi, alla geografia, al paesaggio e alle tradizioni costruttive e materiali locali. L'aspetto essenziale che tale costruzione "nestoriana", questa "storia urbana per immagini e per temi", mette in scena e ostenta con estrema evidenza è la complessiva unità e identità della città italiana. I differenti temi – coessenziali all'ordinamento generale – hanno al loro interno un ricco sistema di rimandi e ricorrenze che fanno corrispondere, in termini interscalari, alle singole architetture le rispettive idee di città; agli spazi urbani, le piazze, i cortili dei palazzi, gli atri delle domus romane e i saloni delle feste;

agli antichi templi e alle basiliche, le chiese e le cattedrali; alle città ideali, le limitazioni/deformazioni imposte dai luoghi specifici. Le riflessioni dei componenti del Comitato Scientifico seguono alcune delle innumerevoli, possibili suggestioni che questo lavoro potrà continuare a offrire. Nel complesso la matrice rappresenta la grande lezione della cultura urbana italiana ed europea che a partire da alcuni principi di ordine formale vive della stringente e ineludibile relazione con i contesti e in tale confronto dialettico rinnova ogni volta i suoi caratteri specifici. La città polifonica rappresentata dalla matrice nell'insieme di impianti, di fatti urbani

历时与共时的方法插在方格网里，经过彼得·格林纳威的妙手转换成充满激情的视频。有人可以问，怎么能够将如此庞大的图片数据加以集中与比较，用来表现意大利城市的复杂多样？为了使这群场所获得'新生'，我们将共性定为横向坐标，如此方格网能够表达建筑的永久递归的主题；同时，纵向瞄准了不同时代、地形、环境与传统的变异性和互补性的地方建筑。这种'形象兼主题历史游览'充分体现出了意大利城市的基本同一的性质。各种主题集中在一起有助于形成整体秩序，建筑物前后接应与相关的城市理念挂钩，比如城市公共空间、广场、庭院、古罗马住宅前厅、宴会大堂、古代神庙与大会堂、教堂以及理想城市和地方特质所带来的限制与变形。组织委员会所收集的论文集体现了方格网的无限魅力。宏观地看，对外

贸易委员会展览区中的方格网代表欧洲—尤其是意大利都市文化中以少数形态规划的原理为基础，通过与环境不断密切的辩证关系，产生不断更新其特质的效果。方格网以城市规划、建筑群、古迹，传达历史信息以及表现出多样化的城市。出自安布罗乔·洛伦泽蒂 (Ambrogio Lorenzetti, 1290-1348)、达芬奇 (Leonardo da Vinci, 1452-1519)、菲拉雷特 (Filarete, 1400-1469)、贝尔尼尼 (Gianlorenzo Bernini, 1598-1680)、卡纳列托 (Antonio Canaletto, 1697-1768)、(Ferdinando Fuga, 1699-1782)、(Giovanni Antonio Antolini, 1753-1841)、朱塞佩·特拉 (Giuseppe Terragni, 1904-1943)、阿尔多·罗西 (Aldo Rossi, 1931-1997)、Arduino Cantafora 建筑学大师之

cal kind of technique that moving from urban planning themes, extracted from historic iconography, would establish a series of horizontal relations displaying at once the steady permanence or recurrence of certain urban facts and the extreme flexibility and complementarity of solutions according to period and context, to geographic and topographic peculiarities of the place, to landscape and to local materials and building tradition. The essential fact that this Nestorian device, this urban history made of images and themes displays with evidence is the overall unity and identity of the Italian city type. The themes—essential as much as the general grid they're in—constantly refer to one another and display their

recurrent pattern inside an inter-scalar comparison between single building types and the corresponding idea of city: the piazza, the court, the atrium of a domus or a large hall as analogous to the whole urban space; the ancient temples and basilicas as analogous to churches or cathedrals; the ideal city confronted with the limitations and characters of the real sites. So the Scientific Committee has been considering the innumerable issues and inspirations the grid suggested and continues to suggest. In its overall meaning the grid represents the great lesson of Italian and European urban culture that grounded in a set of formal principles comes to life only in a tight and deep relation with the context and constantly ren-

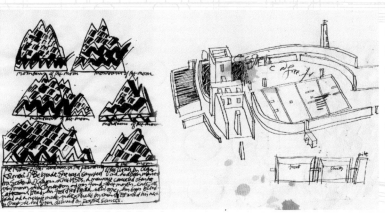

definiti, di monumenti e architetture, di luoghi e di storia costituisce – come nella "città analoghe" di Lorenzetti, Leonardo, Filarete, Canaletto, Bernini, Fuga, Antolini, Terragni, Rossi e Cantafora
– una città possibile, un grande patrimonio di cultura, una grande
costruzione collettiva che mette assieme con ragione forme condi-
vise, soluzioni riuscite, forme adeguate ancora disponibili per la
città contemporanea e del futuro che non può pensarsi in assenza
di una conoscenza e di un giudizio sul passato. Ancora una volta
la «scena fissa per la vita degli uomini» (A. Rossi, *L'architettura
della città*, Padova 1966) deve partire dai «nessi con tutto ciò che
ci circonda» (W. Benjamin, *Il dramma del barocco tedesco* [1928],
Torino 1999) e in particolare dalla tradizione che ha determinato e
determina il nostro stare al mondo.

手的'类似城市',就是兼具可实施性、文化性、集体建
设的城市。当代与未来城市建设不可避免地要去认识、了
解与判断过去,因此我们能够通过共享的建筑形态、成功
的构造手段,选择可获取的材料来合理集中地建造当今与
未来的城市。我们还可以看出,作为"人们生活的静态场
景"([意] Aldo Rossi L'architettura della città [城市建筑],
Padova 1966)的城市有必要立根于"我们与周围的关系"(
[德] Walter Benjamin Il dramma del barocco tedesco [德国巴
洛克的悲剧],Torino 1999)—尤其是依旧决定着我们生活的
建筑文化传统。

Once more the «steadfast scene of human life» (A. Rossi,
L'architettura della città, Padova 1966) has to be founded on the
«connection with all the things that surround us» (W. Benjamin, *Il
dramma del barocco tedesco* [1928], Turin 1999) and on tradition
which has been and still is informing the way we lead our lives in
this world.

ovates its specific features. The polyphonic city represented in the
grid by the quantity of systems and definite urban artefact, monuments and buildings, places and history—like in the "analogous
cities" of Lorenzetti, Leonardo, Filarete, Canaletto, Bernini, Fuga,
Antolini, Terragni, Rossi, Cantafora—is suggesting a paradigm of
a possible city, for sure it represents a great cultural inheritance
and a great collective construction that would bring together common formal patterns and well contrived solutions still suitable to fit
the city of the present and the one of the future, the one we could
never get to imagine without the recognition of the past.

FIG: LI.
The Fifty-first FIGURE
A CORINTHIAN
THIS Plate contains the Perfpective of a Corinthian Work, with its Preparations. The Geometrical Plan A fhews the Wall wrought hollow behind the Columns. The faid Plan in Perfpective is D; and leaving out the Geometrical Elevation, the Perfpective thereof is defcribed, by transferring the Heights of the former into the Line BC. From the Perfpective Plan and Upright the Defign is finifhed after the ufual Manner, to which is added the Ornament of a fingle Statue.
51

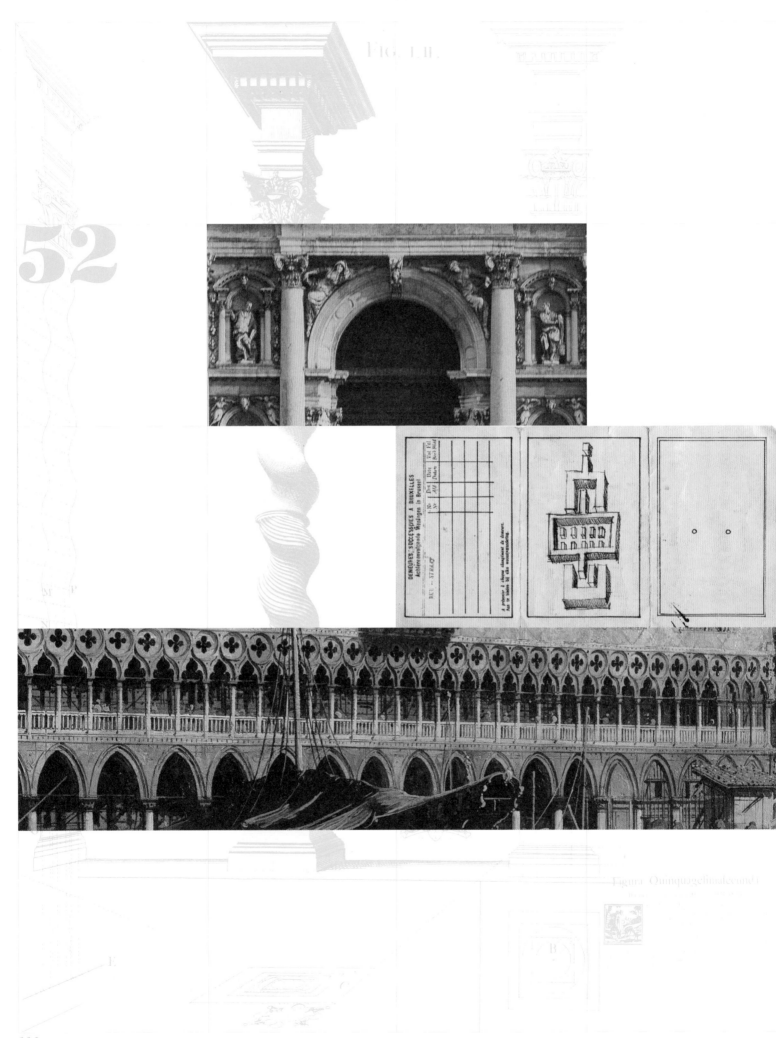

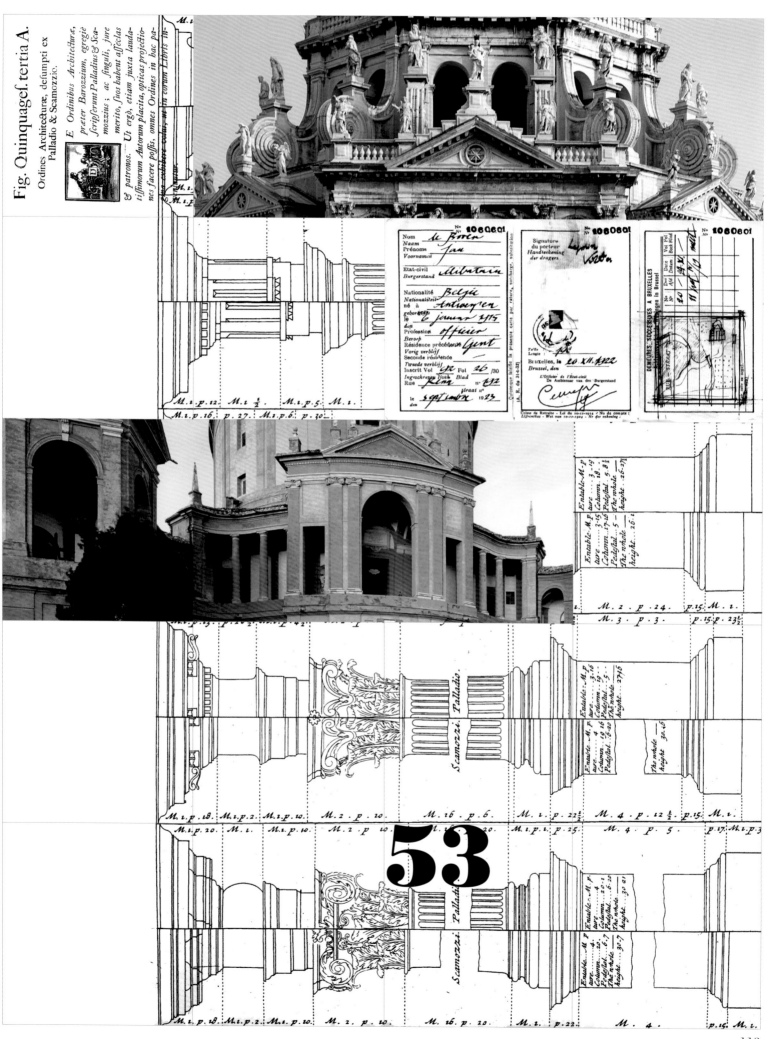

FIG. LIV.

54

The Fifty-fourth FIGURE.

The Plan of the Defign of the CORINTHIAN *Order.*

EING to defcribe an Octangular *Corinthian* Work, I have here inferted the Plan of one Quarter of the Compofition; which is vaulted in form of a *Cupola*, as is feen in the Fifty-eighth Figure. To render the Plan lefs confus'd, I have, in the lower part of the Plate, given the Geometrical Plan of the Pedeftal; and in the upper part, that of the Cornice; with the Breadths and Lengths of each Member: fo that by transferring the fame into the Ground-line, after the ufual manner, you delineate each Plan in Perfpective. For avoiding Confufion, 'twill be requifite firft, to transfer the Points of thofe Members that are next the Solidity of the Wall; ann then proceed to others.

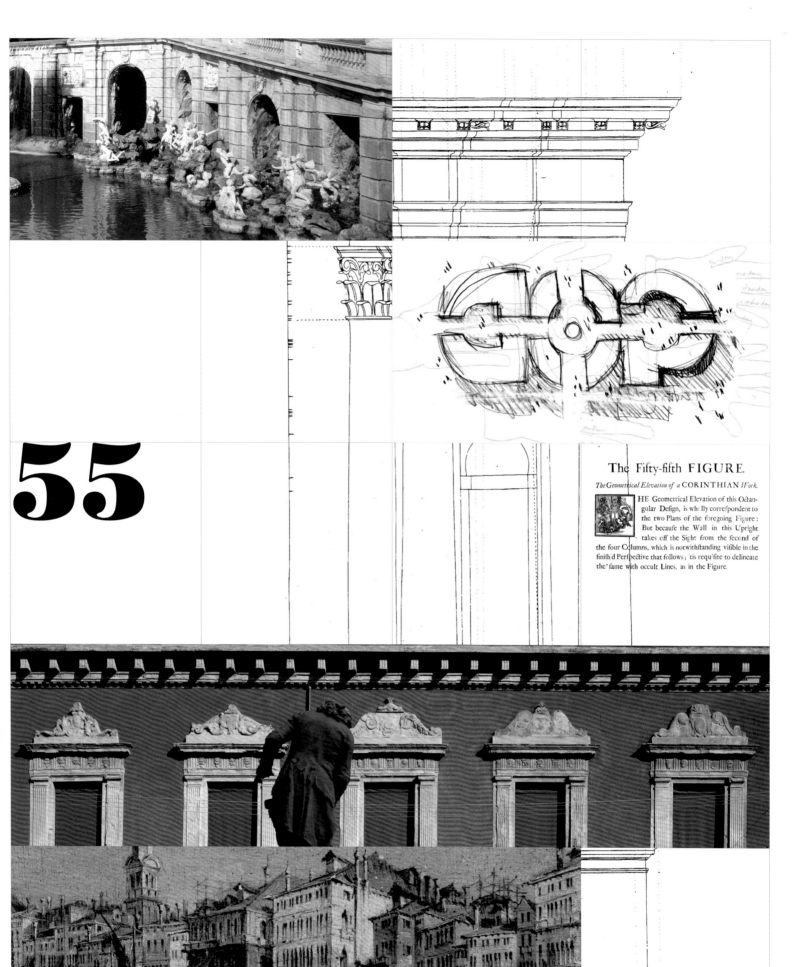

55

The Fifty-fifth FIGURE.

The Geometrical Elevation of a CORINTHIAN *Work.*

HE Geometrical Elevation of this Octangular Defign, is wholly correfpondent to the two Plans of the foregoing Figure: But becaufe the Wall in this Upright takes off the Sight from the fecond of the four Columns, which is notwithftanding vifible in the finifh'd Perfpective that follows; 'tis requifite to delineate the fame with occult Lines, as in the Figure.

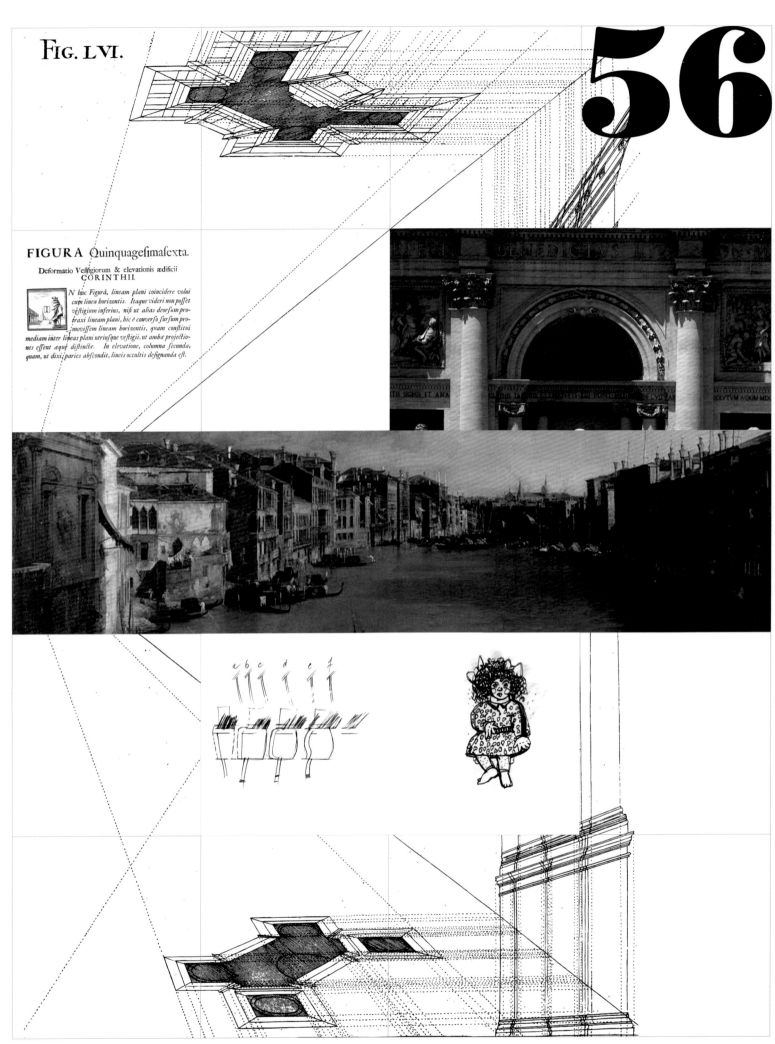

FIG. LVI.

56

FIGURA Quinquagesimasexta.

Deformatio Vestigiorum & elevationis ædificii
CORINTHII.

N hac Figurâ, lineam plani coincidere volui
cum linea horizontis. Itaque videri non posset
vestigium inferius, nisi ut alias deorsum pro-
traxi lineam plani, hic è converso sursum pro-
movissem lineam horizontis, quam constitui
mediam inter lineas plani utriusque vestigii, ut ambæ projectio-
nes essent æquè distinctæ. In elevatione, columna secunda,
quam, ut dixi, paries abscondit, lineis occultis designanda est.

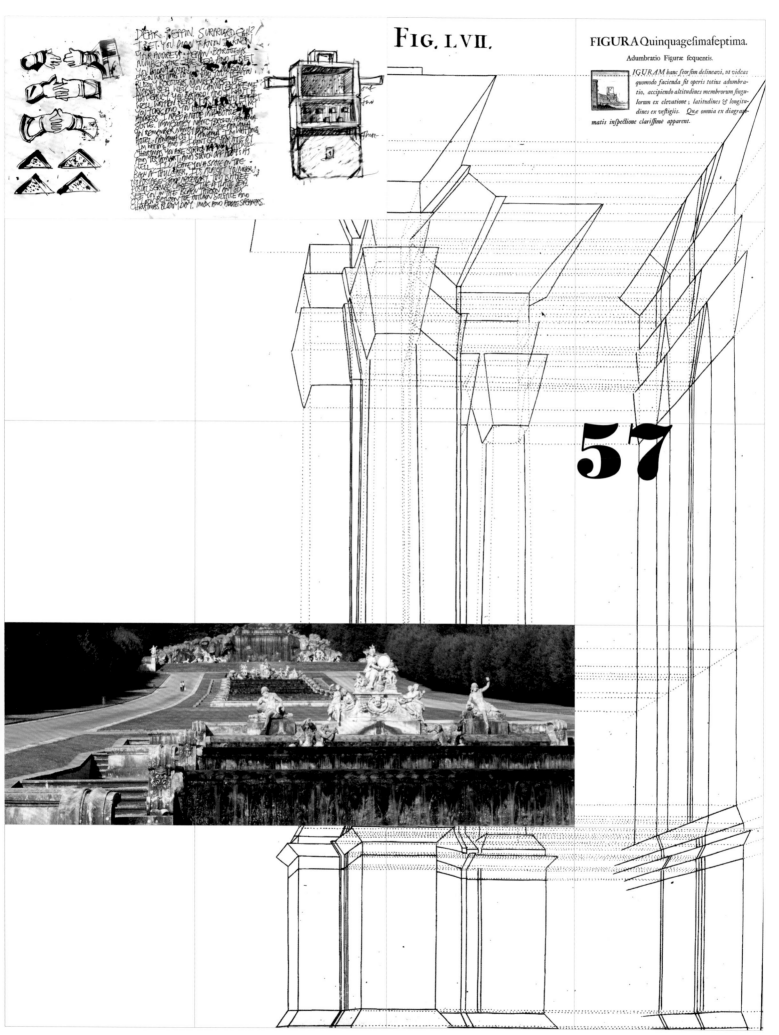

The Fifty-eighth FIGURE.

Part of an Octangular Work of the CORINTHIAN *Order.*

ITHERTO the nearest Left-hand Quarter of this *Corinthian* Design has been describ'd. In this Plate you have the Right-hand Half of the whole Work; and in the Sixtieth Figure, the entire Perspective compleat.

58

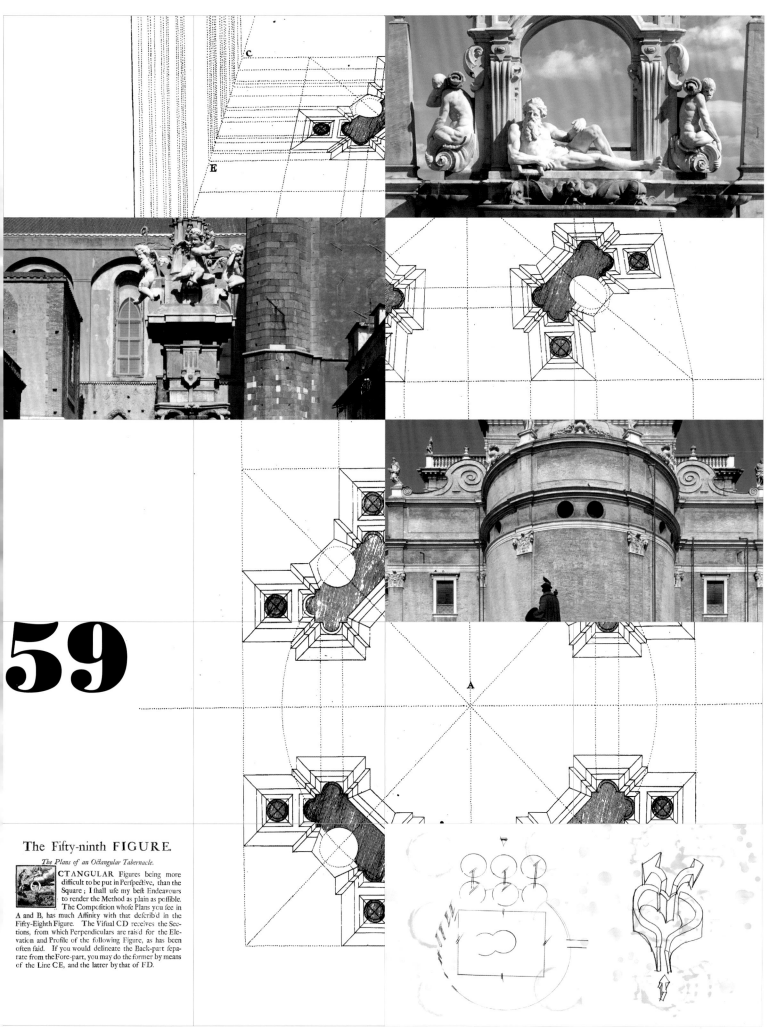

59

The Fifty-ninth FIGURE.

The Plans of an Octangular Tabernacle.

OCTANGULAR Figures being more difficult to be put in Perspective, than the Square; I shall use my best Endeavours to render the Method as plain as possible. The Composition whose Plans you see in A and B, has much Affinity with that describ'd in the Fifty-Eighth Figure. The Visual CD receives the Sections, from which Perpendiculars are rais'd for the Elevation and Profile of the following Figure, as has been often said. If you would delineate the Back-part separate from the Fore-part, you may do the former by means of the Line CE, and the latter by that of FD.

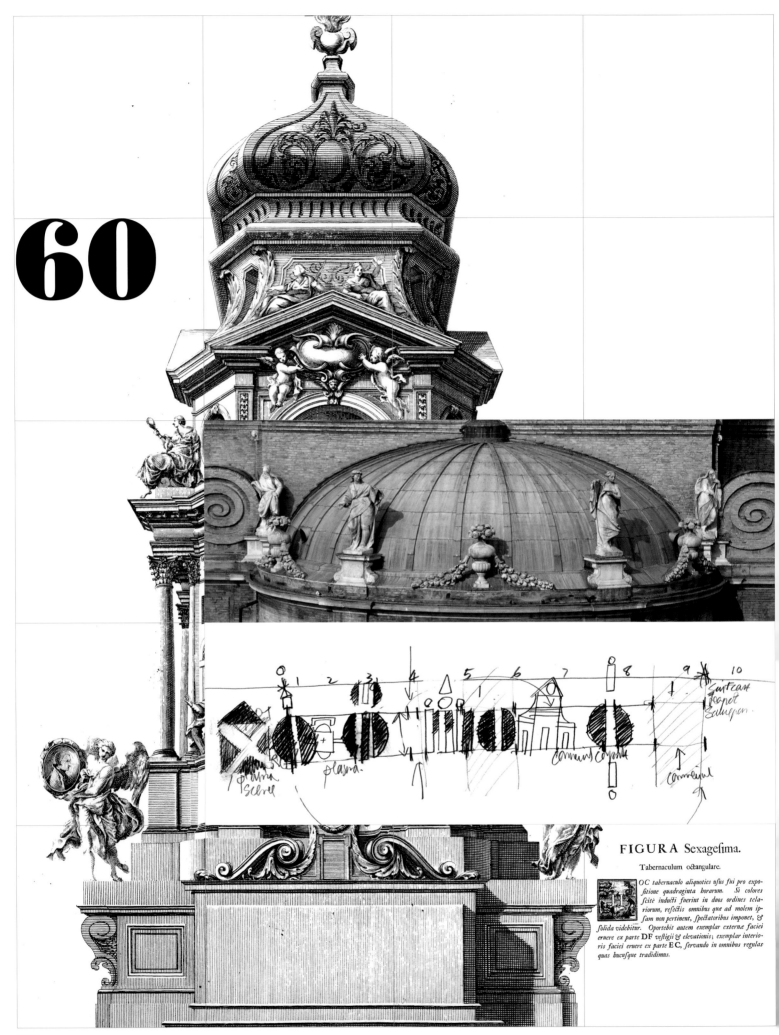

60

FIGURA Sexagesima.

Tabernaculum octangulare.

OC tabernaculo aliquoties usus fui pro expositione quadraginta horarum. Si colores scitè inducti fuerint in duos ordines telariorum, refectis omnibus quæ ad molem ipsam non pertinent, spectatoribus imponet, & solida videbitur. Oportebit autem exemplar externæ faciei eruere ex parte DF vestigii & elevationis; exemplar interioris faciei eruere ex parte EC, servando in omnibus regulas quas hucusque tradidimus.

La pianta centrale

Francesco Collotti

Francesco Collotti

Nella più generale esperienza della città mediterranea, gli edifici a pianta centrale descrivono una vicenda di lunga durata, una freccia nell'azzurro – continuamente inseguita – che attraversa regioni, epoche, stagioni.

Roma, Tivoli, Baia... se dovessimo identificare – da questa parte del mondo – un luogo delle origini?

Spalato, Sidé, Leptis Magna, Gerusalemme, Bosra, esempi fecondi, lontani, capaci di contaminarsi con altri mondi di forme.

La pianta centrale non è un modello che si ripete uguale, non un punto di arrivo.

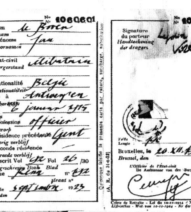
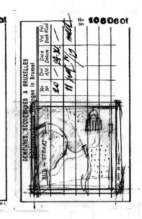

集中型制建筑

高法安 Francesco Collotti

在地中海地区的建筑历史当中，集中型制的建筑物享有极为重要的地位，像射穿蓝天的利箭一样，经历了不同地区和时代飞向未来。

在西方，罗马、提沃利、拜亚等古代城市，哪个是集中型制建筑的发源地呢？而在地中海的东部，我们可以看出若干受到外来建筑影响的成功的例子，像史帕拉托、锡德 、莱普蒂斯、 耶路撒冷、波士拉等城市。

The central floor plan

Francesco Collotti

In the overall history of Mediterranean city the central floor building plan is a long lived issue, an arrow darting through the sky of time, constantly pursued, across regions, ages, seasons.

Rome, Tivoli, Baia... What if we would single out the place of its origin—on this side of the world?

Spalato, Sidé, Leptis Magna, Jerusalem, Bosra would all be fertile suggestions, far apart as they are and so open to contamination with many different worlds and forms.

The central floor plan layout is not a paradigm repeating itself and is not a goal to be attained, an end or a purpose.

The central floor plan layout is a building type able to modify itself according to analogy and spontaneous association, yet able to qualify with its peculiarity the places it inhabits.

Central floor plan and dome, one idea and one principle that in most cases stand inextricable.

At the beginning there were heavy vaults, mostly inscribed in a square.

Michelangelo Buonarroti
Pianta per San Giovanni dei Fiorentini
(1559)

Michelangelo Buonarroti
佛罗伦萨圣约翰教堂平面图
(1559)

Michelangelo Buonarroti
Plan for San Giovanni dei Fiorentini
(1559)

Francesco Collotti

All'origine volte pesanti, per lo più inscritte in un quadrato. Tumuli, volumi tetragoni, pieni. E sono sepolcri, mausolei, tombe, figure in bilico tra il solido fuori terra e la struttura ipogea. Talvolta piante stellari a contrasto ora della spinta del terreno, ora a tener dentro nei piedritti-contrafforti il peso della volta. Una tomba presso Cassino (cupola sferica, volte a botte), un tumulo sulla via Appia, un sepolcro a Tor Inviolata. Nicchie ed esedre ospitano pareti trasversali, allargano la base del piedritto, aumentano il momento d'inerzia.

E di fianco a questo più lento percorso che arriva sino a Spalato

La pianta centrale è un tipo, di volta in volta diversamente declinato secondo analoghe associazioni, capace di marcare con la propria stessa presenza luoghi particolari.

Pianta centrale e cupola, un'idea e un principio in molti casi inestricabili.

高法安

其实，集中型制既不是每次重复自我的模式，又不等于抵达终点。

集中型制与圆屋顶是两个经常解不开的建筑理念与构造原理。

原来拱顶相当沉重，大多数建筑使其内接于一四方形，像古冢、四方立体。这些建筑物一半置于地上、一半埋在地下，为了抵抗土地向建筑物内部堆积的力量，采取带有星状平面的建筑部分。同样，为了支撑拱顶的重量又设置扶垛，比如卡西诺附近的一个坟墓（圆屋顶、筒形拱顶），Appia古道上的一个坟墓、Tor Inviolata的一个陵墓。在半圆形的回廊和壁龛建着横向墙、扩大扶垛底座、加强其惯性力。

这种建筑型制向地中海东部发展，比如在斯巴拉多，塞萨洛尼基等城市，我们都可以看到这样的先期例子。回到意大利，它由提沃利阿德里安纳庄园(118-138)的一些圣洗池的形态衍变发展到米兰圣洛伦佐教堂(372-402)。

在这种建筑原型的发展过程当中，我们可以看出追求轻巧穹顶的设计理念。采取这种建筑形态能够达到"脱离庞大规模"的效果，相当于彼尔·路易吉·内尔维 Pier Luigi Ner-vi 所谓的"良好的建筑措施，自然的审美表现"。通过此建筑技巧，空间布置更加丰富多样，结果使光线在室内

Francesco Collotti

Cairns, pyramidal volumes, solid throughout. Sepulchres, graves, mausoleums, artefacts whose ambivalent condition was that of the solid object built upon the ground and that of the hypogeum beneath it. Sometimes the central star-shaped floor plan layout contrasts the pushing of the ground, sometimes it pushes itself to keep the weight of the vault inside the buttresses. A burial chamber in Cassino with a spherical dome and barrel vaults, a cairn by the Via Appia, a sepulchre at Tor Inviolata. Niches and semicircular exedrae make room for transversal walls, enlarge the bases of the buttresses, increase the moment of inertia.

Along with the slow way going as far as Spalato and Thessaloniki, a faster one, from the preview of Villa Adriana, passing through a certain number of baptisteries, leads directly to San Lorenzo church in Milan. In the long and articulated evolution of this building type the challenge to build lighter domes was emerging. The search for a liberation from the gigantic scale to meet the reasons of what Pier Luigi Nervi would have called «the natural aesthetic and expressive power of a well contrived building solution.» The space gains articulation and richness, the light becomes an actual building material for interiors.

e a Salonicco, altre più veloci anticipazioni che da Villa Adriana, attraverso alcuni battisteri, ci portano al San Lorenzo di Milano. Nella complessa vicenda di questo tipo emerge infatti la ricerca verso la cupola leggera. Una sorta di liberazione dal colossale per sostenere le ragioni di quella che Pier Luigi Nervi avrebbe definito «naturale espressività estetica di una buona soluzione costruttiva». Lo spazio acquisisce articolazione e ricchezza, la luce diviene vero e proprio materiale da costruzione dell'interno.

Come per tutti i tentativi, un'esperienza fatta di sbilanciamenti e ritorni, falsi movimenti e consolidate permanenze, osmosi di confine e adesione a riferimenti irraggiantisi da un centro ufficiale (e quale poi, Roma o Persepolis?).

A voler tracciare una genealogia si potrebbe porre all'inizio di questa nostra riflessione il padiglione di accesso alla piazza d'Oro in Tivoli, duecento anni prima della sala degli Orti Liciniani o della Minerva Medica in Roma, per questa via arrivando fino alla piena maturità del tema con la vicenda di quei luoghi paralleli e

analoghi che ci fa ritrovare il Santi Sergio e Bacco a Costantinopoli/Bisanzio/Istanbul (527-532 d.C.) a fianco del San Vitale a Ravenna (525-549 d.C.).

E dentro a questa permeabile esperienza, rilevare l'articolarsi di modi e tecniche di volta in volta diversamente coniugate, pur con risultati di spazi straordinariamente simili.

San Lorenzo, a Milano: pennacchio sferico nella tradizione costruttiva romana già però alleggerito (la fondazione ne reca lo schema, l'ambulacro controfodera la cupola).

Santi Sergio e Bacco, a Costantinopoli: un doppio involucro realiz-

As any experimental practice and tentative experience this has been one of overdoing and undoing, of false movements as well as strong permanence, of frontier osmosis and contamination as well as sticking to the official paradigm coming directly from the centre, whether it was Rome or Persepolis is though hard to say.

If we would trace back the genealogy of this building type a possible point of departure would be the access pavilion to Piazza d'Oro in Tivoli, which is a couple of hundred years older than the Orti Liciniani hall or the Minerva Medica temple in Rome, to finally get to its full bloom in the time of parallel and analogue places like the Santi Sergio and Bacco church in Costantinopolis/Bisantium/Istanbul (527–32 AD) and San Vitale in Ravenna (525–29 AD).

Inside this permeable experience strategies and techniques are always changeable and yet they generate extraordinarily similar spaces.

San Lorenzo in Milan: a spherical pennacchio in the ancient roman building art, already made lighter (the foundations display the layout, the ambulacrum stands as a double liner inside the dome).

Santi Sergio and Bacco, Costantinopolis: a double shell wraps up the entire building from the ground to the huge and lightweight dome, made of vault sectors and rib-like strengthening supports.

Central floor plan layout: ancient Christian cult meeting places, the Palatine Chapels, baptisteries (a different kind of chorality than that of the apostolic hall of the basilica).

Central floor plan layout, ancient incunabulum: San Satiro in Mi-

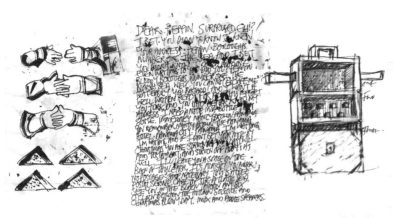

Francesco Collotti

zato sin dalla base incamicia la proiezione della sottilissima cupola ampia a leggera, fatta di spicchi e costole d'irrigidimento.

A pianta centrale: i luoghi di culto cristiani delle origini, le cappelle palatine, i battisteri (una diversa coralità rispetto all'aula apostolica della basilica).

La pianta centrale, incunabolo di una certa antichità: San Satiro

a Milano, capace di produrre progetto nel tempo, tanto che forse Bramantino (o Bramante stesso?) – ridisegnando le piante centrali romane – proprio in Santa Maria presso San Satiro traccia il segno ottagono della sagrestia.

Piante centrali sorte per *spoliatio*, come il Sant'Aquilino presso il San Lorenzo: platea di fondazione e sostrutture fatte con blocchi squadrati e modanature forse del vicino palazzo imperiale, il portale ornato dallo stipite dell'antico circo con corse di bighe e cavalli.

Piante centrali, lunghe inerzie e sperimentazioni veloci: superiormente loggiato all'imposta della volta, il Sant'Aquilino potrebbe essere il punto di contatto col più tardo battistero fiorentino di San Giovanni? Ma non è questo l'anticipo della cupola doppia su cui lavoreranno Brunelleschi e poi Michelangelo?

Piante centrali, luoghi simbolici dove il tempo sembra sospeso in ragione della geometria, dei rapporti e delle misure che ne derivano. Così per Matila Ghyka che deriva – tra gli altri – i canoni del-

空间中获得真正"建材"的地位。

像任何衍变过程一样，发展不是呈直线形的，反而充满着持续与间断。在当时边界区域不免有内外文化渗透的现象，包括由中央职权向外发起的种种影响（既是罗马，又是波斯波利斯）。

我们尝试勾画出建筑型制世系关系，最早可以找到位于阿德里安纳庄园(118-138)黄金广场的入口门亭，它比李奇尼花园和米娜娃·梅迪卡神庙（4世纪初）早两百年左右。而集中型制的成熟表现，即所谓的"平行相似场所"，像土耳其伊斯坦布尔小索非亚教堂(527-532)与意大利拉维那圣维塔莱教堂(525-549)。

在如此相互影响的建筑型制衍变过程中，我们就可以看到种种不同的建筑理念和措施，奇妙地创出相同的空间效果。

拿米兰的圣罗伦佐教堂而言，其球面帆拱，虽然继承了古罗马建筑风格，但已经大大地减轻了重量。

伊斯坦布尔小索非亚教堂的穹拱极薄，又轻又宽，以肋、顶构成，由底座而起，以双层壳增加固定。

原始集中式建筑体现在初期基督教的信仰场所，像君王礼拜堂、圣洗堂（与巴西利卡使徒堂相比，具有不同的集中的感觉）。

集中型制横跨时空：米兰圣沙提洛教堂原为9世纪小教堂，以后布拉曼蒂诺 (Bramantino, 1465-1530) ——云布拉曼特 (Bramante, 1444-1514) 在其原址上建起了米

高法安

Francesco Collotti

periments: with its overhead lodge going up to the limit of the vault Sant'Aquilino may as well be the junction point with the later Florentine baptistery of San Giovanni, and—why not—the anticipation of the

lan capable of inspiring planning strategies through time, to the extent that Bramantino (or Bramante himself?)—re-tracing the roman central layout plans—in Santa Maria by San Satiro ends up tracing the octagon sign of the sacristy.

Central floor plan buildings achieved through *spoliatio*, as Sant'Aquilino by San Lorenzo: foundations and supporting structures made of stone blocks and mouldings possibly from the nearby imperial palace, the portal decorated with the doorpost of the ancient circus with horses and chariots.

Central floor plan buildings, long lived permanence and fast ex-

double dome Brunelleschi and Michelangelo will work upon.

Symbolic spaces where time seems to be suspended by the reasons of geometry, and ratios and measures related to it. Such is Matila Ghyka that draws—among others—the standards of Mediterranean architecture out of the Tivoli temple and the Pantheon.

Other worlds open up: could it be by chance that the Etruscans were so much bound to the ancestral world the cinerary urns in the Chiusi museum tell us about with their *patere ombelicate*? With their shields so reassembling tantric cosmograms? One could then get to Pisa by sea from the East: is it by chance that Campo dei

l'architettura mediterranea dal tempio di Tivoli e dal Pantheon. Altri mondi si aprono: un caso forse che gli Etruschi fossero così legati a quel mondo delle origini di cui ci dicono le urne cinerarie del museo di Chiusi adorne di patere ombelicate? Gli scudi così simili ai cosmogrammi tantrici? A Pisa si giunge da Oriente per mare: la disposizione del Campo dei Miracoli così vicina al Tem-

pio del Cielo di Pechino? Figure sospese tra Oriente e Occidente? E poi, qui da noi, una sequenza ininterrotta di esempi straordinari: a Roma Santa Costanza, a Perugia Sant'Angelo, e ancora Nocera, Torcello, Albenga, Parma…

Per Raffaello la pianta centrale è la forma che tende alla perfezione, paesaggio assoluto e quinta dello *Sposalizio della Vergine*. Configurazione spaziale atta alla messa in opera di un ordine geometrico analogo all'ordine cosmologico che struttura la globalità dello spazio fisico.

L'infinito del cielo ridotto nel finito della cupola, così per Antonio da Sangallo a Santa Maria delle Carceri a Prato, dove l'anello del tamburo non tocca gli archi e pare fissato nell'atto di scattar via. Cosmo frenato nella semisfera, ridotto a misura d'uomo nel San Pietro in Montorio al Gianicolo di Bramante. Ancora le regole di Leon Battista Alberti per la chiesa ideale, a mettere in opera unità e infinita essenza di Dio, ma anche una lezione di urbanistica: l'edificio al centro di una piazza, un gradino, uno stilobate (fram-

兰圣沙提洛教堂的圣玛利亚教堂，带有八角形平面的储藏室。

为了减轻原来的建筑重量而设计的集中型制建筑物，像圣阿奎利诺小礼拜堂（5世纪）：其底座与基础结构由或许来自邻近皇宫的方块石头，以及来自古老竞技场里上面描写着双马双轮车比赛情景的门窗框。

集中型制的历史衍变包括漫长的持续与快速的变化：圣阿奎利诺小礼拜堂可以被看作为佛罗伦萨圣约翰圣洗堂的前身，甚至由布鲁捏列斯齐（Filippo Brunelleschi, 1377-1446）在佛罗伦萨、米开朗基罗（Michelangelo Buonarroti, 1475-1564）在罗马，两位大师所设计的双圆屋顶也被认为以它为模型。

集中式建筑象征着几何学超过时光持续不断地被运用在建筑设计中。著名罗马尼亚

学者马迪拉·基卡（Matila Ghyka, 1881-1965）认为地中海建筑的所有规则都出于罗马万神庙与提沃利庙堂。这段建筑历史在东西方之间进行了广泛交流。

意大利有非常多而又奇妙的集中式建筑作品，比如罗马圣康斯坦齐亚大教堂(340)、圣安吉罗（5、6世纪）、诺撒拉、托尔切洛、阿尔奔格、帕尔玛等。

拉斐尔（Raffaello Sanzio, 1483-1520）认为集中型制是完美的形态，超越历史的景色，并将它选作为他创作的《圣女婚礼》画当中的背景。尤其在文艺复兴时期，基于它的几何学特质，集中型制建筑成为能够体现出宇宙秩序的空间。因此，圆屋顶的有限空间完全能够包涵无限的天空，譬如在普拉托安东尼奥·达·桑加洛（Antonio da Sangallo, 1455-

Miracoli in Pisa and the Temple of the Sky in Beijing have such similar layouts? A suspended image between East and West? And here in our homeland a long series of extraordinary cas-

es: Santa Costanza in Rome, Sant'Angelo in Perugia, and so on in Nocera, Torcello, Albenga, Parma…

To Raphael the central layout was the tension of the form towards perfection, the absolute landscape and the background of the *Marriage of the Virgin*. A configuration of space able to enact a geometrical order analogue to the cosmic order structuring the whole physical space.

The infinity of the sky caught into the definite shape of the dome, as Antonio da Sangallo did in Santa Maria delle Carceri in Prato, where the ring of the tholobate stands detached from the arches and seems to be stuck in the moment of snapping away. A cosmos compressed into a half sphere to fit the human measure in Bramante's San Pietro in Montorio on the Gianicolo. The rules of Leon Battista Alberti for the ideal church to embody God's unity

mento sospeso e promettente la Rotonda degli Angeli a Firenze di Brunelleschi…).
L'ossessione di Leonardo, costruita a Todi, inseguita per schizzi a Milano.
Nella natura ridotta dal Caos all'Ordine cerca la proporzione perfetta, il rapporto armonico tra le parti: l'uomo al centro, misura di tutte le cose?
E tutto questo sarà poi Borromini, ma anche l'ossessione di Aldo Rossi per il tempio al centro del lazzaretto di Milano.
Le piante centrali: frammento luminoso dell'antico ancora in gra-

do di generare progetto.
Ecco dunque a cavaliere del volger di millennio il Santo Stefano Rotondo ridisegnato negli anni Trenta da Wolfgang Frankl e assunto a riferimento da Giorgio Grassi per la chiesa di Selva Candida.

1534) 设计的圣玛利亚教堂，穹顶圆圈并不与帆拱相接，似乎具有着极大的动力。又如布拉曼特蒙托里圣彼得堂 (1501年建)，宇宙被微缩到半圆的穹拱之中。

在阿尔伯蒂 (Leon Battista Albert, 1404-1472) 构思体现天神的理想教堂的同时，布鲁捏列斯齐正在佛罗伦萨建造天使圣玛利亚教堂的圆形建筑物，由于建筑物是在地面不平的广场之上，这种巧夺天工的建筑工艺给我们提供了城市规划的深刻启发。其后，建造托迪圣玛丽亚安慰教堂的时候 1503 就好像是达芬奇在米兰设计出的集中式教堂的化身。
集中型制是比例完美的象征：各个组成部分的和谐关系无疑与万物标准的维特鲁威人的理念相连。在这种设计原则上，我们也可以看出波洛米尼 (Francesco Borromini, 1599-

1667) 的贡献，以及几百年后的阿尔多·罗西 (Aldo Rossi, 1931-1997) 的设计不断取材于米兰检疫所中的教堂 1567。
一直到20世纪初，德国建筑家沃尔夫冈·福兰克尔 (Wolfgang Frankl) 测绘集中式的罗马圣斯德望圆形堂。乔治欧·葛拉西 (Giorgio Grassi, 1935) 以福兰克尔 的测绘图为参考设计了 Selva Candida 教堂的模型。
综上所述，集中型制是古代流传下来的不朽设计方案。

and infinity essence and a lesson in urban planning as well: the building at the centre of a square, of a garden, of a stylobate (suspended fragment with a promise of Brunelleschi's Rotonda degli Angeli in Florence…).
The obsession of Leonardo, achieved in Todi, chased through sketches in Milan.
His quest for the perfect proportion, the ratio of harmony into a nature organized from Chaos to Order: man at the centre, measure and touchstone of all things?
After him Borromini would have to deal with that obsession, and Aldo Rossi later on working on the temple in the middle of Lazzaretto in Milan.
Central floor plan: a luminous fragment of the ancient world still capable of being an inspiration for planning. So here it is riding the end of the millennium Santo Stefano Rotondo redesigned by Wolfgang Frankl in the 1930s and singled out as a reference by Giorgio Grassi for his Selva Candida church.

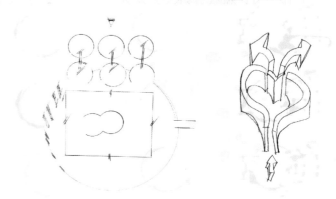

60

128

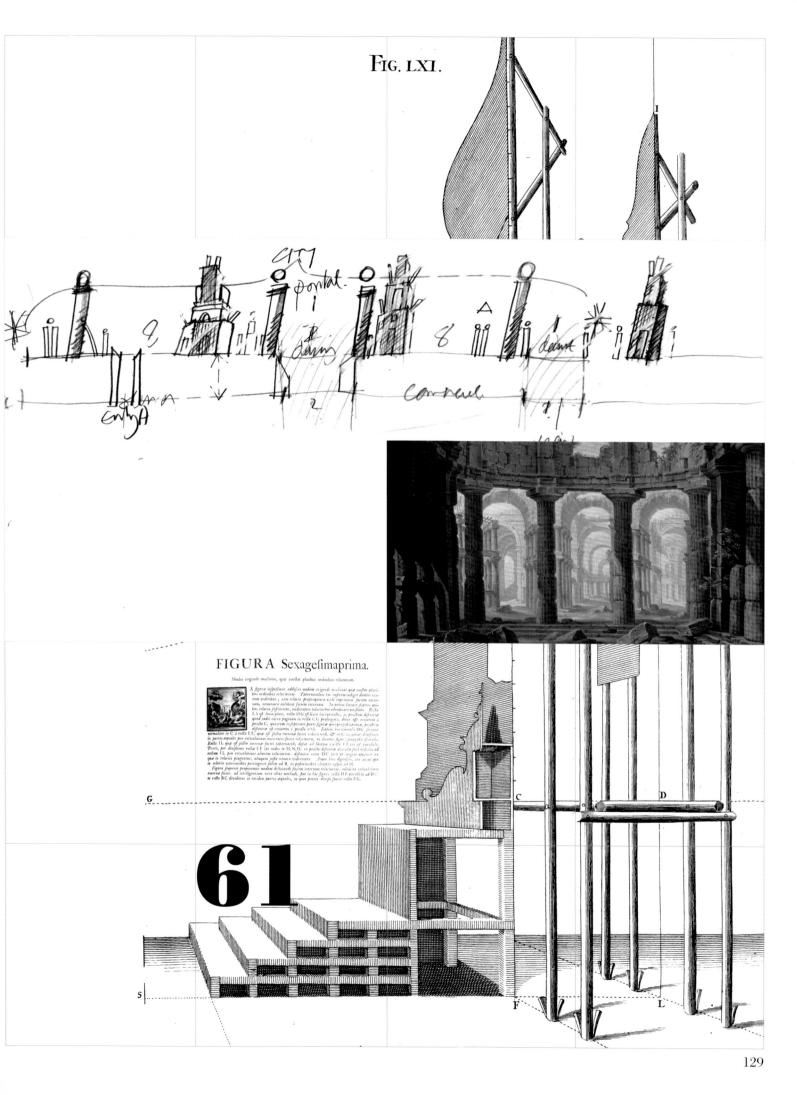

FIG. LXI.

FIGURA Sexagesimaprima.

Modus erigendi machinas, quæ conſtat pluribus ordinibus telariorum.

61

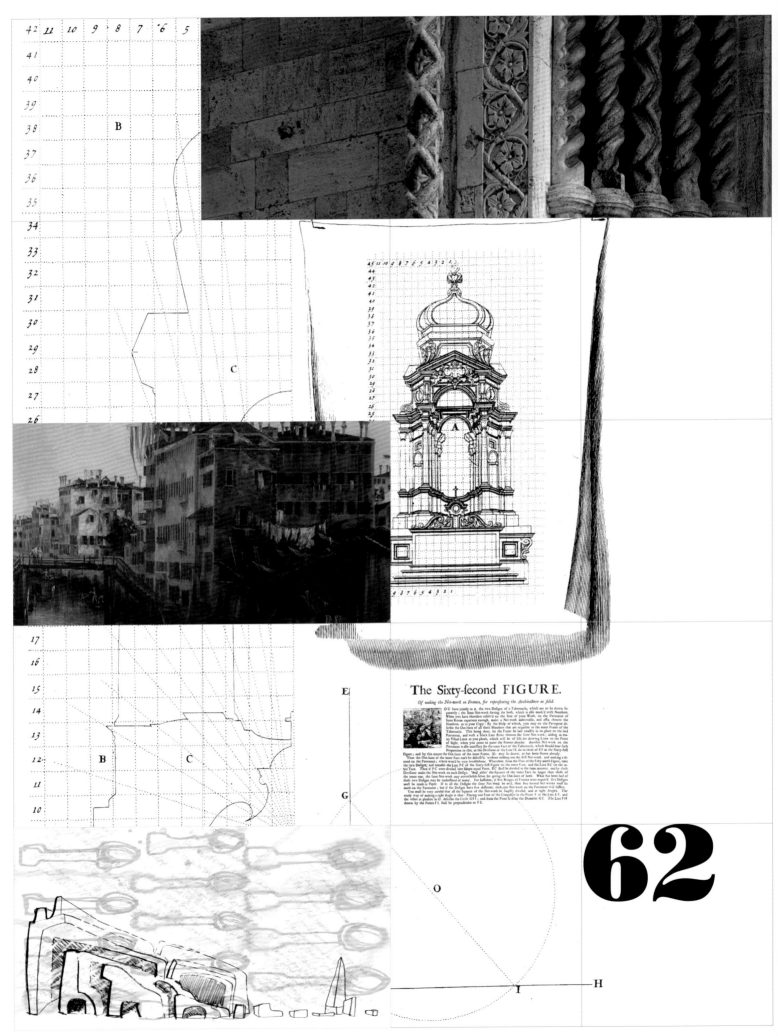

The Sixty-second FIGURE.

Of making the Net-work on Frames, for representing the Architecture as solid.

62

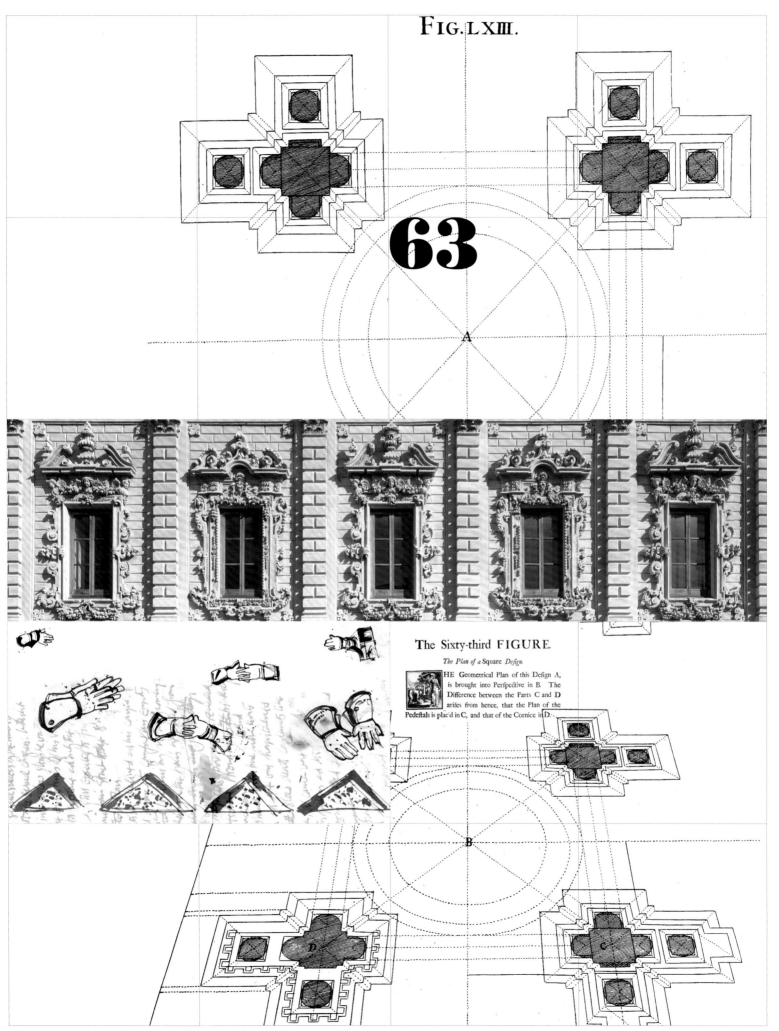

FIG. LXIII.

63

A

B

C

D

The Sixty-third FIGURE.

The Plan of a Square Design.

THE Geometrical Plan of this Design A, is brought into Perspective in B. The Difference between the Parts C and D arises from hence, that the Plan of the Pedestals is plac'd in C, and that of the Cornice in D.

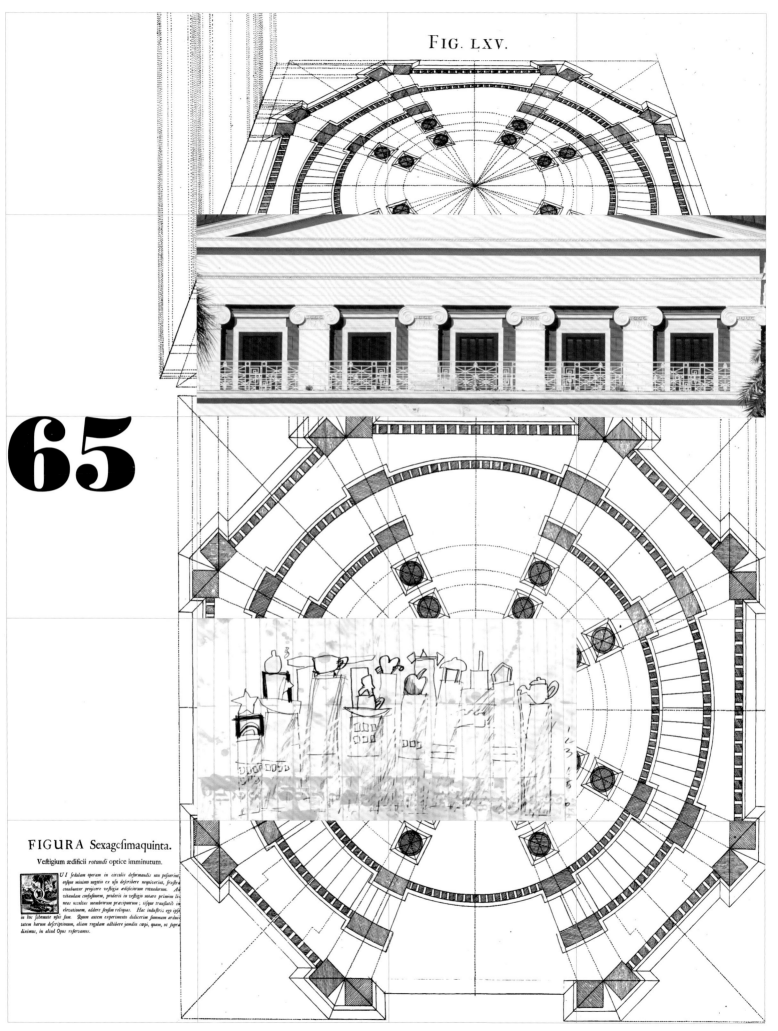

FIG. LXV.

65

FIGURA Sexagesimaquinta.

Vestigium ædificii *rotundi* optice imminutum.

UI sedulam operam in circulis deformandis non posuerint, eosque minimo negotio ex usu describere nequiverint, frustra conabuntur projicere vestigia ædificiorum rotundorum. Ad vitandam confusionem, proderit in vestigio notare primas lineas occultas membrorum præcipuorum; iisque translatis in elevationem, addere sensim reliquas. Hac industria ego ipse in hoc schemate usus sum. Quam autem experimento didicerim summam arduitatem harum descriptionum, aliam regulam adhibere jamdiu cœpi, quam, ut supra diximus, in aliud Opus reservamus.

133

FIG. LXVI.

The Sixty-fixth FIGURE.

A Circular Design in Perspective.

THE Appearance of round things, if well defign'd, mafterly painted, and the Frame cut away to the Out-line of the Work, do wonderfully deceive the Eye. This Figure is drawn from the Plan, as ufually ; and was put in execution by me, in the Church of *S. Ignatius* of the *Roman* College, for the *Thurfday* and *Friday* of the Holy Week. Within the Arch, on the Altar, was plac'd a fepulchral Urn containing the Holy Sacrament. Beneath the Altar was laid a Figure of our Saviour Chrift taken down from the Crofs. In the midft of the Tambour, was a Picture of the Bleffed Virgin in extreme Sorrow ; and on the Baluftrade, Angels mourning, bearing the Inftruments of the Paffion.

66

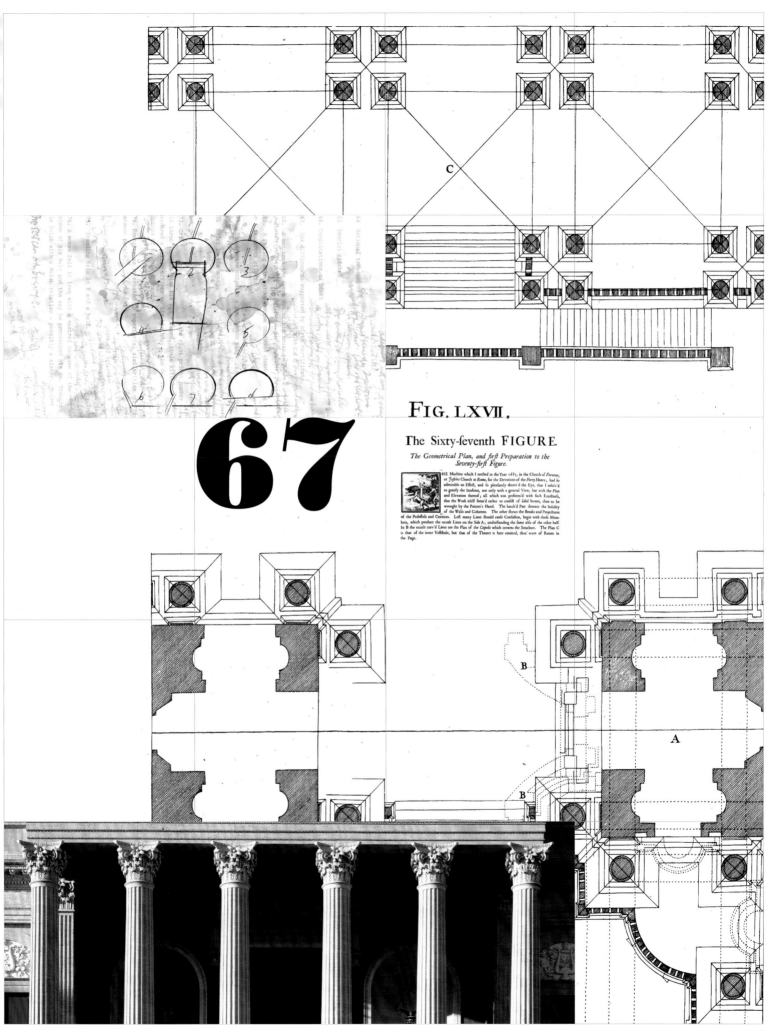

FIG. LXVII.

The Sixty-seventh FIGURE.

The Geometrical Plan, and first Preparation to the Seventy-first Figure.

THE Machine which I erected in the Year 1685, in the Church of *Florence*, or *Jesuits* Church at *Rome*, for the Devotions of the *Forty Hours*, had so admirable an Effect, and so pleasantly deceiv'd the Eye, that I resolv'd to gratify the Studious, not only with a general View, but with the Plan and Elevation thereof; all which was perform'd with such Exactness, that the Work itself seem'd rather to consist of solid Stones, than to be wrought by the Painter's Hand. The hatch'd Part denotes the Solidity of the Walls and Columns. The other shews the Breaks and Projections of the Pedestals and Cornices. Lest many Lines should cause Confusion, begin with those Members, which produce the occult Lines on the Side A; understanding the same also of the other half. In B the occult curv'd Lines are the Plan of the *Cupola* which crowns the Structure. The Plan C is that of the inner Vestibule, but that of the Theatre is here omitted, thro' want of Room in the Page.

FIG. LXVIII.

68

FIGURA Sexagesimaoctava.

Elevatio geometrica veftigii præcedentis, & fecunda præparatio ad figuram feptuagefimamprimam.

IN hoc fchemate habes elevationem ædificii fectam in longum, quam figurâ feptuagefimâ opticè projiciemus: eifdemque membrisconftare videbis elevationem deformatam, quibus conftat elevatio geometrica. Hinc difces ad excogitandas hujufmodi machinas, eandem Architecturæ fcientiam in Pictore neceffariam effe, quæ ad conftruenda folida ædificia exigitur in Architecto.

Città e Paesaggio nell'arte pittorica italiana

Gianni Fabbri

Forma, figurazione e spazio sono nella storia della città italiana il frutto dell'operare delle arti, cioè delle tecniche differenziate ma coordinate il cui modello è il processo che realizza l'opera d'arte. Queste si contrappongono alla natura che si trova al di là delle mura della città, alla regione del mito e dell'indeterminato, dove operano tecniche arcaiche e rituali legate ai ritmi stagionali e ai cicli lunari.

Dai primi atti fondativi fino alla città compatta della prima metà del XX secolo, il rapporto tra città/architettura e natura costituisce un prezioso carattere identitario che ha le sue radici nel mondo classico dell'architettura greca antica, in quel suo esistere in rapporto con il sito naturale che è a un tempo di antagonismo e di integrazione: perfezione geometrica, alterità dei materiali, espressione simbolica e racconto, sono le prerogative che fanno del manufatto architettonico un "personaggio" che viene "messo in scena" nel palcoscenico della natura: la Natura come Gran Teatro dell'Architettura.

意大利绘画中城市与景色

法碧强 Gianni Fabbri

形态、形象和空间，在意大利城市历史当中，形成于各种艺术实践。也就是说，它们取范于艺术创作过程中相配合

的种种技艺。它们又与太阴周、带有季节节奏、礼节性的远古技艺、处在城外的自然环境、神话的世界相对立。

City and Landscape in Italian pictorial art

Gianni Fabbri

Form, its representation and space in the history of the Italian city are the outcome of the arts operating, of their diverse but coordinated techniques, their common paradigm being the work of art making process. These techniques compare and stand in opposition to nature outside the city walls, just as they stand outside the area of vagueness and myth where ritual archaic techniques related to the rhythm of seasons and to lunar cycles are still operating.

From the earliest act of foundation to the compressed city of the first half of the 20th century the relation between the city/architecture and nature stands as one of the capital identifying features of the city, that is its being rooted in the world of classic Greek architecture and in its existence deeply connected to the natural site it stands upon, a relation made of tension between antagonism and integration: geometric exactness, diversity of materials, its being symbolic expression as well as a narrative are the prerogatives turning the architectural product into a "character" which is being "put on the stage" of nature. Nature as the Great Theatre of Architecture.

137

Giorgio Vasari
Perseo e Andromeda
(1570-1572, Palazzo Vecchio, Firenze)

Giorgio Vasari
帕修斯和安德洛墨达
(1570-1572, Palazzo Vecchio,
Florence)

Giorgio Vasari
Perseus and Andromeda
(1570-1572, Palazzo Vecchio,
Florence)

Gianni Fabbri

L'ambiente naturalistico e il paesaggio italiano hanno come caratteristica quella della "discreta misura": non vi è pianura che non sia delimitata all'orizzonte da rilievi di colline o di montagne, non ci sono montagne che dominino incontrastate in dialogo con il cielo senza più evidenti radici nella terra dei sistemi collinari e delle pianure, non ci sono fiumi di cui non si veda l'opposta spon-

da, lagune senza delimitazioni di barene o di argini, mari senza isole che ne misurino le distanze…
Possiamo distinguere quattro condizioni fisico-geografiche fondamentali.
La città isola. La condizione geografica, fisica, di insularità si accompagna al doloroso e orgoglioso sentimento dell'alterità, si apparenta al mito dell'isola di Utopia e della sua separazione dal "continente" con il taglio dell'istmo. È distanza dalle vicende della "terraferma", dai suoi conflitti, dalle sue tradizioni. È distacco dal tempo storico e dai suoi ritmi comuni.
Città con l'acqua. Vi sono città di terra dove la presenza dei corsi d'acqua, fiumi e canali, è così forte che la loro vita si è svolta dal-

从最早的城市创建到20世纪上半叶结构紧密的城市，城市—建筑与自然环境的关系体现着两者可贵的同一性。这种关系源于古代希腊建筑，它代表着城市与自然场所的对抗与结合：几何学的完美、材质的差异、象征性的表现与

法碧强

叙述，使建筑物成为登上大自然舞台的'人物'。大自然可以称为建筑的大剧场。

Gianni Fabbri

The island city. The geographic and physical condition of insularity goes with the proud and sore feeling of alterity, it has a familiar bond with the myth of Utopia island and its separation from the main land by severing the isthmus. Which means keeping a distance from the misadventures of the "continent," from its conflicts and traditions. A detachment from the time of history and its cyclic rhythm.
The city with water. There are inland cities so tightly bound to the presence of water streams that they actually sprang out because of them and lived ever since the beginning in strong symbiosis with the water element to the extent that their architecture and urban morphology have been massively conditioned by it. In those cities the interaction established between nature and technique is pervasive. Nature is seated deeply into them and the manufactured objects—buildings, churches, bridges, streets, enclosures—plunge into the surrounding natural space in a sort of ambivalent condition between "inside" and "outside" the city border lines. In this

Italian natural environment as well as its landscapes are mainly defined by what we call "discreet measure": there's no plain which is not delimited by mountains or hills, there are no mountains standing in exclusive dialogue with the sky and having no visible roots in the lower grounds, in the hills or in the plains; there are no rivers of which you can't see the opposite bank, no lagoons without barriers sandbanks or shoals, and no seas without islands to measure their distances…
There are four fundamental physical-geographical conditions to point out as distinctive.

l'origine in forte simbiosi con questo elemento al punto che esso ne ha condizionato morfologia urbana e architetture. Sono città dove è pervasivo l'intreccio tra artificio e natura: dove il naturalistico penetra a fondo nelle viscere della città e dove la costruzione dei manufatti – palazzi, chiese, ponti, strade, recinti – invade gli spazi circostanti dominati dalla natura in un'incerta condizione di "dentro" o "fuori" i confini urbani. In questo contesto le architetture spesso ammorbidiscono le loro geometrie e si arricchiscono di figure – forme e materiali – di un immaginario che evoca altri mondi, altre culture.

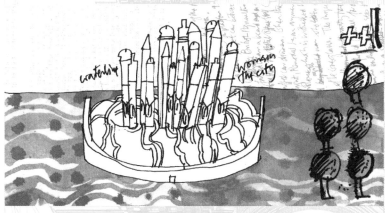

自然环境与意大利的城市景观规模恰当：任何平原，在地平线上一定由山丘而分界；凡是高山的天际线，无疑带有或平原或丘陵的痕迹；凡是江河，都见得到两岸；湖泊必有堤坝；广阔的海洋非有岛屿不可。
我们可以标出城市的四大地理基本情况。
岛屿城市。岛屿城市由于地理特征，骄傲与悲伤伴随着它。接近于神话中的乌托邦岛将大陆一劈为二。岛屿城市与大陆发生的事变、冲突和传统相脱离，与历史事件、日常生活节奏相分开。

Città di terra. Qui la condizione "ideale" della città come manufatto integralmente realizzato secondo un disegno unitario e un procedimento artistico essenzialmente antinaturalistico trova le sue più evidenti realizzazioni. Piena "geometria in funzione". Dallo spazio naturalistico, selvatico e aggressivo o lavorato e addomesticato, l'"oggetto città" appare nella sua alterità di geometria, di forma, di materia. Personaggio che racconta l'essenza dell'opera e della cultura umana nel grande palcoscenico della natura. Dall'interno della città il territorio circostante diventa paesaggio con i suoi fiumi, le sue coltivazioni, le sue colline, i suoi boschi. In questo paesaggio la città proietta oggetti architettonici: chiese, conventi, ville, castelli, santuari; veri e propri avamposti dell'"arte di costruire". Dall'interno della città, dalle sue architetture, dalle strade, dalle finestre, dalle terrazze, dai giardini pensili, si aprono visioni stupefacenti verso "il fuori", l'"altro da sé" che è il territorio circostante. Il bisogno di poter vivere la bellezza di queste visioni fa parte dell'arte di costruire la città e le sue architetture.

水城。在一些城市中，河流运河与城市具有密切关系，甚至城市结构与建筑都深受河流的影响。有一些城市充满着人为构造与自然地形的有益结合：自然环境渗透到城市内部，而建筑物（宫殿、教堂、桥梁、街道等）也深入进周围的自然环境，使城市内外的界限更加模糊不定。在这种情况下，经常使建筑物几何学线条更加柔软，建筑材质和形态还让人联想到异国风情。
陆地城市。以完整的设计、违反自然而建造城市的理想条件，在陆地城市得到充分的表现。陆地城市等于'使用中的几何学'。从自然环境来看，它们全方位显示出材质、形态、几何学上的差异。因此，陆地城市像一位戏剧人物在大自然的舞台上叙述人类劳动与文化的精华。同样，从

kind of context architecture often softens its edges and geometry and overflows with imagery—forms and materials—relating to different worlds and cultures.
The inland city. Where the "ideal" condition of the city as an artefact entirely realized according to a unitary design and through an essentially non-naturalistic artistic process is more strongly pursued. The city as pure "functioning geometry." From the wild and dangerous or domesticated and reshaped natural space around it, the city appears as an object displaying its essential alterity of geometry, of form, of material. The city as a character standing

on the majestic stage of nature and narrating the history and essence of human culture and work. From inside the city the space around it is perceived as landscape with its streams, fields, hills, woods. Over that landscape the city projects its architectural objects: churches, monasteries, villas, castles, sanctuaries, as if they were the actual outposts or bastions of the "art of building." From the inside of the city, from its architectures, from the streets, from the windows, from the terraces, from suspended gardens amazing views open over the "outside," over the "other" that is the surrounding territory. The strong human need for chances of enjoy-

Città tra terra e acqua. Sulla riva del mare la forma della città e le sue architetture si confrontano con una condizione duplice: quella dello spazio indifferenziato e immenso del mare e quella delle particolarità e della misura della terra, con la vicinanza e contiguità della campagna, delle colline, delle montagne. La città è luogo/soglia della partenza e dell'arrivo, dell'andarsene e del ritornare. Una condizione "doppia" che si riverbera nelle sue condizioni di vita e nelle sue forme d'arte. La costruzione del waterfront richiede architetture che siano "fuori misura" rispetto alla massa compatta della città "interna". Sono i fari, i moli, le strutture difensive, gli arsenali, i magazzini; ma anche i palazzi e le torri e le chiese…

La storia della città italiana è imbevuta della cultura della rappresentazione e le particolarità del suo contesto natura-

listico sono state un elemento formidabile per questa rappresentazione: per fornire di significato gli edifici e fare bella la città. Una bellezza volta a volta diversa come diversa è (stata) la bellezza dei paesaggi italiani.

城市内部向外观看，周围环境以其河流、农田、丘陵、森林作为景色。城市又将自己的'建筑物品'投掷在景色当中，即教堂、修道院、别墅、城堡、圣殿等。再者，从城市内部载体－建筑物、街道、窗户、露台、空中花园等，向与己相异的周围环境而望，可以享受美丽非凡的景色。意大利城市的规划与建造，无不包括欣赏如此景色的需要。

水陆之间的城市。在海岸边上，城市的形状及其建筑的形态有双面特性：其一，是大海空间的无边无际；其二，是土地规模适中、形状多样，包括邻近的村野与山丘。城市处于出发与抵达的地点、离开与回归的场所。这种双面性质在城市生活

与艺术形态有同样的表现。海岸线的建筑远远超过城市中心密集建筑的规模。就这种建筑类型而言，包括灯塔、防波堤、防御设施、军舰修造厂、仓库以及大楼、塔楼与教堂。

意大利城市历史中浸透着形象意志和自然地形的种种特点，这些都赋予了建筑物特有的含义，使城市风貌旖旎雄伟。意大利的城市奇妙各异，与意大利的自然景色绚丽多彩相辉映。

ing the beauty of those views is fundamental to the art of building the architecture of the city
The city between land and water. By the sea shore the shape of the city and its architecture are confronted with a double sided condition: the immense and undifferentiated space of the sea and the peculiar shape and measure of the land, with its contiguity to the fields, to the hills and to the mountains. The city as both place and threshold of departures and arrivals, both the place to leave from and to come back to. A "double" sided condition that reverberates over its life and art forms. The waterfront in the first place demands buildings of proportions exceeding the measure of the compressed "inner" city: lighthouses, piers, docks, barriers, arsenals, warehouses, and as well palaces, towers and churches…

The history of the city in Italy is imbued with the culture of representation and the peculiarities of the Italian environmental context have been a tremendous element of that representation, always intended to add meaning to buildings and beauty to the city, a beauty each moment different from itself as many times different is and has been the beauty of its landscapes.

FIG. LXVIII.

FIG. LXIX.

FIGURA Sexagefimanona.

Deformatio veftigii figuræ fexagefimæfeptimæ, & præparatio tertia ad figuram feptuagefimamprimam.

RTIFICIUM projectionis veftigii hujus, explicatum a nobis eft figura quadragefimafecundā; nimirum, ut parallelæ fiut invicem diftantiores, lineam plani deorfum protraximus, ut ex intuitu figuræ ftatim cognofces.

69

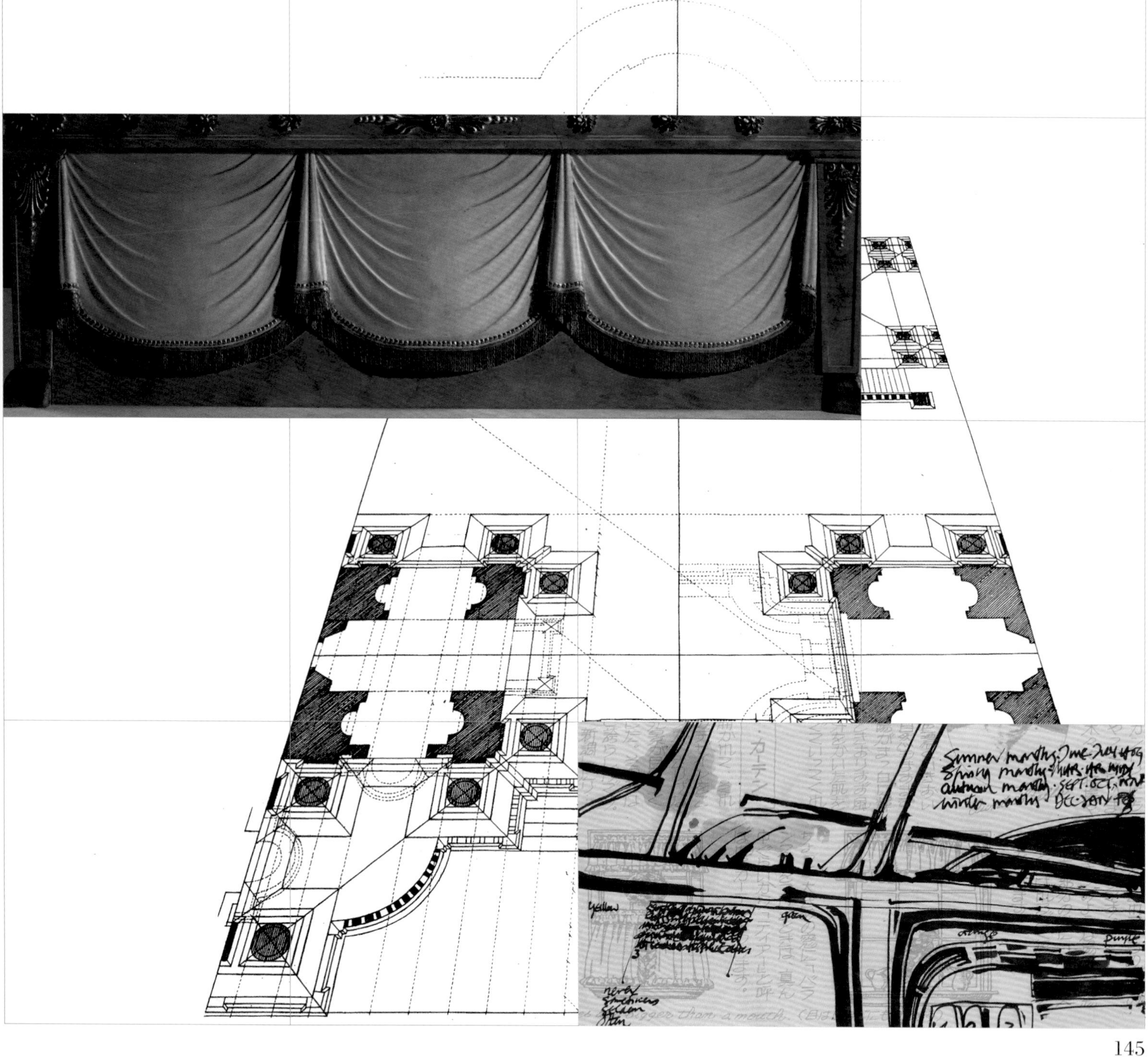

FIG. LXX.

70

The Seventieth FIGURE.

The Perspective of the Elevation of the Sixty-eighth Figure, and the fourth Preparation to the Seventy-first Figure.

WHAT has been said of the Perspective-Plan of this Structure, is also here practis'd in the Elevation; namely, that the Parallels might be sufficiently distinct, the Perpendiculars are drawn more remote from the Point of Sight, as was shewn in the Forty-second Figure.

FIG. LXXI.

71

NO DELLE · SCENE · IL · DILETTO · OVE · NON · MIRI · A · PREPARAR · L'AVVEN

The Seventy-firſt FIGURE.

A Theater repreſenting the Marriage of Cana in Galilee, erected in the Jeſuits Church at Rome, in the Year 1685; for the Solemnity of expoſing the Holy Sacrament.

FROM the foregoing Preparations, is drawn the Perſpective of this noble Piece of Architecture, which ſtruck the Eye when ſeen by Day-light, but was more eſpecially ſurprizing by Candle-light; many of the Candles being expoſed in ſight, and others altogether hidden, to illuminate theſe ſix different Ranges of Scenes, of which the whole Work conſiſted, without reckoning that in the midſt of the great Arch, repreſenting Clouds fill'd with Angels adoring the bleſſed Sacrament. Theſe Clouds are here omitted, that the inner Parts of the Work might be the better ſeen. In diſpoſing the ſeveral Ranges of Scenes, the ſame Method was taken as, which therein is given'd in the Sixty-firſt and Sixty-ſecond Figures, and great Care was alſo taken in their Diſtances, that the Candles plac'd on the Back of one of them might illuminate the Face of the other behind it. Moreover, each Scene conſiſted of as many Parts, as there were principal Members in the two greater Facades; ſo that the Joints were ſcarcely diſcernible: and ſome Parts of them being coupled with Hinges, folded and unfolded, for the more eaſy managing and preſerving them.

I doubt not but thoſe who have follow'd me thus far, will be encouraged ſo to proſecute their Studies, as to be able to deſign even greater and more noble Works, than theſe of mine.

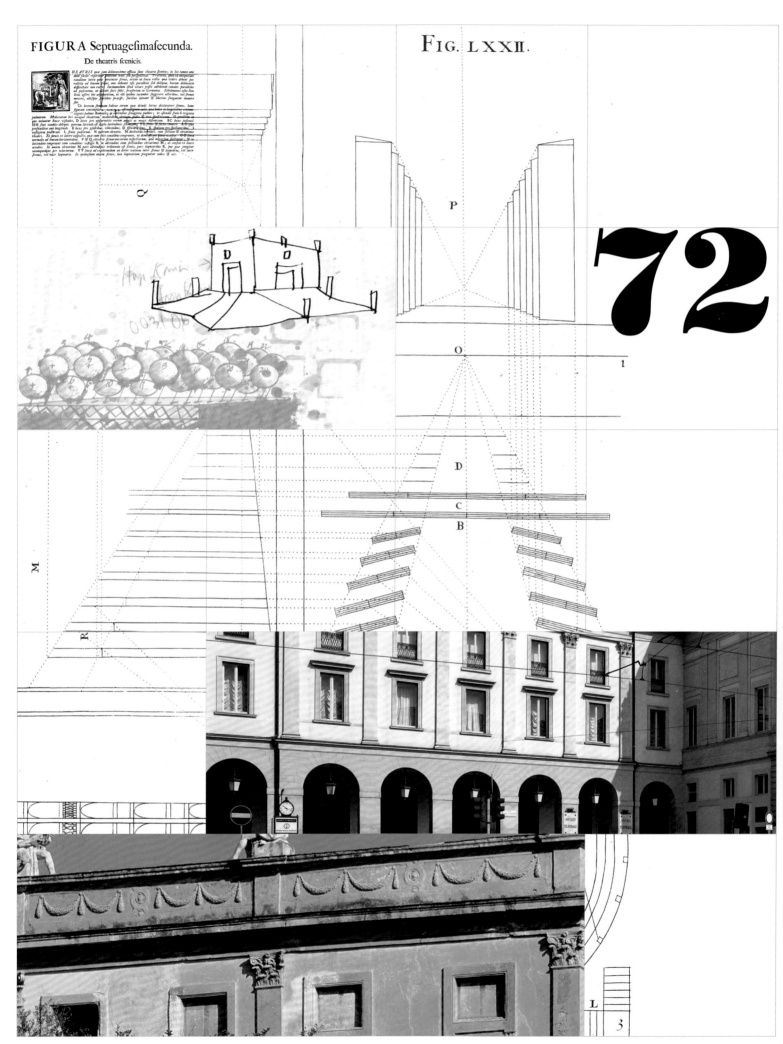

72

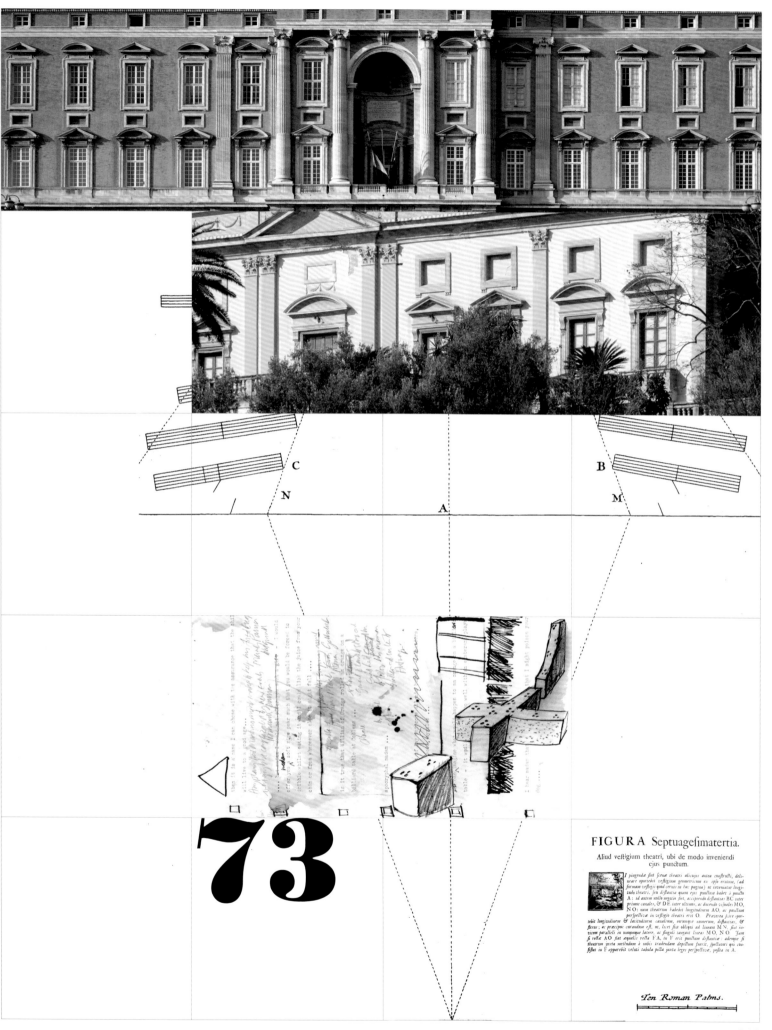

73

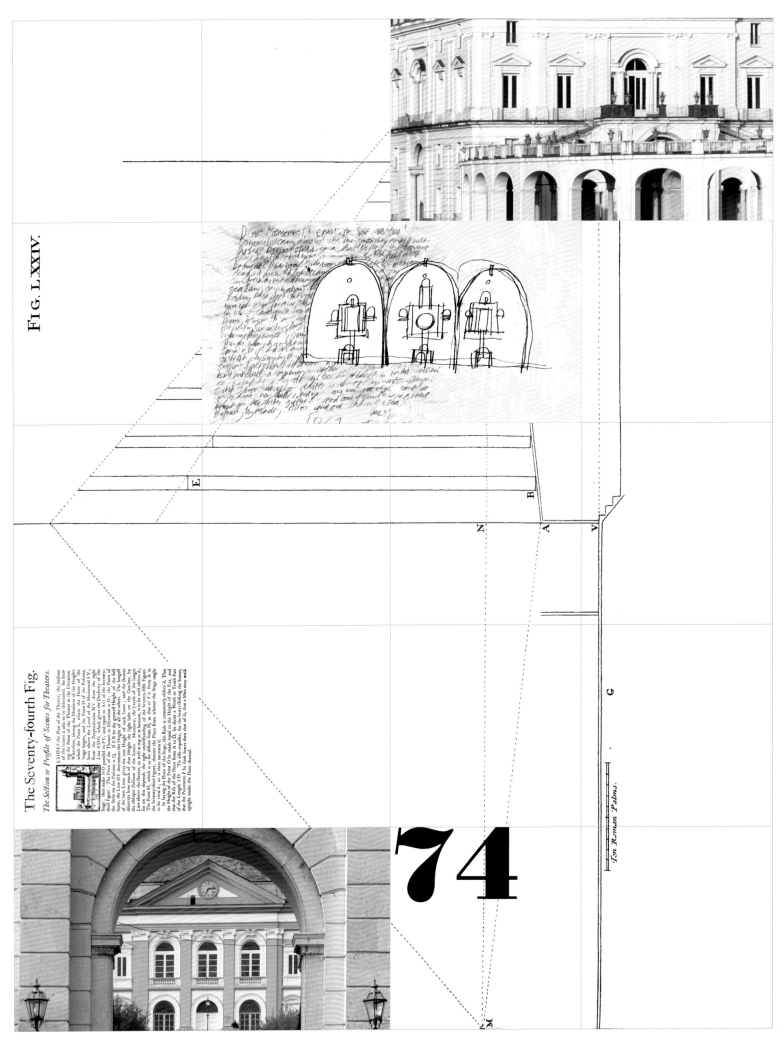

Fig. LXXIV.

The Seventy-fourth Fig.

The Section or Profile of Scenes for Theaters.

BESIDES the Plan of the Theater, the Section of the Scenes is also to be delineated, for Ending the Point of the Theater in the Elevation. Wherefore, setting the Measures of the Heights which the Point A, where the Floor of the Stage begins, and the Point D of the Podient, have above the Level of the Horizontal F V; from the Perpendicular N V, draw the right Line A D O, which gives the Declivity of the Stage; then make N O parallel to F V, and equal to A O of the Seventy-third Figure: The Point of the Theater in the Elevation x O, the Point of the Podient x Q. F I B the general Height of the fifth Scene, the Line O E determines the Height of all the others. The longest of the two Lines gives the true Height of each Scene; and the shorter discovers how much of that Height the Sight hides on the Outside; by for on this depends the right understanding of the Seventy-fifth Figure. The Point M, which is as far distant from N, at that of F is from A in the Seventy-third Figure, denotes the Place from whence the Stage ought to be view'd; as is there mention'd.

In laying the Floor of the Stage, this Rule is commonly observ'd, That the Height of the Point O be made equal to the Height of the Eye, and that the Rise of the Floor from A to D, be about a Ninth or Tenth Part of the Length A D. 'Tis also requisite, for the better fitting the Scenes, that the Pavement F E sink lower than that of G, that a Man may walk upright under the Floor thereof.

E

B

N

A

V

G

Ien Roman Palms.

74

150

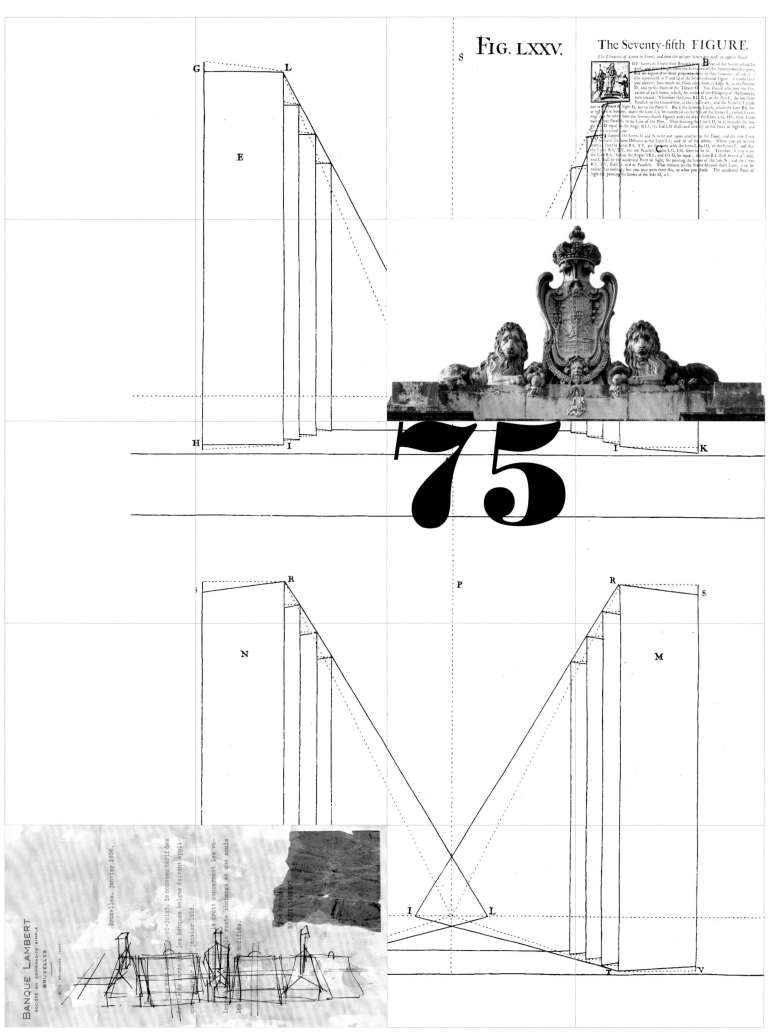

FIG. LXXV.

The Seventy-fifth FIGURE.

The Elevation of Scenes in Front, and how the oblique Scenes are made to appear direct.

THE Scenes in S have their Breadth from the Plan of the Seventy-third Figure, and their Height from the Elevation of the Seventy-fourth Figure, and are suppos'd to stand perpendicularly in their Grooves, all which is also represented in P and Q of the Seventy-second Figure. I would have you observe, how much the Floor rises from its Edge A, to the Poesene D, and to the Point of the Theater O. You should also note the Elevation of each Scene, which, by reason of the Obliquity of the Grooves, turn toward: Wherefore the Lines B L, B K, of the Port C, do not seem Parallels on the Ground-line, as they really are; and the Visual L F tends not to the Point of Sight O, but to the Point F. But if the seeming Excess, which the Line B K has at top and at bottom, above the Line L I, be transfer'd on the Side of the Scenes I, (which Excess may also be taken from the Seventy-fourth Figure) and you draw the Lines L G, H H; their Lines will appear Parallels to the Line of the Plan. Then drawing the Line L O, so as to make the Angle L L O equal to the Angle B L I, the said L O shall tend directly to the Point of Sight O; and serve for a visual Line.

I suppose the Scenes M and N to lie one upon another on the Floor, and the two Lines I L to have the same Distance as the Lines L I; and so of the others. Where you are to take Notice that the Lines R S, T V, are the same with the Lines L H, of the Scenes E: and that the Lines R S, T V, are not Parallels, tho L G, I H, seem to be so. Therefore, if you draw the Line R L, so that the Angle S R L, and G L O, be equal; the Line R L shall serve as a visual, and L shall be the accidental Point of Sight, for painting the Scenes of the Side N, and the Lines R S, T V, shall be us'd as Parallels. What remains on the Front beyond those Lines, is to be reckon'd as nothing; but you may paint there Air, or what you please. The accidental Point of Sight for painting the Scenes of the Side M, is L.

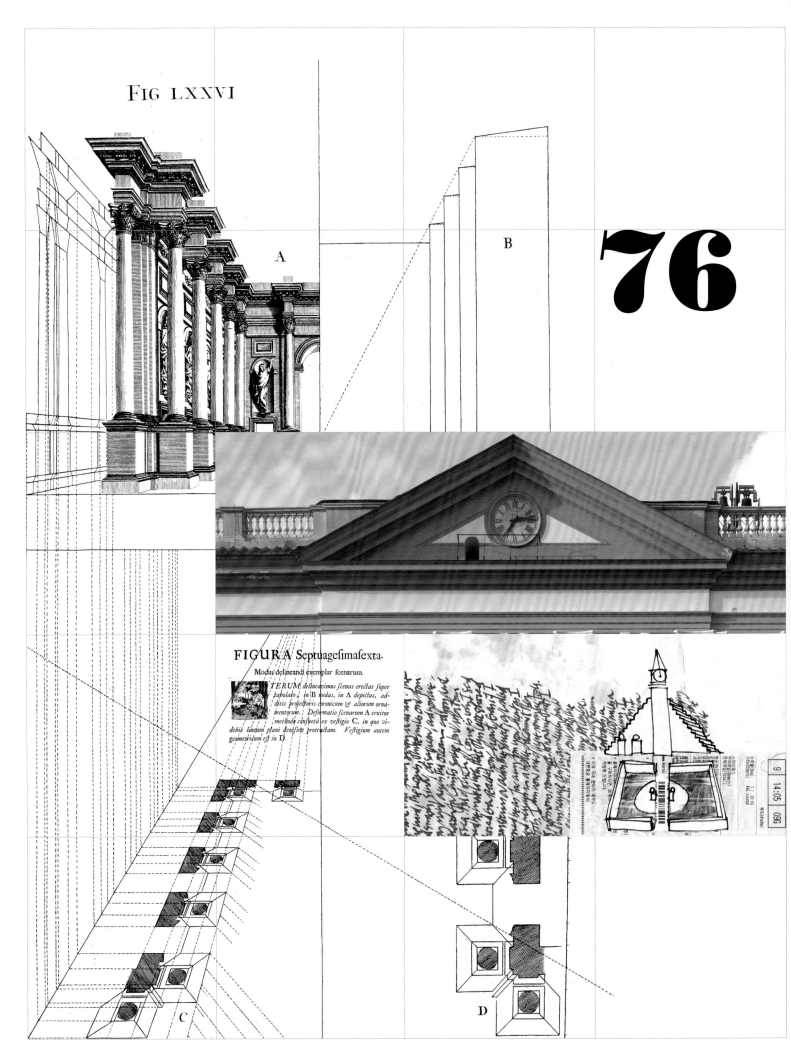

FIG LXXVI

A

B

76

FIGURA Septuagesimasexta.

Modus delineandi exemplar scenarum.

TERUM delineavimus scenas erectas super tabulato, in B nudas, in A depictas, additis projecturis coronicum & aliorum ornamentorum. Deformatio scenarum A eruitur methodo consuetâ ex vestigio C, in quo videbis lineam plani deorsum protractam. Vestigium autem geometricum est in D.

C

D

Spazio urbano e scena teatrale
Gino Malacarne

Nella *Processione della Vera Croce* di Gentile Bellini, esposta alle Gallerie dell'Accademia di Venezia, è rappresentata una delle processioni civiche più importanti della storia e del mito della città lagunare. Il quadro celebra, infatti, l'ostensione di una delle reliquie più venerate dalla comunità, un frammento della Vera Croce. La processione si svolge intorno a Piazza San Marco il cui spazio urbano, definito e circoscritto, viene fissato in alto nella rappresentazione della Basilica di San Marco, come se fosse la scena fissa del cerimoniale religioso e civile.

Piazza San Marco è assunta dunque da Bellini, come ha scritto Denis Cosgrove, come «il teatro nel quale veniva rappresentato il rituale civico veneziano nella sua forma più singolare. Le processioni di stato per l'insediamento del doge, per l'investitura della sua sposa o per la celebrazione delle festività religiose o civiche si snodavano intorno alla piazza in modo ordinato, fra costumi e simboli che esprimevano l'armonia della società veneziana e la fede nella sua perfezione» (D. Cosgrove, *Il paesaggio palladiano*, Verona 2000).

城市空间与戏剧布景
马基诺 Gino Malacarne

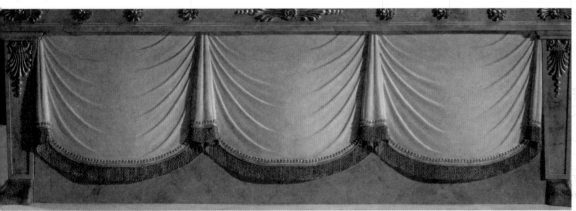

詹蒂莱·贝里尼 (Gentile Bellini, 1429-1507) 创作的《在圣马克广场举行的宗教游行》1496 画中，描绘了威尼斯历史与神话上最重要的宗教游行之一。这幅画赞美了最收威尼斯人所崇拜的圣迹之一——真十字架碎片。宗教游行在圣马克广场周围举行，画面上部描绘的是圣马克大教堂的轮廓界限，仿佛为威尼斯政治和宗教礼节活动布置了固定场景。

在贝里尼这副画中，圣马克广场被当作"威尼斯城市礼节最特殊的舞台布景。威尼斯国王即位及其王后登位等政治与宗教主要活动，都在圣马克广场周围按秩序举

Urban space and theatrical scenery
Gino Malacarne

In the painting titled *Procession of the True Cross*, currently on exhibit at the Gallerie dell'Accademia in Venice, Gentile Bellini portrays one of the most important processions of the lagoon city's history and myth. It celebrates the liturgical display of one of the relics most treasured by the community, a fragment of the True Cross. The procession marches around Piazza San Marco, the defi-

Gentile Bellini
Processione della Vera Croce
(1496, Gallerie dell'Accademia,
Venezia)

Gentile Bellini
在圣马克广场举行的宗教游行
(1496, Gallerie dell'Accademia,
Venice)

Gentile Bellini
Procession of the True Cross
(1496, Gallerie dell'Accademia,
Venice)

La metafora teatrale utilizzata da Cosgrove per descrivere la specificità di Piazza San Marco, quale palcoscenico principale del teatro urbano veneziano, testimonia, in maniera significativa, della vocazione scenica dello spazio urbano della città. Questa vocazione è stata meravigliosamente descritta da Ludovico Zorzi il quale, nei suoi scritti sui luoghi e le forme dello spettacolo e sulla scena italiana, individua nella teatralità urbana, nella città intesa come costruzione di uno spazio scenico, una chiave di lettura con cui si possono leggere le architetture delle città e delle città italiane in particolare (L. Zorzi, *Il teatro e la città. Saggi sulla scena italiana*,

Torino 1977; L. Zorzi, *Intorno allo spazio scenico veneziano*, in *Venezia e lo spazio scenico*, Venezia 1979).
Una peculiarità che si allaccia a una solida tradizione in cui, per esempio, la progettazione degli apparati scenici urbani rinascimentali ha contribuito al consolidamento e alla costruzione di spazi collettivi in cui svolgere i riti della rappresentazione, le cerimonie civili e religiose. Luoghi dunque necessari alla costruzione di un'identità collettiva e di un'appartenenza in cui la convivenza civile si manifesta nella teatralità dello spazio urbano. L'architettura della città riguarda anche i luoghi che rendono possibili i riti della rappresentazione. Sempre in analogia con l'architettura del teatro, con la sua fissità, con la sua scena fissa, l'architettura della città costruisce dunque scene urbane in cui l'architettura può diven-

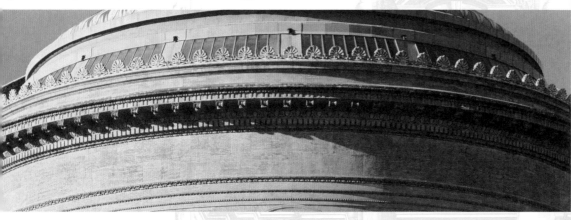

陆多维苛·佐基 (Ludovico Zorzi) 多次注解并引用在他的著作当中：

他认为城市建筑－尤其是意大利建筑可以把它们从戏剧空间的角度来看 （[意] Ludovico Zorzi, Il teatro e la città. Saggi sulla scena italiana [演戏与城市－意大利舞台研究], Torino 1977; Venezia e lo spazio scenico [舞台空间与威尼斯], Venezia 1979。

意大利城市建筑带有戏剧性功能的这一特点源于文艺复兴时期真实的戏剧活动。戏剧舞台的设计在进行政治与宗教仪式礼节的过程中发挥了加强与组织集体空间的作用。因此，通过戏剧舞台很好地体现了社会文明生活的特征。城市建筑把举行礼节性活动的场所定为首位，显然作为

行，以特意制造服装与旗号来表现威尼斯社会的和谐特征以及与其完美特质。" （[英] Denis Cosgrove, Il paesaggio palladiano [帕拉第奥的景观], Verona 2000）。
英国学者德尼斯·戈斯谷 (Denis Cosgrove) 将圣马克广场比喻为威尼斯'城市剧场'的主要舞台，由此自然而然地成为城市空间的戏剧背景。这种趋向被研究戏剧场所与意大利的舞台的意大利

grove, *The Palladian Landscape*, Leicester 1993).
The theatrical metaphor Cosgrove used to describe the specific quality of Piazza San Marco as the main stage of the

nite and circumscribed space of the piazza is evoked by the front of San Marco Basilica standing in the upper part of the painting, there as the steady background of the religious and civil ritual.
As Denis Cosgrove wrote, Gentile Bellini regarded Piazza San Marco as «the theatre where the venetian civil ritual was celebrated in its uniqueness. The state procession celebrating the Doge's enthronization and his bride investiture or any other religious and civil festivity, used to march composedly all around the piazza, with costumes and symbols expressing the harmony of the Venetian society and the faith in its perfection» (D. Cos-

tare lo scenario materiale dell'azione collettiva, dei suoi riti quotidiani, di quelli civili, mondani e religiosi.

Questa certezza del teatro, insita nel suo spazio scenico – e che possiamo ritrovare riflessa come caratteristica dello spazio pubblico urbano e collettivo – ci dice quanto sia importante l'architettura per rendere efficaci e significativi i luoghi pubblici e quanto sia vera l'affermazione di Aldo Rossi quando definisce l'architettura come la scena fissa delle vicende umane. L'architettura del teatro non può che essere fissa e immobile, così era il teatro romano, così sono le nostre piazze e i nostri luoghi collettivi.

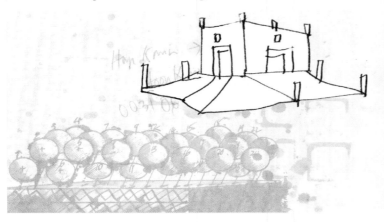

La scena urbana, con la teatralità che la contraddistingue, è quindi strettamente legata alla memoria collettiva. Non tutti i luoghi, infatti, si prestano o favoriscono l'aggregazione e la condivisione che una rappresentazione o la vita civile comportano. Il teatro, in questo senso, è un medium straordinario della ricerca del rapporto autentico tra l'architettura e le vicende umane, il medium che più avvicina l'architettura alle vite degli uomini. Ci sono due questioni che comunque intervengono nella costruzione dello spazio teatrale. La prima questione riguarda la tradizione del teatro viario, del teatro medievale, il teatro delle processioni civili, religiose, delle feste, un teatro che si svolge per strada, che si appropria dei luoghi, occupa scene urbane e in esse mette in scena l'eterna commedia umana. La seconda questione riguarda invece il rinnovamento della dimensione e dell'esperienza teatrale a partire dal Rinascimento, con la riscoperta dei testi classici, dell'architettura antica e della scena fissa del teatro romano, che sposta l'attenzione dai luoghi aperti, dalle piazze e dalle chiese, verso

集体行为、日常礼节及世俗、宗教活动的城市建筑为人提供了眼见为实的生活素材。

戏剧布景是不可以改动的，类似于城市公共场所和公共集体空间的固定性质。我们可以联想到阿尔多·罗西 (Aldo Rossi, 1931-1997) 将建筑解释为"人们生活的静态场景"。因此，戏剧建筑体，像古罗马剧场、我们的集体场所一样，一定要固定静止。可见，城市空间与集体记忆有着非常密切的关系。不过，并非所有的场所都适合作为礼节或政治仪式的共享空间。由此看来，戏剧不但可以作

为追溯建筑与人类之间纯真关系的理想媒介，而且最能够改善人与建筑物体的关系。有关戏剧空间的构造，还需要指出两点，其一，是关于露天演出的传统，包括中世纪戏剧、政治和宗教节日的游行等等，也就是说，涉及到一种占领城市舞台的演出形式，将人类的戏剧生活在城市空间举行。其二，针对文艺复兴时期以来戏剧全面更新，以重新发现古典剧本、古罗马演戏的固定布景为特征，重点由广场和教堂等公开场所转移到特定的演戏建筑范围以及更适合演出的建筑形态。文艺复兴时期城市空间与戏剧布景的相互影响，由塞巴斯迪安诺·塞尔利奥 (Sebastiano Serlio, 1474-1554) 在其《建筑普通规则》书中进行了解释，并且

Venetian urban theatre, is a testimony of the essential theatrical quality of the urban space. That vocation was splendidly described by Ludovico Zorzi in his writings (L. Zorzi, *Il teatro e la città. Saggi sulla scena italiana*, Turin 1977; L. Zorzi, "Intorno allo spazio scenico veneziano," in *Venezia e lo spazio scenico*, Venice 1979) about places and forms of Italian theatrical art and scene. Most importantly, those writings point out that theatrical quality as the key to understand urban architecture, and Italian urban architecture in the first place, as a quality most peculiar to it and expression of a strong tradition: the Renaissance urban sceneries for instance have had quite a part in establishing the importance of collective spaces in which to celebrate the ritual of representation, whether it was religious or civil.

Such places—collective and theatrical—are needed to build a collective identity and effectively give that sense of belonging that only an official manifestation of community life in the theatre of one's own urban space could give. The architecture of the city is then mainly concerned with those spaces that make that representational ritual possible. So the architecture of the city, in permanent analogy with the architecture of theatre—its fixity, its still scene—is the material scene where the collective action of everyday religious, civil, social and mundane rituals takes place.

The certitude implied by theatre's scenographic space, a character

la definizione di un'architettura del teatro e verso le forme più appropriate a ospitare le rappresentazioni. L'influenza reciproca tra spazio urbano e scena teatrale nel Rinascimento è sta-

按照马可•维特鲁威 (Marco Vitruvio Pollione 公元前 80/70–23) 最早创造的、阿尔伯蒂 (Leon Battista Alberti, 1404-1472) 后来发展的理论，将戏剧分成三大类型，与城市的三种不同景色连在一起，即悲剧、喜剧、讽刺剧：悲剧布景主要特点是壮观及其透视表现的文艺复兴建筑；喜剧布景是处在中世纪晚期的建筑，最后讽刺剧情景选择了自然景观。我认为，城市礼节建筑具有戏剧功能，可以为建筑界提供一条建造集体生活场所的可行之路。

像贝里尼那幅画一样，城市舞台有助于促进找回建筑实践与形象的作用，最终成为"表现集体生活"的不可缺少的真实场景。

implied by the public collective urban space as well, tells us about the role played by architecture in making public spaces effective and significant, and the truth of Aldo Rossi statement when he defines architecture as the steady scene of human events. The architecture of theatre has to be still and steady, the Roman scenic buildings were such, so are our squares and collective spaces.

Collective memory is then tightly bound to urban sceneries because of their theatrical quality. Not all the places suit and favour aggregation and the ceremonial representations coming with civil life the same way. Theatre is the medium that most effectively establishes a connection between architecture and human life events, and the medium that most brings architecture inside human life. There are at least two issues about the definition proc-

ess of the theatrical space, two moments in its evolution. First comes the travelling Mediaeval theatre tradition, that is the theatre of religious and civil processions, a street theatre, enacting the eternal human comedy on real urban sceneries. Then comes the Renaissance renewal of theatre's practice and places, the rediscovery of classical texts and architecture, of the steady scenery of Roman theatre, that made attention shift from open air settings—squares and churchyards—to a more specific definition of the architecture of the theatre and to spaces especially conceived for theatrical displays. The influence urban space and theatrical scenery had on each other has been described by Sebastiano Serlio in the treatise *Regole generali dell'architettura* ("General Rules of Architecture") where he also points out the relation between the three

ta descritta da Sebastiano Serlio nel suo trattato sull'architettura *Regole generali dell'architettura*, dove sono individuate tre forme di spettacolo a cui sono associate, seguendo la tradizione vitruviana e il suo rinnovamento a opera di Leon Battista Alberti, tre relative scene urbane: la tragica, la comica e la satirica. La scena tragica, in cui è narrato l'evento, è caratterizzata infatti dalla solennità degli edifici rinascimentali e dalla profondità della rappresentazione prospettica; la scena comica è contraddistinta invece da edifici tardomedievali, mentre l'evento satirico è atteso all'interno di una scena naturale. La consapevolezza di questa dimensione teatrale dell'architettura della città costituisce, a mio avviso, ancora oggi una possibilità per l'architettura di contribuire alla costruzione dei luoghi del vivere collettivo.

Una teatralità urbana in cui,

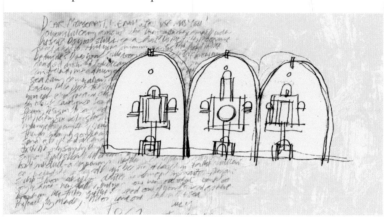

come nel quadro di Bellini, l'architettura possa ritrovare il suo campo d'azione e rappresentazione. Un fondale necessario e reale in cui «rappresentare un programma ideale» (M. Tafuri, *Il luogo teatrale dall'umanesimo a oggi*, in *Italia Meravigliosa, Teatri e scenografie*, Milano 1977).

kinds of theatre—tragedy, comedy and satire—and the respective settings as it was according to Vitruvian tradition and the modifications brought to it by Leon Battista Alberti. The tragic scenery is characterized by the dignified appearance of Renaissance buildings and by the profundity of perspective; the comic scene by late Mediaeval buildings while satire takes place in a natural setting.

A deep awareness of the theatrical quality of urban architecture is still an empowering resource and a significant contribution to the construction process of the spaces of collective life.

In that urban theatrical dimension architecture—as in Bellini's painting—can still find a space of action and a representation. A necessary and real scenery in which to «represent an ideal programme» (M. Tafuri, "Il luogo teatrale dall'umanesimo a oggi," in *Italia Meravigliosa, Teatri e scenografie*, Milan 1977).

马基诺

FIG. LXXXVI

76

FIGURA Septuagesimasexta.

Modus delineandi exemplar Rostrarum

TRIBUNAL delineare si cur volui, sicut Tribunal s. in Kathedra, in Auditorio, adibito si sic delineato...

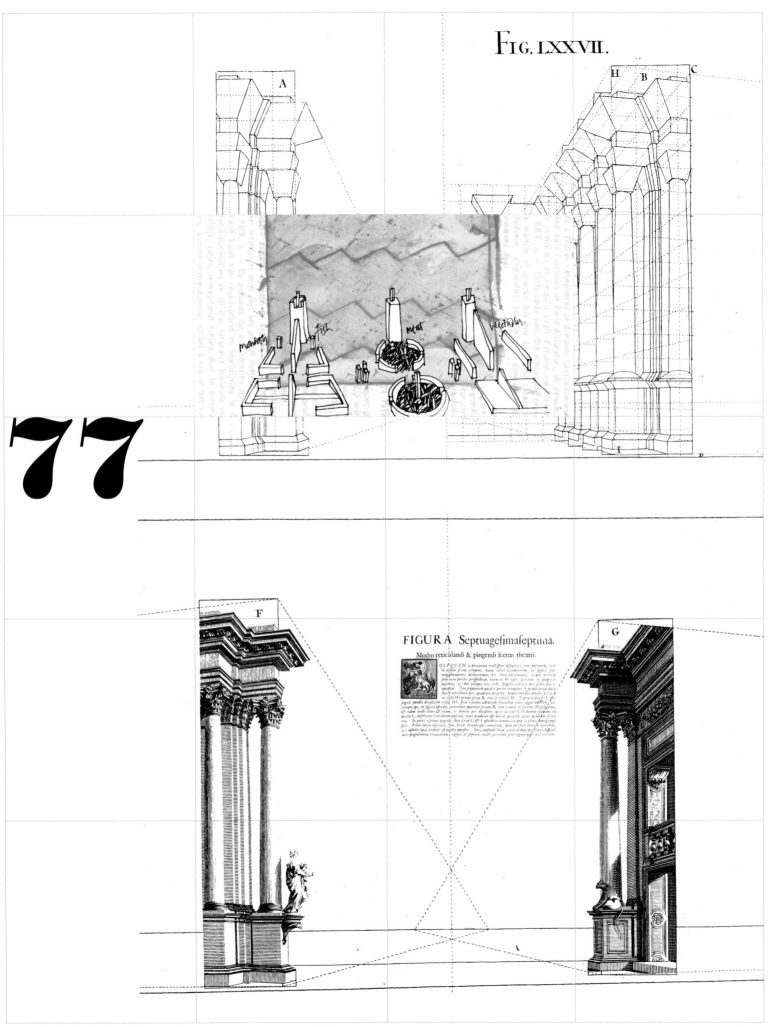

FIG. LXXVII.

77

FIGURA Septuagesimaseptima.
Modus reticulandi & pingendi scenas theatri.

161

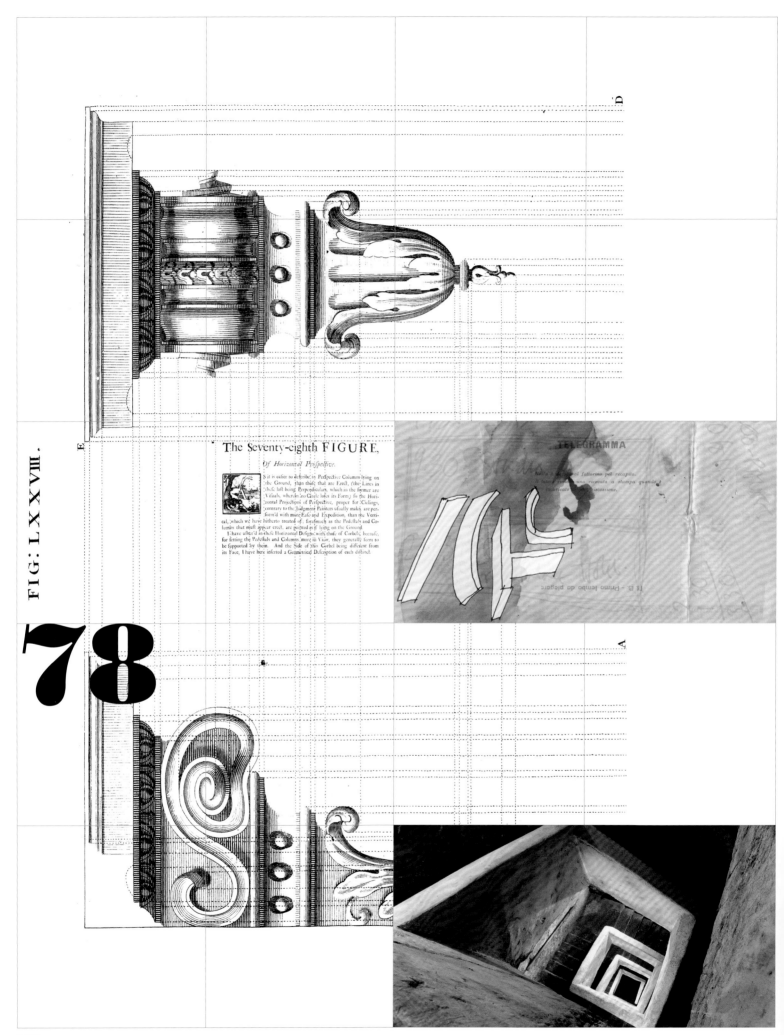

78

The Seventy-eighth FIGURE,

Of Horizontal Perspective.

It is easier to describe in Perspective Columns lying on
the Ground, than those that are Erect, (the Lines in
these last being Perpendiculars, which in the former are
Visuals, wherein no Circle loses its Form) so the Horizontal Projection of Perspective, proper for Cielings,
contrary to the Judgment Painters usually make, are perform'd with more Ease and Expedition, than the Verti-
cal, which we have hitherto treated of; forasmuch as the Pedestals and Columns that must appear erect, are painted as if lying on the Ground.

I have alter'd in these Horizontal Designs, with those of Corbels; because,
for setting the Pedestals and Columns more in View, they generally seem to
be supported by them. And the Side of this Corbel being different from
its Face, I have here inserted a Geometrical Description of each distinct.

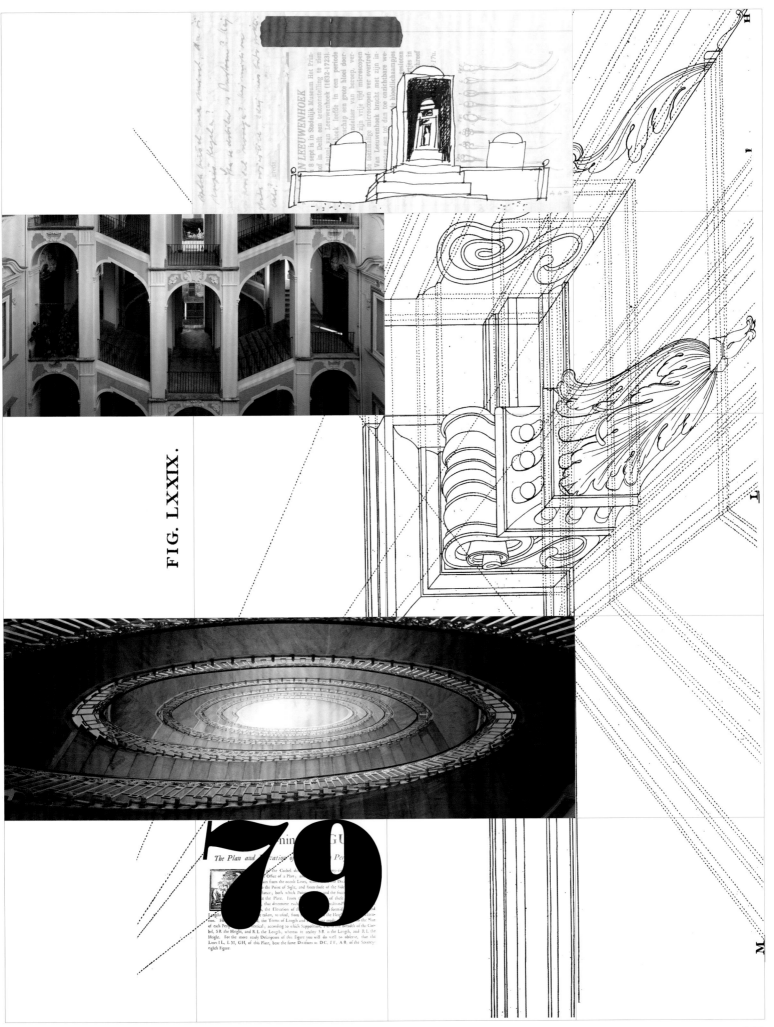

FIG. LXXIX.

FIG. LXXX.

80

FIGURA Octogesima.

Horizontalis projectio mutuli
inumbrati.

N hac Figura suas umbras mutulo addidi-
mus : eumque si in altum supra oculum ele-
vaveris, & ex distantia quam ipsi dedi-
mus suspexeris ; miraberis profecto, in alium
longè concinniorem subitò mutatum fuisse.

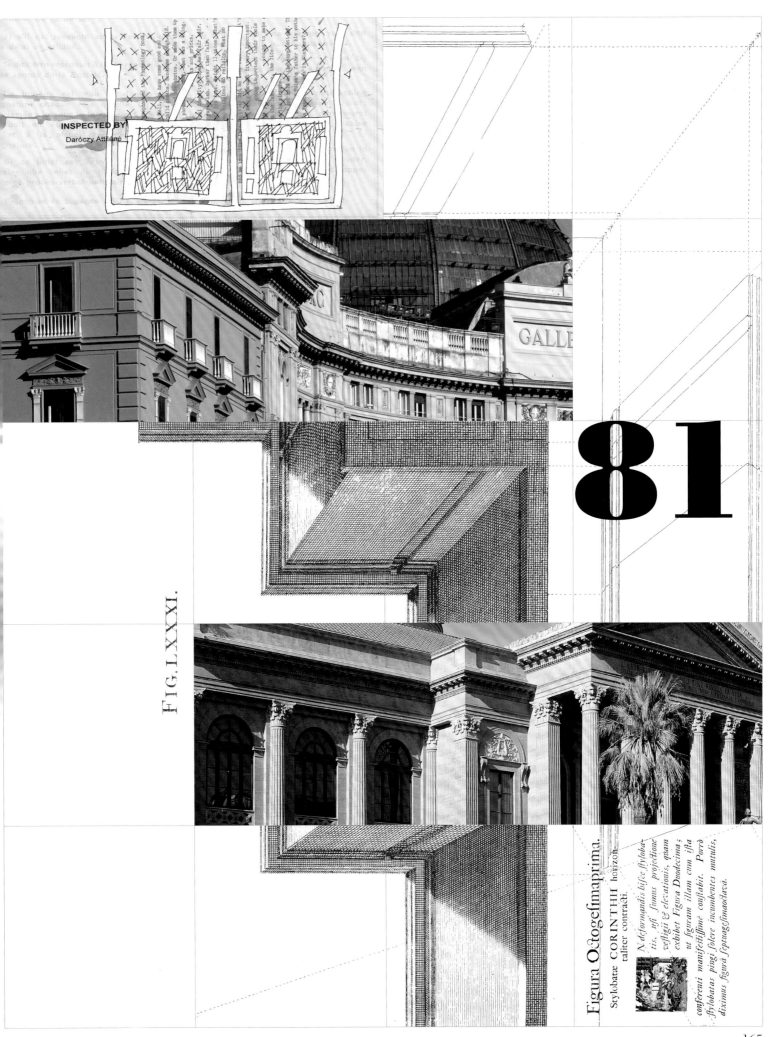

GALLE

81

FIG. LXXXI.

Figura Octogesimaprima.

Stylobatae CORINTHII horizon-
taliter contracti.

*N deformandis hisce stylobat-
tis, ust summus projectione
vestigii & elevationis, quam
exhibet Figura Duodecima ;
ut figuram illam cum ista
conferenti manifestissime constabit. Porrò
stylobatas pingi solere incumbentes mutulis,
diximus figurâ septuagesimaoctava.*

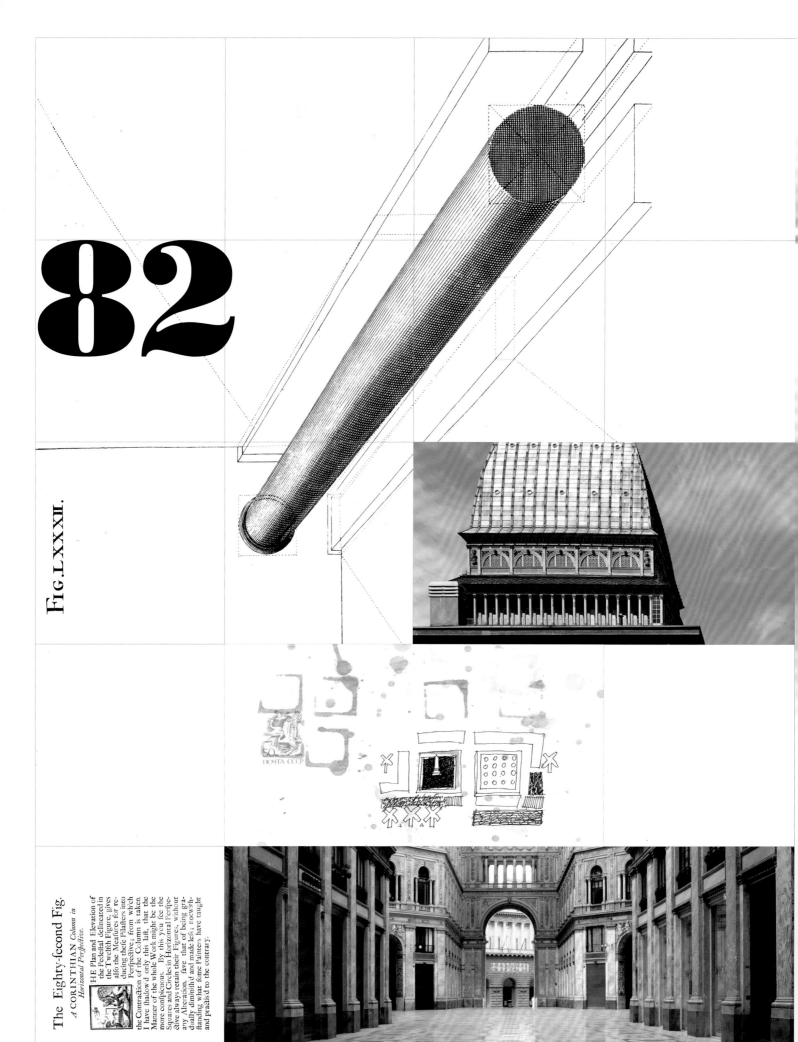

82

Fig. LXXXII.

The Eighty-second Fig.

A CORINTHIAN *Column in Horizontal Perspective.*

THE Plan and Elevation of the Pedestal delineated in the Twelfth Figure, gives also the Measures for reducing these Pilasters into Perspective; from which the Contraction of the Column is taken. I have shadow'd only this last, that the Manner of the whole Work might be the more conspicuous. By this you see the Squares and Circles in Horizontal Perspective always retain their Figure, without any Alteration, save that of being gradually diminish'd and made less; notwithstanding what some Painters have taught and practis'd to the contrary.

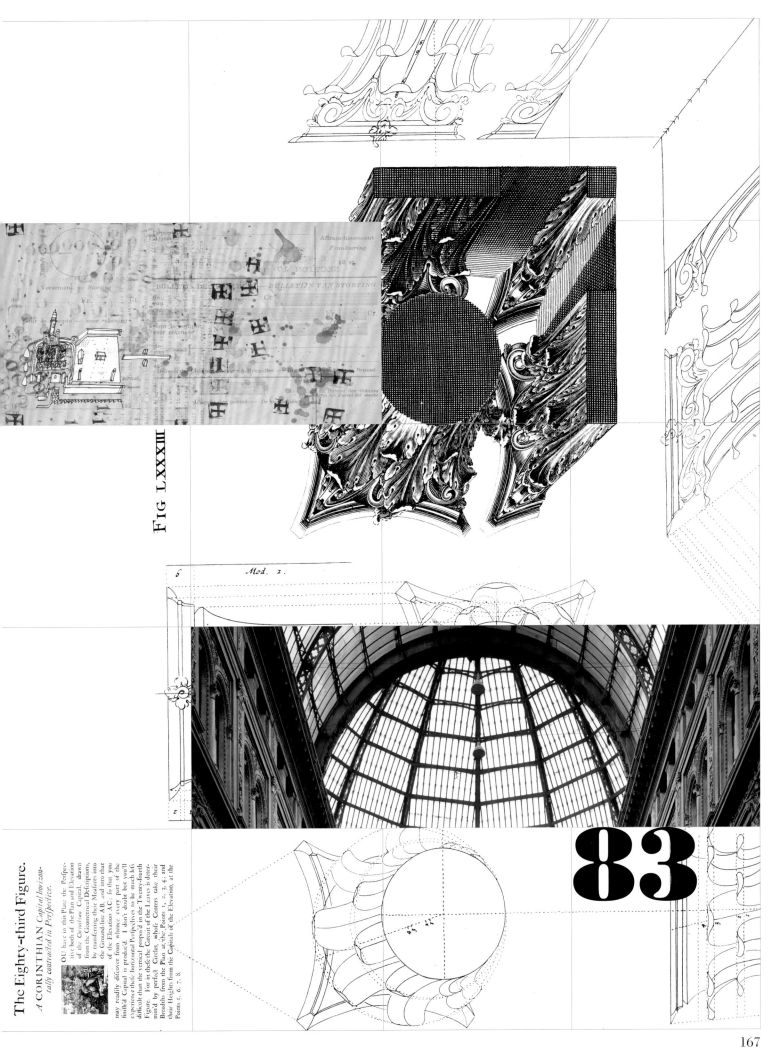

The Eighty-third Figure.

A CORINTHIAN Capital horizontally contracted in Perspective.

OU have in this Plate the Perspective both of the Plan and Elevation of the *Corinthian* Capital, drawn from the Geometrical Descriptions, by transferring their Measures into the Ground-line AB, and into that of the Elevation AC: so that you may readily discover from whence every part of the finish'd Capital is produc'd. I don't doubt but you'll experience their horizontal Perspectives to be much less difficult than the vertical propos'd in the Twenty-fourth Figure. For in these the Circuit of the Leaves is determin'd by perfect Circles, whose Centers take their Breadths from the Plan at the Points 1, 2, 3, 4; and their Heights from the Capitals of the Elevation, at the Points 5, 6, 7, 8.

FIG LXXXIII

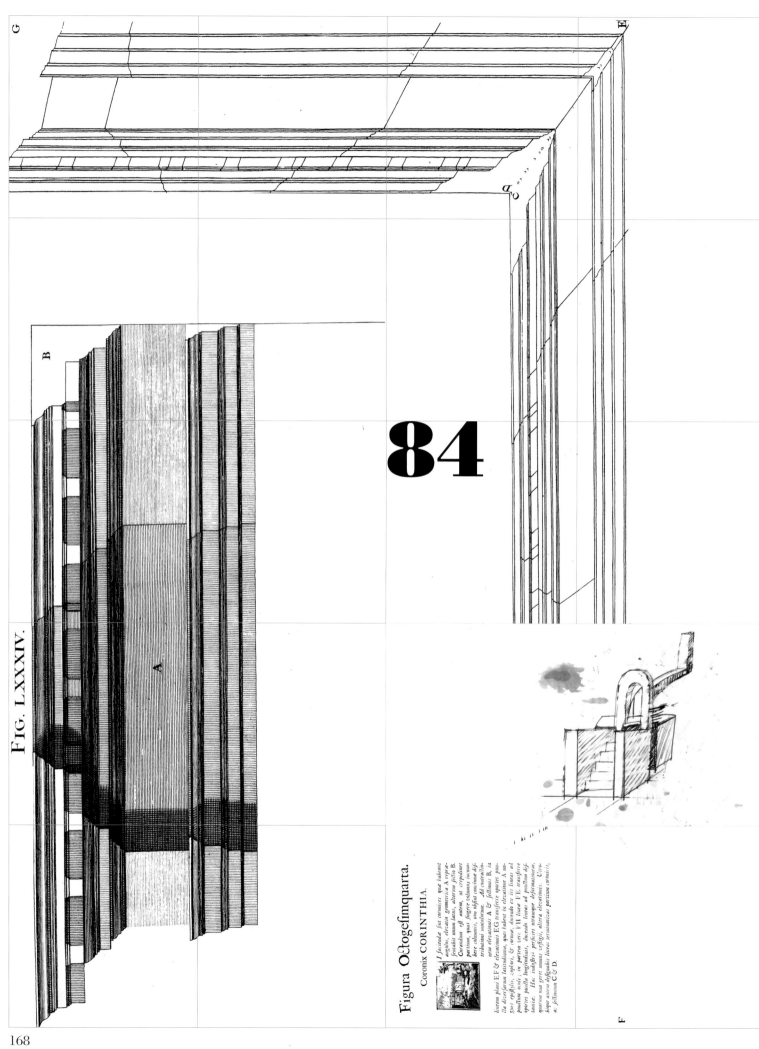

FIG. LXXXIV.

G

B

A

E

C

a

F

84

Figura Octogesimquarta.
Coronix CORINTHIA.

Le città come principio ideale
Daniele Vitale

Si può dire che «la città sia l'unico principio per cui possano i trenta secoli delle istorie italiane ridursi a esposizione evidente e continua. Senza questo filo ideale, la memoria si smarrisce nel labirinto delle conquiste, delle fazioni, delle guerre civili e nell'assidua composizione e scomposizione degli stati [...]» (C. Cattaneo, *La città come principio*, Padova 1972). Quel che nel 1858 scriveva Carlo Cattaneo, uno dei più acuti intellettuali del nostro Ottocento, rimane ancor oggi vero. Sono le città il principio fondante dell'identità italiana. Sono le città il primo elemento di continuità storica e la testimonianza più alta di bellezza. Le città sono molte,

作为理想原则的城市
费大理 Daniele Vitale

可以说，"意大利三千年的历史得以持续完整而清晰地体现，唯一的原因是有意大利的城市。缺少如此理想的一条线路，我们的记忆不得不在占领、分歧、内战以及王国分散与筹建的迷宫里走失。" （［意］ Carlo Cattaneo, La città come principio [作为原理的城市], Padova 1972)。这段话选自于意大利19世纪最敏锐的知识份子卡洛·卡塔尼奥 (Carlo Cattaneo, 1801-1869) 至今还是非常有道理。城市是意大利同一性的基础。意大利城市是历史连贯性以及美丽的最高象征。意大利城市非常之多，规模一般不大，各城市依据所在的地理位置而建造，带有强烈的独立性：它们既与周围的环境形成了一副马赛克镶嵌画，又相当于真实的"国家元素" （同上） 。

Cities as ideal principle
Daniele Vitale

We could say that «the city is the one and only principle capable of bringing thirty centuries of Italian history together as one consistent and significant progression of events. Without that ideal thread memory gets lost into the labyrinth of conquests, parties, civil wars and continuous formation and breakdown of states [...]» (C. Cattaneo, *La città come principio*, Padova 1972). The statement made in 1858 by Carlo Cattaneo, one of the most penetrating intellectuals of the 19th century, still stands true. Cities are the rationale and the founding principle of Italian identity. Cities are key to Italian historic continuity and a most outstanding achievement and testimony of beauty. Many are the cities and of various—mostly small—dimensions, each one embedded in its region, loaded with history and charged with a strong individuality; along with their respective territories they make a patchwork of distinct worlds each one of them standing out as an actual «elementary state» (Cattaneo, ibidem).

Andrea Mantenga

Orazione nell'orto

(1455, National Gallery, Londra)

Andrea Mantenga

在花园里的苦恼

(1455, National Gallery, London)

78

Andrea Mantenga

Agony in the Garden

(1455, National Gallery, London)

di dimensione varia e in genere non grande, incastonate in ciascuna regione, cariche di storia e dotate di fortissima individualità: formano con i loro territori un mosaico di mondi formali e costituiscono dei veri e propri «stati elementari» (Cattaneo, *ibid.*).

Ma due aspetti vanno posti in evidenza e distinguono il Paese. Il primo è che le città, qui più che altrove, sono non solo grandi costruzioni, ma assai complesse realtà culturali, ideali, figurative. Si sono in particolare specchiate in quell'universo corale e parallelo che è la pittura. Ogni città, sia pure con scambi e intrecci, è stata terreno di formazione di un corpo imponente di opere, maniere e

scuole, al punto che la pittura si è costituita come corrispondente segreto, come controcanto, come antagonista, come nutrimento. È diventata un mondo di invenzione traslato e parallelo di straordinaria densità.

Meno direttamente figurativo, ma altrettanto potente, è il ruolo che hanno assunto la scrittura e l'invenzione letteraria. Ogni città è diventata anche una costruzione poetica e narrativa e una particolarissima lingua. Si sa quanto l'unificazione linguistica sia stata in Italia recente e parziale, e quanto le lingue siano state elementi portanti di antiche identità. Fatto sta che le città hanno preso fortemente carattere dal racconto che le ha nel tempo accompagnate. Infine non dobbiamo scordare ciò che in epoca moderna ha rappresentato il cinema, nel suo nesso singolarissimo con le realtà urbane.

Ma v'è un secondo aspetto che mi preme, quello dell'antichità, che voglio richiamare attraverso un grande quadro del Rinascimento: la pala di Andrea Mantegna conservata alla National Gallery di Londra (Andrea Mantegna, *Orazione nell'orto*, datazione contro-

代，电影与城市之间的奇特关系越来越密切了。其二，古代背景对城市的影响。拿曼帖那 (Andrea Mantegna, 1431-1596) 所绘的《在花园里的苦恼》(Orazione nell'orto, 1450年后 英国国立美术馆珍藏)。内容来自于《福音》，画面分成三个层次：第一，描写正在祈祷的基督及其使徒；第二，描写抓捕基督的官兵及犹大指出基督；第三，在背景描写了中世纪围城。我们不难看出塔楼、砖木结构楼房，以及筑有城齿的建筑。除了中世纪典型建筑以外，我们还能看到其中一些留存下来的古典建筑，包括凯旋门、斗兽场、带柱栏的建筑物。这些建筑遗址被城市所包容。它们并不是简简单单的历史记忆的痕迹，而实实在在地成为了城市的组成部分。这种城市与曼帖那其他一些作品所描绘的城市相同，比如《圣杰诺教室祭坛装饰画》与罗浮宫珍藏的《圣塞巴斯蒂安》。

不过，有两点需要指出，是意大利的城市不仅是庞大的建设，而且是极为复杂的文化与形态的场所。意大利的城市一直反射在绘画世界当中。随着城市产生了众多的艺术作品、风格与流派，绘画与城市秘密相呼应，变成了它的营养资源甚至是对手。绘画成为了与城市平行的虚幻创作世界。另外，影响力同样很大的是文学创作。所有的意大利城市又变成了一门带有诗意的、叙述性的特殊语言。在意大利语言统一的过程中，种种方言对相关环境的独立性起了很大的作用。因此，城市受到文学叙述的影响。到近

The same intensity—even if not properly visual—the world of literary invention had. Each one of those cities has become a poetic or narrative parallel world as well, and with a language peculiar to it. How much

Two facts are to be remarked as peculiar of the city in Italy: cities there, more than anywhere else, are not just huge constructions, Italian cities are extremely articulated and complex cultural, ideal, and figurative representational realities, especially mirrored in the parallel and choral universe of painting. Each one of those cities has produced a conspicuous body of works of art, of painting manners and schools, to the extent that painting has turned itself into a secret interlocutor, it has become a countermelody, an antagonist—a nourishment—to the city. It has become a parallel imaginary world of extraordinary intensity.

local dialects have been the distinctive sign and bearing element of their identities and how partial and difficult the linguistic unification process has been in Italy is widely acknowledged. It is a fact that cities have been strongly conditioned and characterized by their artistic—figurative or literary—representation. In more recent times the art of cinematography has taken over that role of representational counterpart, and that same tight relation to the urban realities it has portrayed.

There's another aspect of the matter I care about, that of antiquity, which I intend to recall through a great Renaissance work

versa successiva al 1450, Londra, National Gallery). La scena è quella dell'orazione nell'orto narrata nei Vangeli. In primo piano sono gli apostoli addormentati e Cristo che prega. In secondo piano la schiera dei soldati in cammino per catturarlo, guidati da Giuda che indica loro col dito la direzione. Dietro il paesaggio di una città murata. È chiaramente l'immagine di una città medievale, con le sue torri, le case di mattoni, le costruzioni merlate, ma segnata dalla presenza – o dalla sopravvivenza – di alcuni edifici in marmo e di alcuni grandi elementi della classicità: una colonna trionfale, un anfiteatro, un edificio colonnato. Essi sono compresi e fusi nel corpo della città: non sono altro da essa, né elementi di memoria, ma fatti costitutivi. La città è analoga a quelle che compaiono sul fondo di altri quadri di Mantegna, come la *Pala di San Zeno* (Andrea Mantegna, *Pala di San Zeno*, 1457-1460, Verona, San Zeno), o alle architetture bellissime in rovina che compaiono dietro la figura del San Sebastiano del Louvre (Andrea Mantegna, *San Sebastiano*, 1480-1485, Parigi, Musée du Louvre).

Questa commistione di elementi antichi e contemporanei, classici e barbari, e la presenza "archeologica" delle rovine, è stata spesso interpretata dalla critica come frutto di ideologia e di visionarietà. Possiamo leggerla invece come rappresentazione trasfigurata e realistica di ciò che erano e per molti versi seguitano a essere le città italiane, edificate per stratificazioni e intrecci.

V'è una continuità misteriosa che lega gli uomini entro la sfera del tempo, e un ruolo non secondario che giocano in ciò opere e città. Scriveva uno scrittore che «la catena non si spezza, né è lecito lacerarla. Intelletti e culture non tramontano. In mezzo a noi, e forse dentro ciascuno di noi, sopravvivono i popoli apparentemente scomparsi dalla superficie della terra: ma appunto, soltanto dalla sua superficie. [...] L'antichità può sparire dai nostri occhi, ma non dal nostro sangue. Chi ha visto un anfiteatro romano, un tempio greco, una piramide egizia o un utensile abbandonato dell'età della pietra, sa che cosa ho in mente» (J. Roth, *Le città bianche*, Milano 1987). Le città sono testimonianza immediata e implicita

如此将古代与那个时代、经典与外来的成份融合在一起，并将那些"考古"遗址加在画家所生活的时代当中，一些评论家将其概括为"意识形态与空想"的表现。既然意大利城市建造离不开沉积与融合的过程，我们就认为这种艺术描绘相当于当时与后来对城市的理想与真实的理解。

人类与时空具有很神秘的连贯性。这种关系在很大程度上受到城市与建筑的制约。拿一位奥地利作家的讲述来引证："该铁链并没折断，又没有必要去折断它。思想与文化无法消失。我们身边，甚至在我们内心－还生存着

已从地球上消亡的民族。实际上，只是实体从地面上消失了。[___]古代远离我们，可是它并不能从我们的血液中彻

底消失掉，只要见到过一座罗马斗兽场、一座希腊神庙、一座埃及金字塔、以及一件费而不用的旧石期器皿，一定

of art, Andrea Mantegna's painting named *Agony in the Garden*, now preserved in the National Gallery of London (Andrea Mantegna, *Agony in the Garden*, after 1450, National Gallery, London). It represents the Gospel's episode of Jesus praying in the Gethsemane garden: centre stage are Jesus praying and the apostles sleeping, in the middle distance are the soldiers led by Judas who's pointing the way. In the background a city enclosed in walls. It is clearly a Mediaeval city, with towers, battlements, brick houses, but bearing the traces of a surviving antiquity in the ruins of marble buildings and fragments of classical elements. A huge triumphal column, an amphitheatre, a palace with a peristyle. All of

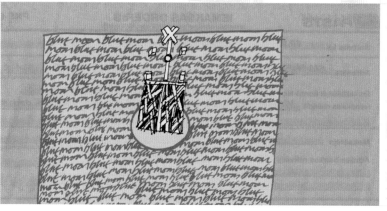

them merging into the living city, as one thing with it, not just reminders of the past or pieces of a dead memory. The city resembles other cities visible in the backgrounds of other Mantegna's paintings like San Zeno Altarpiece (Andrea Mantegna, *San Zeno Altarpiece*, 1457–60, San Zeno, Verona), or to the beautiful architecture in ruin behind his *San Sebastian*, now in the Louvre museum (Andrea Mantegna, *San Sebastian*, 1480–85, Musée du Louvre, Paris).

This mingling of antique and contemporary elements, of classical and barbaric, the "archaeological" presence of the ruins, has been interpreted by the critics as visionary or ideological. We could simply look at it as both a realistic

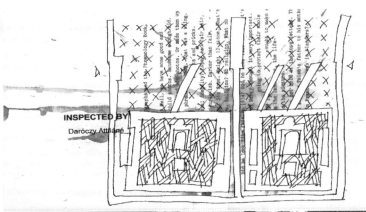

delle continuità ma anche delle discontinuità, e delle forme che possono assumere. Sono quasi tutte antiche le città italiane. Ma il fatto stupefacente è come ciascuna abbia risolto in senso diverso la propria antichità; come ciascuna abbia avuto un modo particolare di includerla e trasfigurarla, per questa via fondando la propria individualità e la propria bellezza. Roma, Firenze, Venezia, e poi Trieste e Bologna, Milano e Torino, Napoli e Palermo (e con queste tantissime altre) sono mondi diversi perché capaci di sussumere diversamente il passato remoto e vicino, per risolverlo in concomitanze, affioramenti, intrecci, in nodi e opposizioni di figure. Sino ad arrivare alle vicende dell'architettura moderna.

Proprio la materialità e la varietà degli elementi antichi, il fatto che sussistessero come frammenti e mondo disperso, li proponeva anche come ele-

形态上，结果就是并存、交错形态呼应，以及是我们当代建筑的种种表现。

历史流传下来的建筑构件，其材质与形态多样化，再加上其分散性，使得它们在后来的建筑活动当中变成可使用的建材。因此，它们每次都以不同的方式被运用而摹仿：或从现实构件变成理想符号，或由现实转为追求的世界。学术界经常批评建筑样式的使用方法与建筑风格的再流行。启蒙主义评论家们研究帕拉第奥 (Andrea Palladio, 1508-1580)，除了欣赏他的作品以外，也对当时所发现的帕拉第奥的"反古典"特点进行了批判，反对其不规范使用古典成份。不过，我们认为歌德 (Johann Wolfgang von Goethe,

会明白我的意思。" （[奥] Joseph Roth, 1834-1939, Le città bianche [白色的城市], Milano1987) 城市是体现连贯性与间断性的直接象征，包括城市所能表现出的形态。大部分的意大利的城市都很古老。古老的特征在各个城市通过各自特殊的方式表现出来，也就是说，每个城市对吸收和解释其古老的历史采取的方法都不同。甚至可以说，通过这种区别，它们成功地形成了自己的美丽。罗马、佛罗伦萨、威尼斯、特勒耶斯特、米兰、杜林、那不勒斯、巴勒莫，以及不可胜数的其他意大利城市之所以形成了不同的环境面貌，是因为它们对远近历史的理解所选用的表现方法不同。在历史建筑

and transfigured representation of what many Italian cities actually were and in many ways still are: that is tangled and stratified.

There's a mysterious continuity connecting men through the ages, cities and works of art do play some role at it. A writer said «the chain would not break, neither are we allowed to break it. Intellects and cultures do not fade away. Among us and maybe inside each one of us the ancient people survive, people seemingly wiped out from earth's surface: but as I said wiped out just from the surface. [...] Antiquity can disappear from our view, but not from our blood. Whoever has seen a Roman amphitheatre, a Greek temple, an Egyptian pyramid or a tool from the stone age knows what I mean» (J. Roth, *The White Cities*, New York 1991). Cities are the immediate and implicit testimony of any form con-

tinuity and discontinuity would take. Most Italian cities are antique. What is amazing about it is that each one of them has given its antiquity a different form and sense and has incorporated and transfigured it in a specific way thus establishing its own individuality and beauty. Rome, Florence, Venice, and then Trieste, Bologna, Milan, Turin, Naples and Palermo, among many others, are worlds apart because of their peculiar ability to subsume the past, whether remote or recent, and turn it into analogies, outcroppings, entanglements connections and oppositions of forms. And so on up to the raise of modern architecture.

menti disponibili. Così essi venivano imitati e riusati in chiavi ogni volta differenti, convertendosi da presenza concreta in termine ideale, da base fondativa in realtà vagheggiata, da termine di confronto in terreno di imitazione. La critica accademica si è spesso appuntata sulla appropriatezza e legittimità degli usi e dei ricorsi. Gli illuministi studiavano Palladio apprezzandolo ma anche criticandolo, deprecandone la talora scoperta "anticlassicità", rigettando gli usi ritenuti impropri degli elementi classici. Ma per noi rimane decisiva l'intuizione che ebbe Goethe parlando di Palladio, nel suo "diario di viaggio" del 1816. Goethe è consapevole dell'uso alternatamente proprio e improprio degli ordini da parte di Palladio, e del ricorrere in lui di un principio tanto di "verità" quanto di "finzione"; ma dice che ciò nonostante, o forse proprio in virtù di questo, i progetti di Palladio serbano qualcosa di divino, «né più né meno della forza del grande poeta, che dalla verità e dalla finzione trae una terza realtà, affascinante nella sua fittizia esistenza» (J.W. Goethe, *Viaggio in Italia*, Milano 1983). Così an-

che le nostre città serbano qualcosa di divino, e dalla commistione degli elementi e delle forme, dalle continuità e dalle trasgressioni, dal coesistere di principi diversi di coerenza e verità, traggono intera la loro ricchezza, diventando altro dal loro passato. E così dobbiamo tornare a progettarle.

1749-1832) 在其1816年的旅游日记中对帕拉第奥的敏锐的解释最能说明上述问题。歌德明明知道帕拉第奥对建筑样式的使用并不规范，又非常清楚帕拉第奥或采取"虚构"或选用"真实"的原理。歌德又说，尽管一可以说就是因为如此，帕拉第奥的设计方案反而具有一种神圣的感觉："正好与大诗人的诗意能力一样，真实与虚构兼用能创造得出第三个魅力极大的世界，虽然其性质是虚构的"（［德］Wolfgang Goethe, Viaggio in Italia ［意大利游记］ Milano 1983）。 同样，我们的城市也蕴藏着"一种神圣的感觉"。他们之所以不是简单的复古产物，是因为从连贯性与间断性、从不同的构件与形态，以及从伦次与真实原理中获取其生命力。因此，我们有必要重归这种设计理念。

As to antique building elements their variety and their being actual building materials, the fact that they stood all over, scattered fragments of a lost world, would offer or suggest them as usable material. So they were reused and copied—reused in many different ways and new places—thus changing from material reality into ideal entity, from substantial grounding basis to something to fancy and long for, from something to compare to something to pursue through imitation. The attention of Academics critics has been stuck on the legitimacy and propriety of the use or reuse of those elements. The men of the Enlightenment studied Palladio: they appreciated his achievements but criticized his inappropriate use

of classical elements. To us what still matters is the capital intuition Goethe had writing about Palladio in his "travel journal" in 1816. He is conscious of the alternately proper and improper use Palladio makes of classical elements orders and of the principle of "truth" recurring in his work just as much that of "fiction"; nevertheless, or maybe just for this reason, his works have something

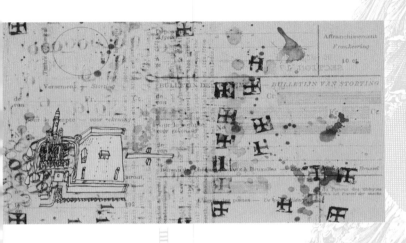

FIG. LXXXIII

divine in them, «just like the might of a great poet that from both reality and fiction draws a further reality, most fascinating in its fictive existence» (J.W. Goethe, *Italian Journey [1786–1788]*, London 1970). Likewise our cities have something divine about them, from the mixture of elements and forms, from continuity and deviations, from the co-existence of diverse ideas of truth and coherence they draw their richness, they evolve past what they were. That's why we should get back to when it comes to planning.

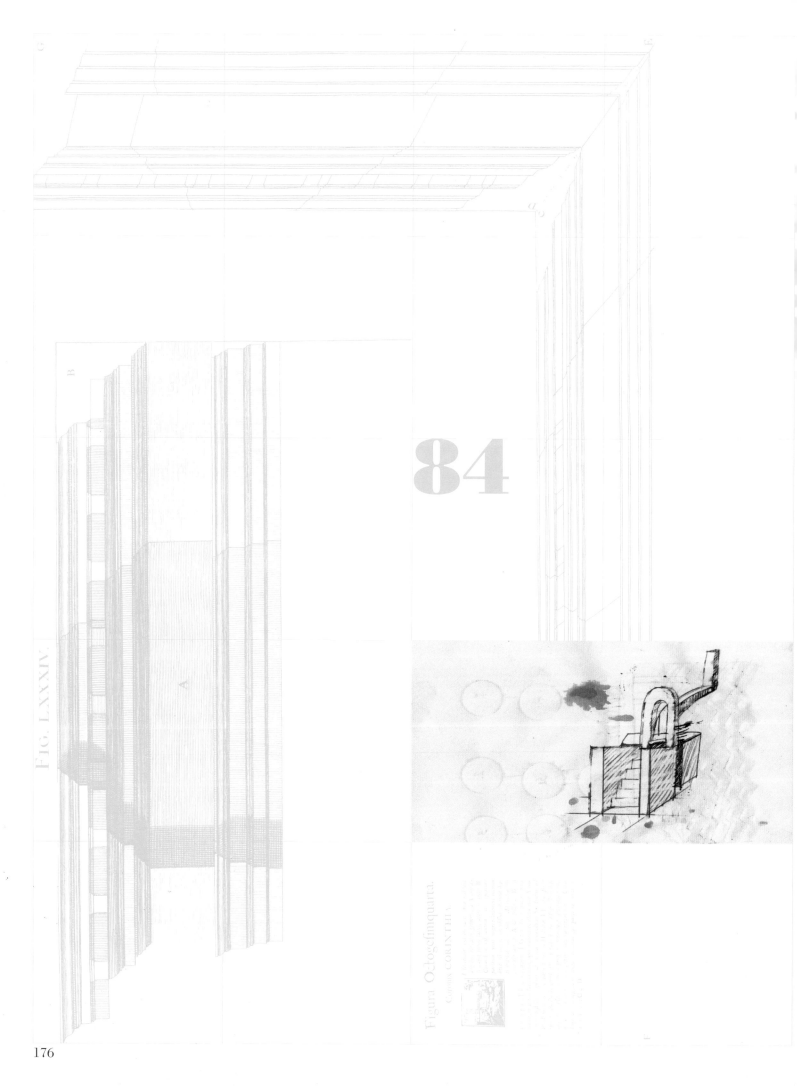

84

FIG: LXXXV.

85

Figura Octogefimaquinta.

Coronix CORINTHIA horizon-
taliter contracta.

*OLIDITAS coronicis cum
omnibus projecturis eruta
eft ex veftigio & elevatione figure octogefimæquar-
tæ. Hic autem fnem im-
ponimus partibus rerum, ad integra ædificia
gradum facturi.*

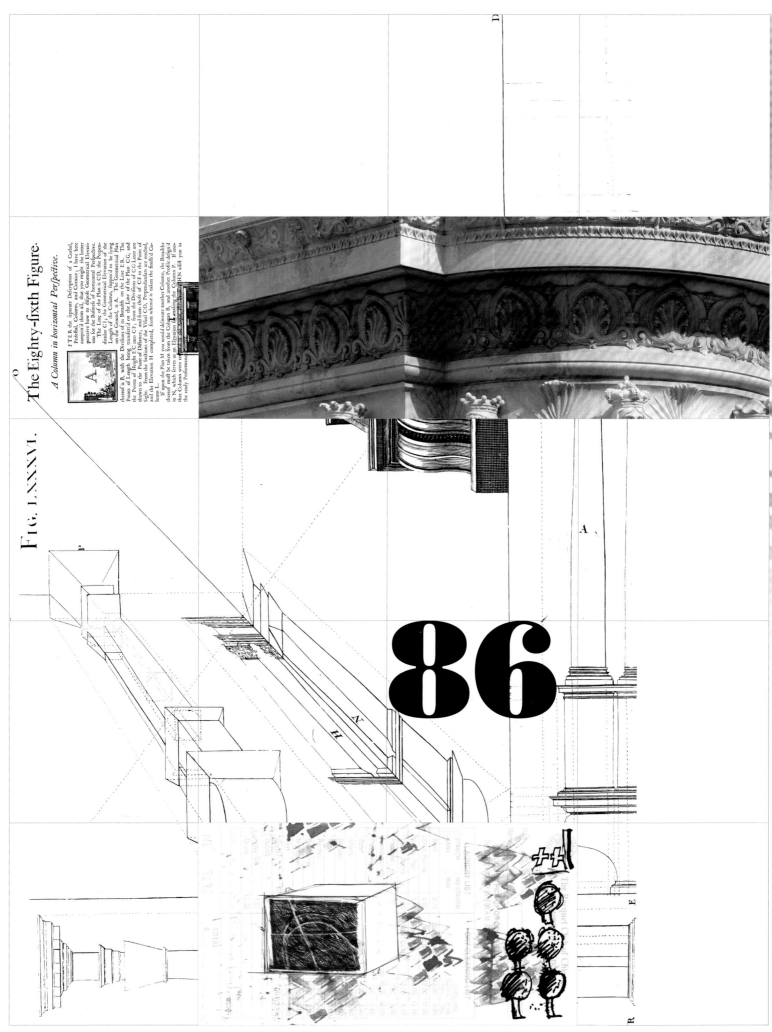

FIG. LXXXVI.

The Eighty-sixth Figure.

A Column in horizontal Perspective.

AFTER the separate Description of a Corbel, Pedestal, Column, and Cornice, I have here conjoin'd them all, that you might the better perceive how to dispose Geometrical Elevations for the Business of horizontal Perspective.

The Line of the Plan is CD, the Perpendicular CI, the Geometrical Elevation of the Length of the Column, suppos'd to be lying on the Ground, is A. The Geometrical Plan thereof is B, with the Divisions of as Breadth on the Line ER. The Point of Length being transfer'd on the Line of the Plan CG, and the Points of Height FC unto CI; from those Divisions of CG Lines are drawn to the Point of Distance; and from those of CF to the Point of Sight. From the Sections of the Vitual CO, Perpendiculars are erected, and the Elevation H completed, from whence is taken the finish'd Column L.

If upon the Plan M you would delineate another Column, the Breadths thereof muſt be taken from the Coluꝼn B, and another Profile deſign'd in N, which ſerves as an Elevation for making the Column P. If another Column were required in the middle, the ſame THN aſſiſt you in the ready Performance.

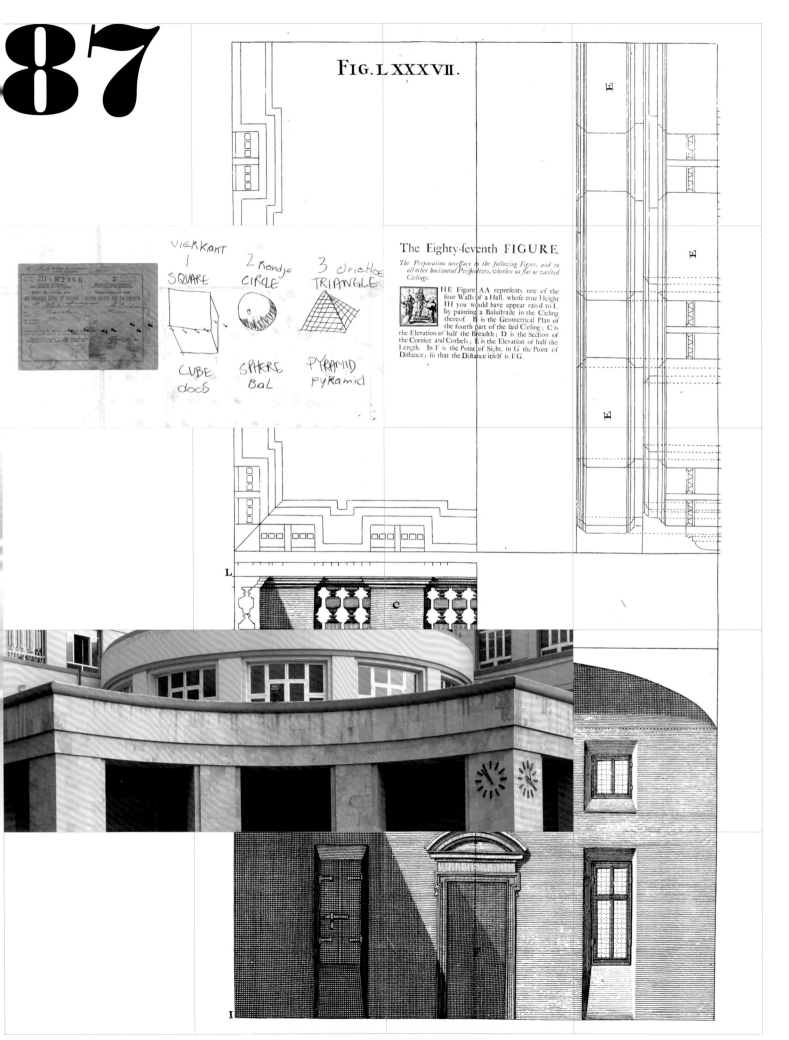

FIG. LXXXVII.

VIERKANT
1
SQUARE

2 Rondje
CIRCLE

3 drichee
TRIANGLE

CUBE
doos

SPHERE
Bal

PYRAMID
pyRamid

The Eighty-seventh FIGURE.

The Preparation necessary to the following Figure, and to all other horizontal Perspectives, whether on flat or vaulted Cielings.

THE Figure AA reprefents one of the four Walls of a Hall, whofe true Height IH you would have rais'd to L, by painting a Baluftrade in the Cieling thereof. B is the Geometrical Plan of the fourth part of the faid Cieling ; C is the Elevation of half the Breadth ; D is the Section of the Cornice and Corbels ; E is the Elevation of half the Length. In F is the Point of Sight, in G the Point of Diftance ; fo that the Diftance itfelf is FG.

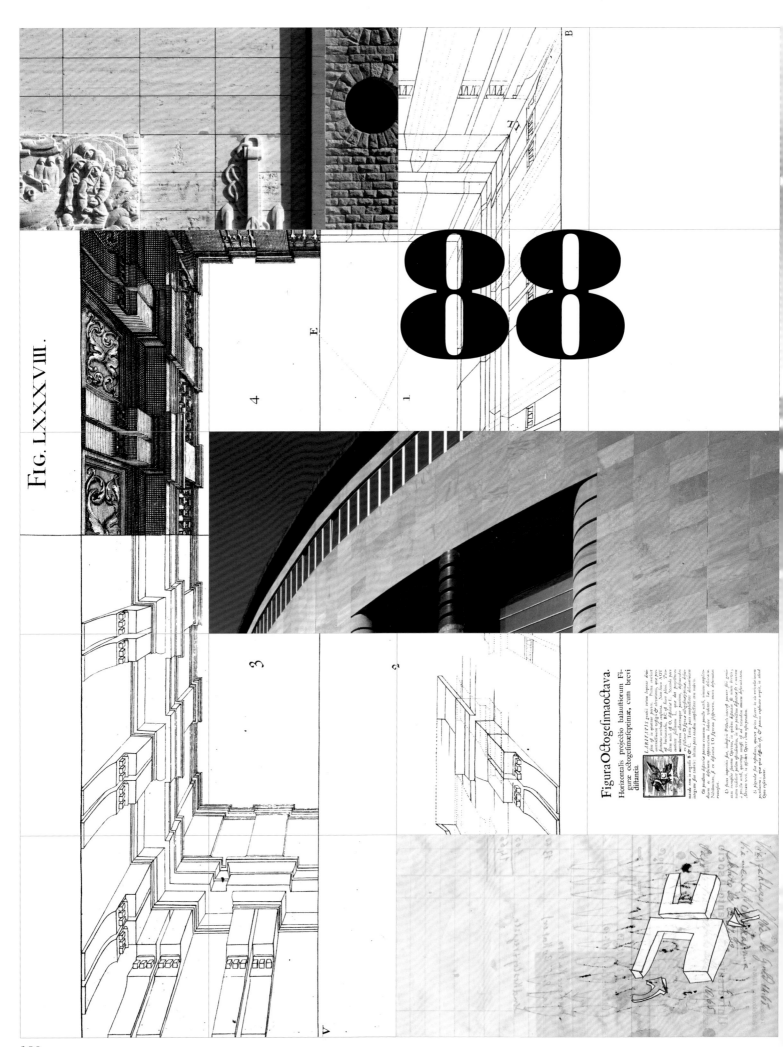

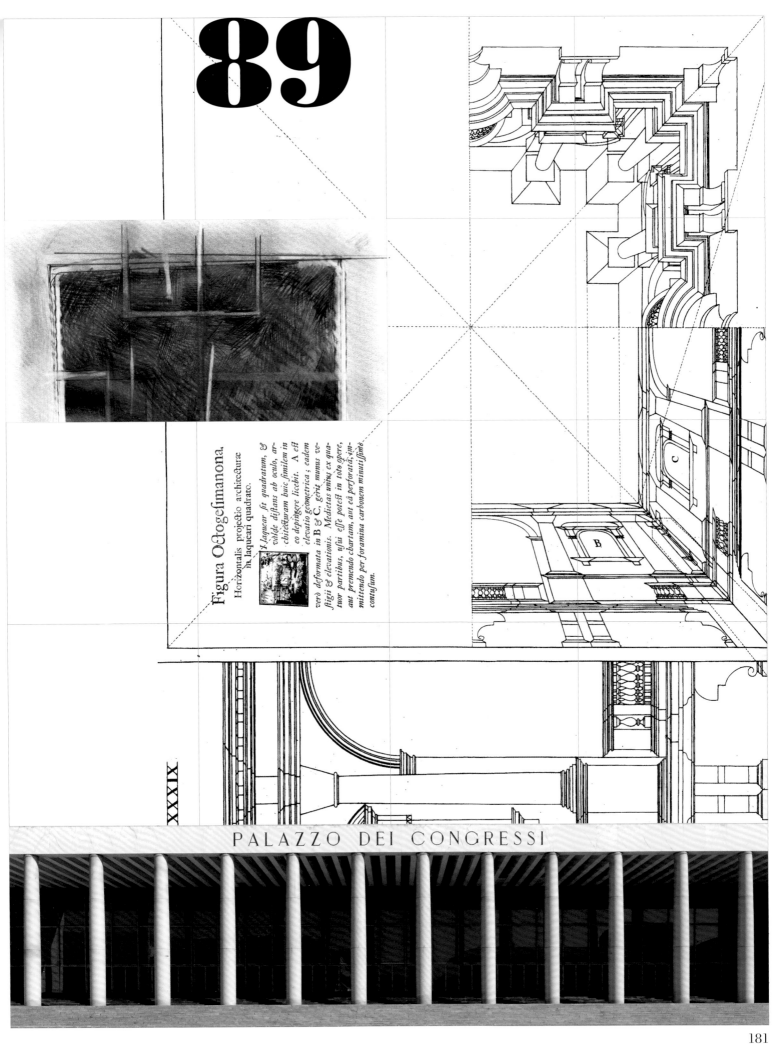

89

Figura Octogesimanona,
Horizontalis projectio architecturæ in laqueari quadrato.

Si laquear fit quadratum, & vtcunq; distans ab oculo, architecturam huic similem in eo depingere licebit. A est elevatio geometrica ; eadem verò deformata in B & C, geri munus vestigii & elevationis. Medietas unius ex quatuor partibus, usui esse potest in toto opere, aut premendo chartam, aut eâ perforatâ, immittendo per foramina carbonem minutissimè contusum.

XXXXIX

PALAZZO DEI CONGRESSI

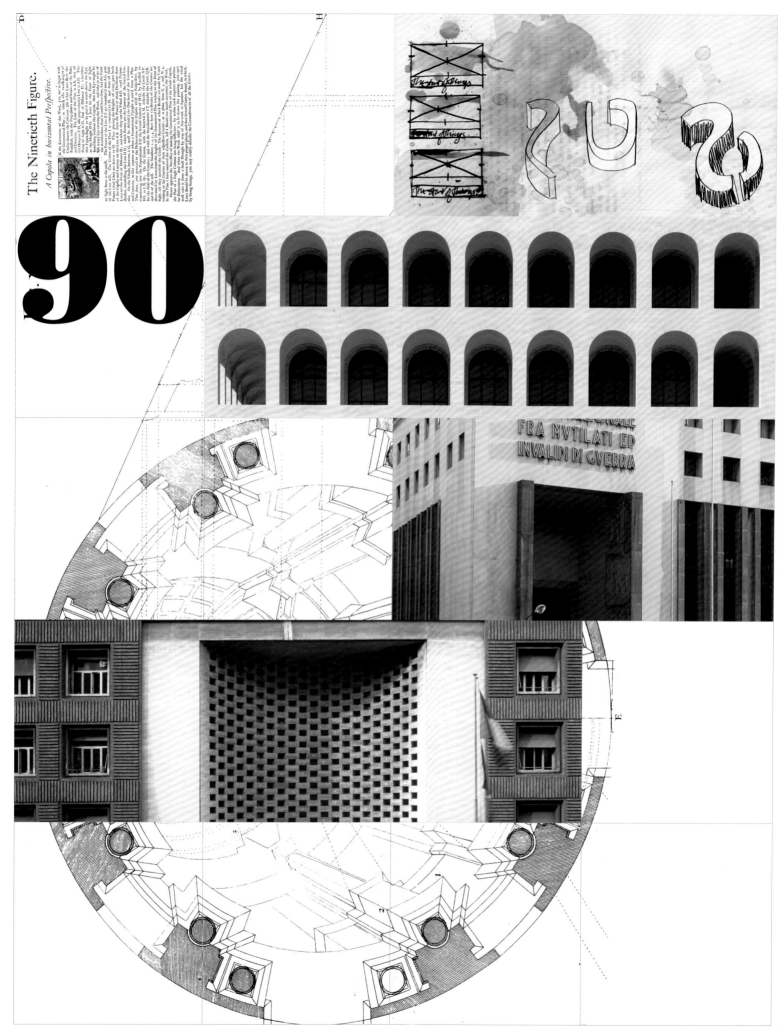

91

The Ninety-first Figure.

The Cupola the Ninetieth Figure within Light and Shades.

S. *Ignatius* of the *Roman* Colle. c. *anno* 1685.

HE Cupola in this Place will in all likelihood be of longer Duration, than that which I painted on a very large Table, for the Church of the flat Ceiling of the Church of *Rome*, by any Accident, with the Help of this its Place may be supply'd by a better. Some Architects dislik'd my setting the advanced Columns upon Corbels, as being a thing not practis'd in solid Structures; but a certain Painter, a Friend of mine, removed all their Scruples, by answering for me. That if at any Time the Corbels should be so much o'ercharg'd with the Weight of the Columns, as to endanger their Fall, he was ready to repair the Damage at his own Cost.

. XCI.

183

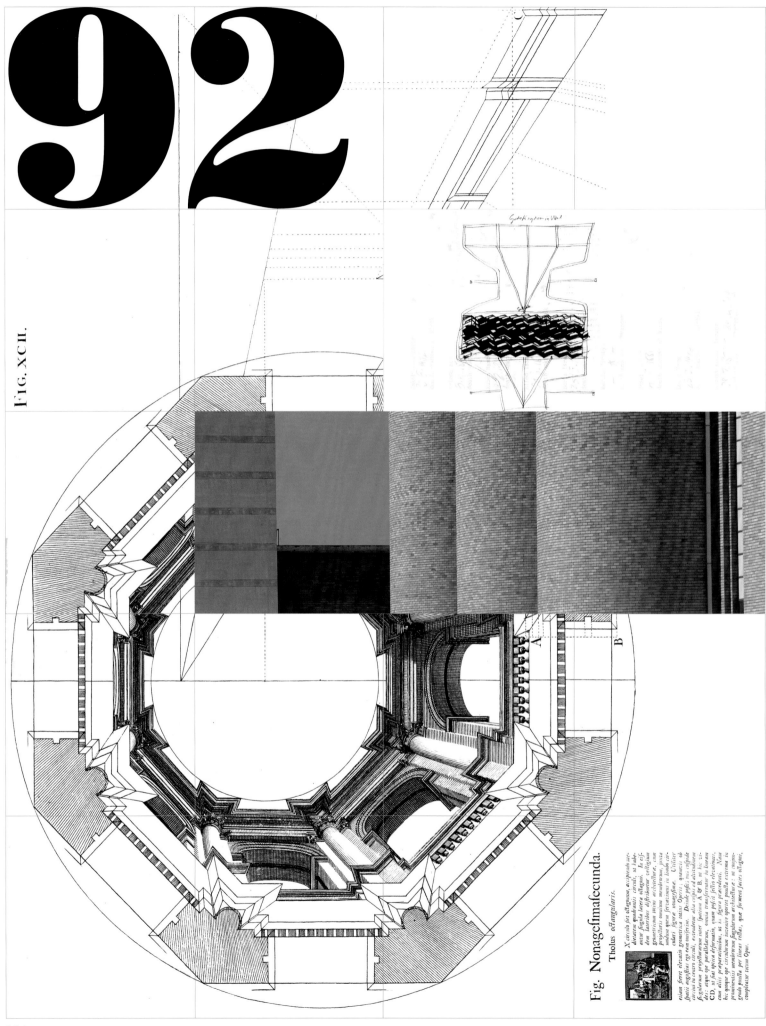

Fig. XCII.

Fig. Nonagesimasecunda.

Tholus octangularis.

X circulo fiet octangulum, ac ipso circulo accipiendum, ut habeantur singula latera octagoni. In eisdem lateribus describuntur rectangula geometrica ratione architectae, cum propehris unicuique æquata, prout undique quas praxacioms in studio circulari figuræ notaeseque. Utiliter etiam fieret elevatio geometrica totius Operis; quamcis ob spatii angustias ego eam omiserim. Deinde posset sua æquale circus in centro circuli; excuderea alia culpa ad altitudinem regularum projecturarum suas ipsarum A & B, ut hic videi; atque ope parallelarum, noma transferatur in lineam CD, ut fiat optica deformatio; etiam posset fieri decorum, cum alias preparationibus, ut in figura præcedenti. Nam his quoque ope circulorum inscriti oporter posset extrema in prominenibus membrorum fingularum architectura; ut naquegrado posset per lineas rectas, quæ formant facies octagoni, complectur totum Opus.

La città,
luogo della memoria collettiva

Federica Visconti

Federica Visconti

- Viaggi per rivivere il tuo passato?
Era a questo punto la domanda del Kan,
che poteva anche essere formulata così:
- Viaggi per ritrovare il tuo futuro?
Italo Calvino, *Le città invisibili*, Torino 1972

城市，集体记忆所在地

福维康 Federica Visconti

"为了再度体验过去而旅行？"
可汗问他，这问题也可以用另一种提法：
"为了找回失去的未来？"

（意）伊塔洛·卡尔维诺 (Italo Calvino 1923-1985)
《看不见的城市》1972

The city,
place of collective memory

Federica Visconti

– Do you travel to live your past again?
Was at that point the Kan's question,
which could have been as well formulated this way:
– Do you travel to find your future?
Italo Calvino, *Invisible Cities*, San Diego 1974

Maurice Halbwachs ha definito la memoria collettiva come «l'insieme delle tracce del passato che un gruppo sociale trattiene, elabora e trasmette da una generazione alla successiva in relazione con i materiali della propria storia e con i contenuti delle proprie tradizioni» (M. Halbwachs, *La memoria collettiva* [Paris 1950], Milano 1987). Seguendo tale definizione il "territorio elet-

法国历史学家莫里斯·哈布瓦赫 ([意] Maurice Halbwachs, La memoria collettiva [集体记忆], Milano 1987) 将"集体记忆"定义为"社会群体根据岁月留下的痕迹将以往自己拥有的历史材料与传统内容进行编写，传送给下一代"。基于以上定义我们可以肯定，最能体现这种历史与文化沉积过程的场所就应该是作为人类生活中心的城市了。在历史长河衍变中，城市—尤其是意大利的城市—尽管不断更换外观面貌、甚至改动到自己的内部结构，但是它尚未失去其体现'集体记忆'的角色。
观察目前城市建筑的现状，我们身不由己产生一定的焦虑。当今所谓具有更新意义的建筑，经常是带有全球性的泛泛设计：也就是说，非个性化、成品式、尽可能地挂上著名商标以提高名声和价值而与当地周围环境无实质性联系，随处可用的建筑作品。其结果，城市无法展现内聚的集体精神，而社会群体又不能在城市中找出自己的灵魂。

Maurice Halbwachs defined collective memory as «that amount of traces of the past that a social group retains, elaborates and passes on from one generation to another, along with the materials of its own history and the contents of its own tradition» (M. Halbwachs, *On Collective Memory* [1950], Chicago and London 1992). Sticking by that definition the city—the place of civil life par excellence—is the place where that sedimentation of memory takes its eternal and most tangible form. The city—in Italy most than anywhere else—has been able to deeply transform and renew itself and its structure through the centuries without ever betraying its value as the "place of collective memory." The present condition is less

to" nel quale avviene tale sedimentazione, dove essa prende forma reale ed eterna, è la città, luogo per eccellenza della vita civile. Nei secoli la città – quella italiana innanzitutto – ha sempre saputo rinnovarsi, talvolta anche in maniera profonda e strutturale, senza tuttavia tradire questo suo valore di "luogo della memoria collettiva".

La condizione odierna desta invece, in tal senso, qualche preoccupazione. Oggi troppo spesso viene inteso come innovativo ciò che è possibile definire globale: e ciò nel senso di atopico, oggettuale, possibilmente griffato e, in quanto tale, portatore di un valore in sé – e non di relazione – che lo rende adattabile a ogni luogo. La città perde così la capacità di rappresentare la collettività che la abita e questa perde la capacità di riconoscersi nella "sua" città:

tra *urbs* e *civitas*, da sempre unite nella tradizione della storia occidentale, si produce un sempre maggiore, rischioso distacco il cui risultato, in termini di forma urbana, è una progressiva omologazione e una graduale, ma spedita, cancellazione delle differenze.

Riconoscere le differenze significa invece scegliere di muoversi all'interno della propria storia e delle proprie tradizioni e, contraddittoriamente – ma solo in apparenza – questo atteggiamento appare assai più idoneo ad assicurare la trasmissione dei nostri valori civili al futuro di quanto non lo sia un avanguardismo di ma-

果是城市形态越来越单一化，而其原有的丰富迥异逐渐消失、同化。

实际上，人類认可区别才是深深尊重自己的历史与传统。尽管表面上看上去会有矛盾，其实这种设计理念比那种彻底否定过去的前卫主义，更有效地将

换一句话来说，城市建筑 urbs 和城邦行政 civitas 在西方历史上是一直分不开的，现在两者之间脱离得愈来愈远，结

自己的文明理念传给后人。

建筑学－尤其是《城市建筑学》，作为一门艺术，其主

reassuring. Way too often whatever fits the definition of global is assumed to be innovative as well: that is to say whatever is place-indifferent, objectified, like labelled objects which are assumed to have an intrinsic value and not a relational one, thus becoming place-adaptable. This way the city looses its power to represent the collectivity, while the collectivity looses the chance to recognize itself in its own city; between *urbs* and *civitas*, that have always been one thing in our history and tradition, a dangerous divide opens resulting into more and more homologated urban forms and the progressive and steady erasure of all differences.

To acknowledge differences means to move inside the space

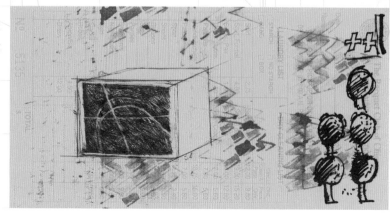

of one's own history and tradition, which is a much better attitude to move our civil values into the future, however contradictory it sounds if compared to more seemingly avantgardistic attitudes pushing away the past and intending progress only in terms of negation.

Architecture—and the Architecture of the City as one of its possible versions—is an "artistic practice" having the peculiarity of the actual complete coincidence of thought and action, it does not pursue an absolute truth but strives «to build a fragment of historically determined truth that would blend in with previous achievements […] earning this way that amount of eternity—even if eternity is here a loosely metaphorical term—related to an

niera che, programmaticamente, rifiuta tutto ciò che viene dal passato e intende il progresso solo – meglio semplicemente – come negazione.

L'architettura – e l'Architettura della Città come sua declinazione – è invece una pratica artistica che vive della specificità di una totale coincidenza tra pensare e operare e che non persegue la verità assoluta, ma mira alla «costruzione di un frammento di verità storicamente definita che si accosta all'opera precedente [...] rivendica così quella quota di eternità, anche se questa parola è ampiamente metaforica, che è connessa con l'idea di pratica del-

l'arte a cui è difficile applicare una concezione del progresso che abbandona per destino il proprio passato» (V. Gregotti, *Una lezione di architettura*, Firenze 2009, p. 70). In quanto tale è da intendersi come un'opera collettiva e, in quanto tale, si differenzia profondamente dalla Tecnica il cui fine ultimo è quello, continuamente, di superare se stessa.

Le nostre città sono allora un patrimonio straordinario di forme a nostra disposizione e una comprensione analitica e cosciente di questi grandi "trattati" di architettura è il primo passo per un progetto della città del futuro consapevole e utile. In più questa linea di lavoro appartiene alla tradizione di una scuola italiana, cui ci onoriamo di appartenere, che ha in Aldo Rossi il suo riferimento centrale; quel Rossi che considerava il *Capriccio palladiano* del Canaletto una pregevole lezione di architettura nel suo restituire in forma una "città immaginaria" ma costruita a partire da cose reali: un insieme di «elementi fissi e razionali» appartenenti alla propria storia «che si possono trasformare, adattare, predisporre a

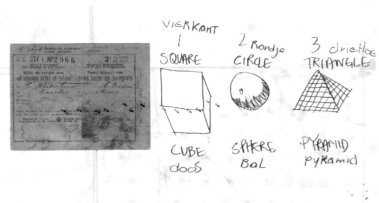

要特点在于理论与实践的完全吻合。它并不追求绝对的真理，而试图"构造一小块与前一座建筑物并列的历史真相。[...]因此，我们可以说建筑就是寻找其"永恒"的成份，也就是说，建筑不能成为一种以追求先进而抛开自己过去的艺术。"（[意] Vittorio Gregotti, Una lezione di architettura [一次建筑课], Firenze 2009）综上所述，建筑作为一种集体创造的作品，与日新月异不断赶超的科学技艺截然不同。

显然，我们意大利的城市相当于一群超凡的建筑形态遗产。充分了解如此伟大的"非语言的建筑学概论"，是我们积极地、有益地设计未来城市的第一步。再者，该设计思路属于意大利建筑学派，其代表人物为阿尔多·罗西 (Aldo Rossi, 1931-1997) 建筑师，笔者有幸隶属其中。阿尔多·罗西建筑师曾经将加纳莱托 (Canaletto, 1697-1768) 所描绘的威尼斯景观"Capriccio palladiano" 当为一堂深刻的建筑课：在该幅绘画中，汇集了固定合理的实际物体来建造出一座'幻想城市'，这些威尼斯历史中所流传下来的实物通过改造调整能够获取新的生命力（[意] Aldo Rossi, La città analoga: tavola [相似的城市：图版]， 载于Lotus期刊 1976年12月）。 我们有责任好好记住大师的教训， 其中包括艾内斯多·纳森·罗杰 (Ernesto Nathan Rogers, 1909-1969)

the future. This is the outlook belonging to the tradition of the Italian school of architecture we are honoured to be a part of, the one having as a central reference Aldo Rossi who used to look at Canaletto's *Caprice of the Palladian Design Project for the Rialto Bridge* as to a precious lesson of architecture for its shaping an "imaginary city" using existing objects, a set of «rational unvarying elements» belonging to one's own history to «transform, adapt and rearrange into a new life» (A. Rossi, *La città analoga: tavola*, Lotus, no. 13, Milan, December 1976). We have the responsibility to retain the lesson of the Masters of our art: the lesson of Ernesto Nathan Rogers for instance, who used to remind his students that «an age without memory is transient in essence and is doomed to produce transient objects.»

idea of artistic practice to which is impossible to apply the concept of a progress that fatally means to abandon the past» (V. Gregotti, *Una lezione di architettura*, Florence 2009). As such architecture is to be intended as a collective achievement substantially different from the achievements of Technique whose exclusive aim is to constantly outdo itself.

Our cities are an extraordinarily conspicuous storage of forms, a fully conscious and analytic understanding of those huge "treatises" on urban architecture would be the first step towards a sophisticated attentive and efficient planning strategy for the city of

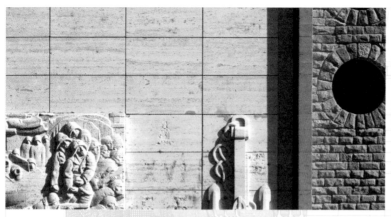

una nuova vita» (A. Rossi, *La città analoga: tavola*, in «Lotus», n. 13, Milano, dicembre 1976). È nostra responsabilità ricordare la "lezione" dei nostri Maestri: fra questi anche Ernesto Nathan Rogers che amava ripetere ai suoi studenti che «un'epoca senza memoria è effimera in sé e condannata a produrre oggetti effimeri». Quando la nostra disciplina si accontenta di produrre oggetti che

stanno sul mercato come qualsiasi altro bene di consumo, essa nega il suo più alto valore di espressione di una collettività, dimentica quel "carattere progressivo" che sempre è appartenuto all'architettura come espressione di una comunità. La città come grande opera d'arte collettiva e l'architettura come arte civile sono i valori che dobbiamo invece continuare a ricordare.

88

经常讲述的一段话："缺乏记忆的任何时代，不但其本质是虚渺的，而且其命运就是造出虚无飘渺的事物。"

当建筑学为满足行销市场商品而生产之时，正好否定了它的最高价值，即体现集体。也就是说，这样做就互略了作为体现集体的建筑学所具有的连贯性；相反，集体艺术的城市和城市艺术的建筑学，才是我们应该永远铭记与追求的理想。

When our practice is satisfied with producing objects that would stand on the market just as any other consumer product it is renouncing and disowning its highest value, that of being expression of the collectivity, and with that the "progressive potential" that belongs to every genuine collective expression. The city as great collective work of art and architecture as civil art are values still worth pursuing.

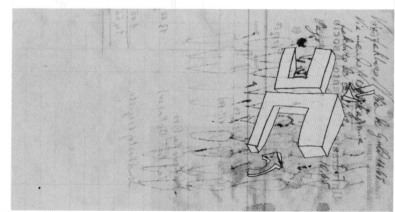

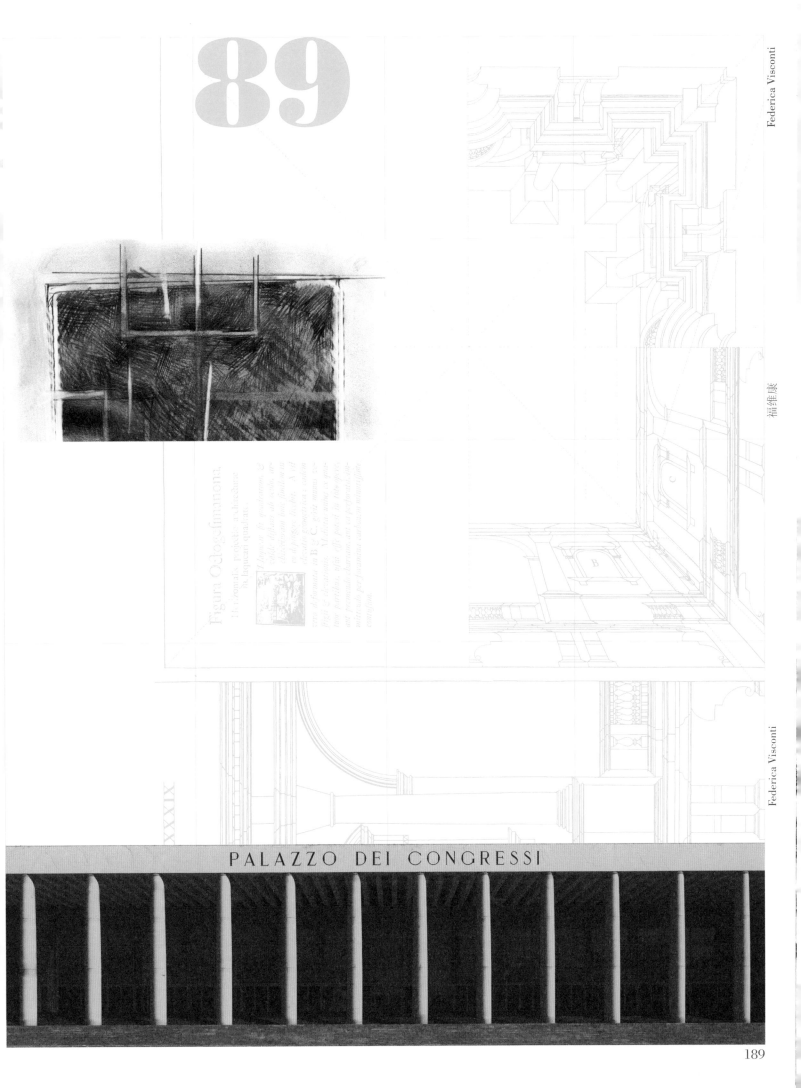

Federica Visconti

福维康

Federica Visconti

PALAZZO DEI CONGRESSI

First published in Italy in 2010 by
Skira Editore S.p.A.
Palazzo Casati Stampa
via Torino 61
20123 Milano
Italy
www.skira.net

Printed and bound in Italy. First edition

ISBN: 978-88-572-0885-5

Distributed in North America by Rizzoli
International Publications, Inc.,
300 Park Avenue South, New York, NY 10010.
Distributed elsewhere in the world
by Thames and Hudson Ltd.,
181A High Holborn, London WC1V 7QX,
United Kingdom.

Finito di stampare nel mese di ottobre 2010
a cura di Skira, Ginevra-Milano
2010年10月首次印刷于意大利
Printed in Italy

www.skira.net

Change Performing Arts
12, Via Vincenzo Monti
20123 Milano, Italy
www.changeperformingarts.com

Ideazione del volume
刊物构思
Book Design
Peter Greenaway

Progetto grafico
刊物设计
Graphic Design
Maarten Evenhuis

Immagini fotografiche
摄影
Photographs
Luciano Romano

Progetto editoriale
筹办
Editorial project
Change Performing Arts

A cura di
总监
Edited by
Franco Laera

Redazione
责任编辑
Editing
Laura Artoni
Federica Visconti

Traduzioni
翻译
Translations
Antonella D'Ascanio
Piero De Laurentis
Tang Xu 唐煦
The Blenders Communications

Crediti fotografici
照片提供者
Photo credits
Archivi Alinari, Firenze
Bridgeman Art Library
Ministero per i Beni e
le Attività Culturali
Luciano Romano
Scala, Firenze
Sergio Trippini

L'Italia delle Città
城之意大利
Italy of the Cities

Esposizione Universale di
Shanghai
Padiglione Italia
1 Maggio – 31 Ottobre 2010
上海世界博览会意大利馆
2010年5月1日至10月31日
Shanghai World Expo
Italian Pavilion
May 1 - October 31, 2010

Il progetto è stato promosso
dall'Ambasciatore Umberto Vattani
e l'Istituto nazionale per il
Commercio Estero - ICE
本项目由意大利荣誉外交大使
Umberto Vattani 协同意大利对外
贸易委员会组织
The project has been promoted by
the Ambassador Umberto Vattani
and the Italian Trade Commission
– ICE

Ideazione
构思
Concept
Uberto Siola

Progetto artistico
设计
Artistic Design
Peter Greenaway

Curatore
总监
Curated by
Franco Laera

Produzione
制作
Produced by
Change Performing Arts

Comitato scientifico
技术委员
Scientific Committee
**Uberto Siola
Renato Capozzi
Francesco Collotti
Gianni Fabbri
Gino Malacarne
Daniele Vitale
Federica Visconti**

Danzatore
舞蹈演员
Dancer
Roberto Bolle

Montaggio
剪接
Video editing
Elmer Leupen

Video design
录像设计
Video Design
Matteo Massocco

Fotografie
摄影
Photography
Luciano Romano

Direttore di produzione
制作经理
Production Manager
**Izumi Arakawa
Franco Gabualdi**

Allestimento scenico
布景展厅设计
Set Design
Valentina Tescari

Luci
灯光
Light Design
Marcello Lumaca

Suono
音响
Sound Design
Huibert Boon

Calligrafia
书法
Calligraphy
Brody Neuenschwander

Ricerca iconografica
图片搜集
Image Research
Laura Artoni
con 与 with
**Elena Ciapparelli
Federico Del Prete**

Partner tecnico
媒体技术合伙人
Technical media partner
Mediacontech

Installazione video
录像制作
Video set up
**Euphon
Massimo Fogliati
Guido Zanca
Marco Tufariello
Roberto Stella
Antonino De Vita
Nicola Grillo**

Luci e suono
灯光与音响
Light and Sound
**Volume
Walter Prati
Massimo Foletto
Roberto Corno
Stefano Chiovini
Tommaso Rossi
Roberto Montagna**

Scenotecnica
展厅置景
Set installation
**Eurostands
Giuseppe Santalena
Camillo Galetti
Paolo Galbiati**

Trasporto
运输
Freight
**Agility Global Integrated
Logistics – Fairs & Events
Marilena Doneda (Milan)
Ximi Li 李婷 (Shanghai)**

Si ringrazia il Museo del Bargello
per il prestito del modello in bronzo
del Perseo di Benvenuto Cellini
Bargello博物馆在此期间提供了
Benvenuto Cellini的铜塑模型帕修
斯，我们为此衷心感谢
We would like to thank the
Museo del Bargello for the loan
of the bronze model of Perseus
by Benvenuto Cellini

92

The various numbering and sorting and organising methods to pace the book forward in pictures of Italian Architecture, and Architecture in Painting in this catalogue, from start to finish, are worth examining. Pozzo's classic line-drawing illustrated architectural manual underpins the 92 "picture-pages" and is reprised in a lighter print "behind" the 92 pages of texts. Something to eat, something to drink, something to read, something to see. There is an ever-moving forward chronological history from the Roman Art and Architecture to the 1930s Art and Architecture—but it is not so simple as to be merely pedagogical—it is like a yacht tacking before a forward-driving wind—sometime taking a side-step or even a step back, and sometimes anticipating a very large step forwards, occasionally repeating an image for emphasis, maybe from a different angle or from closer in or closer out, often taking liberties with strict chronological ordering, picking up pictorial references to compare arches, or lines of columns, cupolas, column details, facades, rounded spaces, rectangular shapes, even more abstract ideas—steps, degrees of whiteness, colour-codings, hollows, masses, textures, even architecturally thrown shadows. We cannot pretend that artistic development was smooth and seamless the length and breadth of Italy. Some towns and cities raced ahead, some held back conservatively, consolidating what others wanted to advance. Some Renaissance ideas were still being utilised in the North whilst the South was deep into the High Baroque. Eclecticism abounds and a sense of deliberate virtuosity is part of the game. Artists are always quoting one another, in homage, in spite, jealously, ironically and fulsomely. And the placing of the images beside one another, sometimes relaxed, sometimes frenetic, sometimes sparse, sometimes over-active, makes comment on the architectural preferences of a period or a style or an influence. The small drawings included in the melange often serve to point a clue at what to look for, what to use as a bench-mark, but just as well serve as a counterpoint, a playful time-shift full-stop or an ironic out-of-period comma in the pictorial vocabularies.

Peter Greenaway

CELLINI

Nonagefimafecunda.